电视节目策划教程（第二版）

项仲平 著

图书在版编目 (CIP) 数据

电视节目策划教程 / 项仲平著 . —2 版 . —北京：北京大学出版社，2021.12
21 世纪高校广播电视专业系列教材
ISBN 978-7-301-32700-5

Ⅰ.①电… Ⅱ.①项… Ⅲ.电视节目 – 策划 – 高等学校 – 教材　Ⅳ.① G222.3

中国版本图书馆 CIP 数据核字（2021）第 226266 号

书　　名	电视节目策划教程（第二版） DIANSHI JIEMU CEHUA JIAOCHENG（DI-ER BAN）
著作责任者	项仲平　著
责任编辑	郭　莉
标准书号	ISBN 978-7-301-32700-5
出版发行	北京大学出版社
地　　址	北京市海淀区成府路 205 号　100871
网　　址	http://www.pup.cn　　新浪微博：@ 北京大学出版社
微信公众号	通识书苑（微信号：sartspku）　科学元典（微信号：kexueyuandian）
电子邮箱	编辑部 jyzx@pup.cn　　总编室 zpup@pup.cn
电　　话	邮购部 010-62752015　发行部 010-62750672　编辑部 010-62707542
印 刷 者	北京鑫海金澳胶印有限公司
经 销 者	新华书店
	787 毫米 ×1092 毫米　16 开本　16 印张　256 千字 2015 年 9 月第 1 版 2021 年 12 月第 2 版　2025 年 1 月第 5 次印刷
定　　价	55.00 元

未经许可，不得以任何方式复制或抄袭本书之部分或全部内容。
版权所有，侵权必究
举报电话：010-62752024　电子邮箱：fd@pup.cn
图书如有印装质量问题，请与出版部联系，电话：010-62756370

内 容 简 介

　　本教材作者是国内最早研究电视节目策划、建构电视节目策划理论的学者之一,是电视节目策划研究领域一些重要理论的创始人之一。

　　本教材是作者在多年研究和实践的基础上,结合目前电视节目的新生态,对电视节目策划理论与实践进行系统全面的梳理之后创作而成的,不仅全面总结和归纳了电视节目策划中的创作规律和经验,还结合电视节目发展史上的经典节目和当下新出现的热播节目进行了分析与探讨,有效地将理论与实践相结合,适合高等院校广播电视相关专业师生教学和研究使用。

作 者 简 介

　　项仲平,博士、教授。国务院特殊津贴专家。教育部戏剧与影视学类专业教学指导委员会特聘专家。中国高等院校影视学会影视教学专业委员会副主任委员。浙江省宣传与文化系统"五个一批"人才。

　　现任南京传媒学院特聘教授、国家级一流本科专业广播电视编导专业负责人。南京艺术学院博士生导师。浙江大学、浙江师范大学、浙江传媒学院硕士生导师。美国杰克逊维尔大学联席教授。英国利物浦约翰摩尔斯大学、英国考文垂大学、泰国格乐大学博士生导师。

　　曾任浙江传媒学院院长、浙江金华电视台副台长、中央电视台文艺中心戏曲音乐部副主任,参与的节目获中国电视文艺"星光奖"近十项。

　　近年来主持国家级、省部级重点课题8项,出版专著和教材12部,在核心期刊发表专业论文40余篇。2009年被中国广播电视协会评为"中国传媒教育创新人才培养贡献人物"。

前　言

近年来,电视媒体与其他媒体之间的竞争以及各级各类电视媒体之间的竞争日趋激烈,从电视节目、电视栏目到电视频道都亟待寻求新的生存与发展空间。新媒体的快速崛起,给电视媒体的生态环境带来了巨大变化,电视媒体面临着前所未有的竞争压力和发展机遇。同时,我国网络技术和数字技术的飞速发展,也使得电视的内涵和外延日益丰富。在大力倡导推进三网融合的背景下,传统的单媒体时代已不复存在,基于数字技术和网络技术平台的媒介融合成为当今媒介发展的主流趋势,多媒体、微媒体、社交媒体甚至全媒体的媒介融合时代已经到来。媒体融合既给传统的电视媒体带来严峻的挑战,更带来了巨大的发展机遇。电视人如何拥抱新媒体,如何提高传播内容的能力,如何更好地为观众提供服务、更好地满足观众的多元化需求,成为当下亟待思考的问题。

面对媒介融合带来的深刻变革,传统媒体要生存、要发展,关键在于正视挑战,抓住机遇,积极实施全方位的战略转型。

转型的关键,就在于提高电视节目的策划能力,弥补现有传播模式的不足,实现电视内容、电视品牌优势的延伸与放大,实现产业经营模式、发展方式的转变,为电视媒体开拓更为广阔的发展空间。

电视传媒行业的发展经历了从节目时代到栏目时代再到频道时代的转变,频道专业化、节目精品化、栏目对象化的核心,是节目的内容创作。电视节目的创作者既是栏目和节目的策划者,又是栏目和节目的执行者,他们是否具有全面、过硬的专业素养,将成为栏目和节目竞争与发展的关键。因此,培养电视人的策划、创意素质与能力,是提升电视节目质量的抓手。

策划活动能够为电视节目、电视栏目乃至电视频道的整体运作提供宝贵的智力支持，为电视活动提供明确而有力的指导，为避免失误和资源浪费提供必要的保障。

本教材是本人在多年研究和实践的基础上，结合目前电视节目的新生态，对电视节目策划理论与实践进行系统全面的梳理之后创作而成的，不仅全面总结和归纳了电视节目策划中的创作规律和经验，还对电视节目发展史上的经典节目和当下新出现的热播节目进行了分析与探讨，有效地将理论和实践相结合。

对于电视理论和电视策划理论的研究者来说，本教材呈现的是一份研究成果，既有不少理论的总结，又有许多实践经验的概括，一定会为你的研究提供参考。

对于电视节目创作者来说，本教材将带给你一把卡尺和一串钥匙，用于衡量你以往的作品，并为你开启新的大门，为你今后的节目创作带去助益。

对于讲授电视节目策划的教师来说，本教材将给你提供一个"站在表演者身后看戏法"的角度，帮你领会电视节目策划理论的要领，总结和归纳节目策划的规律，让你更快地掌握教授节目策划创作的"门道"。

对于学习广播电视相关专业的大学生来说，本教材是你用于学习电视节目策划和编导的一本理论和实践相结合的专业教材，是你在实际开始节目创作之前，了解前人经验，掌握策划规律、要领的一把钥匙。在你有了一定的创作体验之后，会更加体会到本教材的实用价值。

有人把当下及今后的时代称为"后电视时代"，因为电视人已经不光向频道提供视频节目，也可以向网站或者手机提供。在这样的形势下，人人都可以成为影像（电视）节目的创作者和提供者，竞争的关键和核心就在于策划。谁提供的节目策划好，有创意，谁的节目就有观众和市场。因此，无论是站在电视媒体角度还是新媒体角度，或是站在两者共赢的立场上，节目策划能力的培养都是胜出的关键。提高策划能力，积极创新，将是迎接未来挑战的制胜法宝。

目　　录

前　言 …………………………………………………………… 1

第一章　策划与电视节目　第一节　策划概述 …………………… 1
　　　　　　　　　　　　　一、策划溯源 ………………………… 1
　　　　　　　　　　　　　二、策划的历史 ……………………… 2
　　　　　　　　　　　　　三、策划的概念 ……………………… 4
　　　　　　　　　　　　　四、策划的核心要素 ………………… 7
　　　　　　　　　　　　　五、策划的一般性程序 ……………… 7
　　　　　　　　　　　　第二节　电视节目概述 ………………… 9
　　　　　　　　　　　　　一、电视节目的定义 ………………… 9
　　　　　　　　　　　　　二、电视节目的特征 ………………… 10
　　　　　　　　　　　　　三、电视节目优于其他传媒的特性 …… 13
　　　　　　　　　　　　第三节　电视节目的构成要素 ………… 20
　　　　　　　　　　　　　一、电视节目的图像要素 …………… 20
　　　　　　　　　　　　　二、电视节目的声音要素 …………… 23
　　　　　　　　　　　　　三、电视节目模式 …………………… 27

第二章　电视节目策划综述　第一节　电视节目策划概述 ……… 33
　　　　　　　　　　　　　一、电视节目策划的定义 …………… 33
　　　　　　　　　　　　　二、电视节目策划的发展沿革 ……… 35
　　　　　　　　　　　　　三、学习电视节目策划的意义 ……… 36

　　　　　　　　　　第二节　电视节目策划的理论 ………… 38
　　　　　　　　　　　一、电视节目策划与相关其他
　　　　　　　　　　　　学科的关系 …………………… 38
　　　　　　　　　　　二、电视节目策划研究的理论框架 …… 40
　　　　　　　　　　第三节　电视节目策划方案的撰写 …… 42
　　　　　　　　　　　一、四种台本的内涵 ………………… 44
　　　　　　　　　　　二、四种台本的服务对象 …………… 45
　　　　　　　　　　　三、一般性电视策划方案的撰写 …… 46

第三章　电视节目策划人

第一节　策划人概述 …………………… 50
　一、策划人 …………………………… 50
　二、策划人的基本能力 ……………… 51
第二节　电视节目策划人
　　　　应具备的素质 ………………… 53
　一、电视节目策划人应具备的
　　　电视编导知识 …………………… 53
　二、电视节目策划人应具备的
　　　其他知识 ………………………… 55
　三、电视策划相关经验的积累 ……… 57
第三节　电视节目策划人的自我定位
　　　　和关注重点 …………………… 58
　一、电视节目策划人的自我定位 …… 58
　二、电视节目策划人的关注重点 …… 59

第四章　广义电视节目策划

第一节　广义电视节目策划概述 ……… 60
第二节　广义电视节目策划的程序 …… 62
　一、解读项目与调研 ………………… 62
　二、外部环境的调查与把握 ………… 65
　三、战略分析与竞争状况调查 ……… 70

　　　　　　　　　　　　四、确定策划方案和目标 …………… 71
　　　　　　　　　　　　五、编制策划文案 …………………… 72
　　　　　　　　　　第三节　广义电视节目策划案例 ……… 72
　　　　　　　　　　　　一、对模式类经典节目
　　　　　　　　　　　　　　《中国梦想秀》的分析 ………… 73
　　　　　　　　　　　　二、对《中国梦想秀》节目
　　　　　　　　　　　　　　本土化策划的解读 …………… 75
　　　　　　　　　　　　三、对《中国梦想秀》节目
　　　　　　　　　　　　　　创作理念和内容策划的解读 … 76

第五章　狭义电视节目策划　第一节　狭义电视节目策划概述 ……… 79
　　　　　　　　　　第二节　狭义电视节目策划的程序 …… 81
　　　　　　　　　　　　一、对狭义电视节目策划的解读 … 81
　　　　　　　　　　　　二、狭义电视节目策划的步骤 …… 83
　　　　　　　　　　　　三、对狭义电视节目策划步骤的
　　　　　　　　　　　　　　具体分析 ……………………… 84

第六章　电视新闻节目策划　第一节　电视新闻节目概述 …………… 96
　　　　　　　　　　　　一、什么是电视新闻 ……………… 96
　　　　　　　　　　　　二、电视新闻节目的分类 ………… 98
　　　　　　　　　　第二节　电视新闻节目策划 …………… 100
　　　　　　　　　　　　一、电视新闻节目的策划问题 …… 101
　　　　　　　　　　　　二、电视新闻节目策划案例 ……… 103
　　　　　　　　　　　　三、电视新闻节目策划的着力点 … 109

第七章　电视文艺节目策划　第一节　电视文艺节目概述 …………… 111
　　　　　　　　　　　　一、电视文艺节目发展简史 ……… 112
　　　　　　　　　　　　二、电视文艺节目的现况 ………… 116
　　　　　　　　　　　　三、电视文艺节目亟待改进的问题 … 122

第二节　电视文艺专题节目策划 …… 124
　　　一、电视文艺专题节目概述 …… 124
　　　二、电视文艺专题节目的类型 …… 126
　　　三、电视文艺专题节目的策划 …… 127
　　第三节　音乐电视节目策划 …… 137
　　　一、音乐电视节目发展简史 …… 137
　　　二、音乐电视概念和特征 …… 138
　　　三、音乐电视的策划 …… 139
　　　四、经典音乐电视作品赏析 …… 141

第八章　电视综艺节目策划
　　第一节　电视综艺节目概述 …… 147
　　　一、电视综艺节目的定义 …… 149
　　　二、电视综艺节目的特征 …… 151
　　　三、电视综艺节目的主要类型 …… 154
　　　四、电视综艺节目的发展历程 …… 158
　　第二节　电视综艺节目策划 …… 161
　　　一、电视综艺节目策划的创新 …… 161
　　　二、电视综艺节目的策划要素 …… 162
　　第三节　电视文艺晚会策划 …… 167
　　　一、电视文艺晚会概述 …… 167
　　　二、电视文艺晚会的类型 …… 169
　　　三、电视文艺晚会的总体策划规律 …… 170
　　　四、电视文艺晚会的节目策划 …… 171
　　　五、电视文艺晚会的舞美设计策划 …… 177
　　　六、电视文艺晚会的灯光设计策划 …… 178

第九章　电视栏目策划
　　第一节　电视栏目概述 …… 181
　　　一、电视栏目发展简史 …… 181
　　　二、电视栏目与电视节目的关系 …… 183

三、电视栏目的结构要素、
　　特征与播出 …………………… 184
四、电视栏目的内容特征 ………… 186
五、电视栏目的优势 ……………… 187
第二节　电视栏目策划 …………… 188
一、电视栏目的策划依据 ………… 188
二、电视栏目的策划 ……………… 189
三、电视栏目形象的策划 ………… 192

第十章　电视频道策划、包装与节目编排

第一节　电视频道概念 ……………… 195
一、电视频道和频道制的概念 …… 195
二、频道专业化的概念 …………… 197
第二节　电视频道策划 …………… 199
一、频道定位的思考 ……………… 199
二、频道品牌栏目的策划 ………… 201
三、频道活动的策划 ……………… 204
四、频道形象的策划 ……………… 206
第三节　电视栏目的科学设置
　　与编排的策划 ………………… 208
一、电视栏目设置与编排的
　　原则和规律 …………………… 208
二、电视栏目设置与编排的策划 … 210
三、节目编排的策划创新 ………… 211

第十一章　短视频策划

第一节　短视频概述 ……………… 216
一、短视频的概念 ………………… 217
二、短视频的发展沿革 …………… 218
三、短视频发展的积极意义 ……… 221
第二节　短视频的类型 …………… 223

一、短视频分类的方法和标准 …… 223
　　二、短视频的类型 ………………… 224
　第三节　短视频的特征 ………………… 227
　　一、短视频的基本特征 …………… 227
　　二、短视频的传播特征 …………… 230
　第四节　短视频策划 …………………… 232
　　一、短视频策划的前提 …………… 232
　　二、短视频策划的基础 …………… 233
　　三、短视频策划的关键 …………… 233
　　四、短视频策划的重点 …………… 234
　　五、短视频策划的着力点 ………… 235
　　六、短视频策划的高光点 ………… 236

参考文献 ………………………………………… 237

第一版后记 …………………………………… 239

第二版后记 …………………………………… 241

第一章

策划与电视节目

> **学习目标**
> 了解策划的概念、策划的核心要素及策划的一般性程序。
> 掌握电视节目的概念、特征和电视节目的构成要素。
> 了解电视节目模式的概念、特征及当下电视节目的新动态。
>
> **关键术语**
> 策划；电视节目；电视节目模式

第一节 策划概述

一、策划溯源

电视和电影艺术研究中有很多基本词汇与术语都是从西方话语中引进和翻译过来的，如导演（director）、摄影（photograph、camera）、录音（record、tape-record）、音响（phonogenic、acoustician）、实况转播（live program）、剪辑（clip）、制片（production）、制片人（producer）、电子新闻采集（ENG）、电子现场制作（EFP）、电子演播室制作（ESP）、动画

(animation)、分镜头(story board)、摄影台本(camera script)、指令点(cue dots)、指令(cue)、蒙太奇(Montage)、隐入(dissolve)、样片(rushes)、粗剪(rough cut)、精剪(fine cut)、录音带(videotape)等,这些词语都是舶来品。然而,这一领域也有若干个术语是出自中国影视文化的土壤,"策划"恰恰是其中的一个。从一定意义上讲,"策划"这一术语来自我们电视理论工作者对中国电视工种和电视创作实践的概括和提炼,是对电视创作规律的研究总结,它在电视节目创作发展中将会显现出越来越重要的价值。

当然,考察美国好莱坞和其他西方国家的影视文化和影视制作生产过程可以发现,其模式化和"工厂生产线式"的创作流程中,虽然的确存在策划的痕迹,与英语中的 plan、scheme、plot 的意思相近,但作为一个单独的术语、一项单独的影视工种以及一种单独的创作机制的"策划",在西方影视文化中是不存在的。

把我们考证的视野转到中国的历史与文化上来,"策划"这个词的由来,最早源于《后汉书·隗嚣传》:"是以功名终申,策画复得"。"策划"一词在《辞海》中作"策画"之解,是计划、打算的意思。它们都强调一种理性的为实现某一目的而进行的构思活动。历史上的谋士、幕僚、顾问和参谋就是为实现某一目的而进行这种理性的构思活动。当今的策划者,实质正如同历史上的谋士、幕僚、顾问和参谋。然而,"策划"这个词的内涵在中西文化中的理解还有所不同,"策划"在中国文化中有"利用他人的谋划"之意,plan、scheme、plot 等词汇在西方文化中则相对侧重于中性意义,既可以理解为依靠自己实施有目的的计划和运筹,也可以是利用他人的计划、运筹和谋略。上述两种不同的理解中,侧重于"利用他人的谋划"之意,还是比较符合电视策划工种的产生和当下电视策划的实际现状的。

二、策划的历史

在中国,策划的源头可以追溯到春秋战国时期游说列国诸侯的策士、谋士、食客，"术谋之人，以思谟为度，成策略之奇"①，他们有各种治国安民之方略，为诸侯出计策、献谋略，辅佐帝业。在西方，策划的源头是爵爷、君主和军事集团统帅身边的顾问、参谋，他们辅佐君主和统帅征战与掠夺。浙江传媒学院詹成大教授对策划的历史考证认为：策划思想，无论是在中国还是外国，都是在战争活动中产生的。古代许多著名战例直接证明了策划对于战争的重要作用，如诸葛亮从"隆中对"开始，纵观全局，联吴抗曹，由小变强，造就三国鼎立之势，一次一次策划谋略，如火烧新野、火烧赤壁、六出祁山、七擒孟获、空城计、五丈原归天，无论大小战役或战斗，策划在其中都发挥了极其重要的作用。中外许多史书与兵书中，都记述了著名军事家的策划思想。我国春秋时期军事家孙武所著《孙子兵法》，就是一部详尽讲述战争谋略的军事著作。孙子指出："夫未战而庙算胜者，得算多也；未战而庙算不胜者，得算少也。多算胜，少算不胜，而况于无算乎？"这里的"算"，就是预先的谋划，即我们现代意义上的"策划"之意。这一段话非常明确地指出了周密策划在战争中的重要意义。在军事策划中，策划的核心内容就是战争前的"知己知彼"——充分分析敌我实力、优势、不足和战争中的"出奇制胜"——利用敌人弱点，进行周密部署，发挥自己的优势，采取出其不意的战术。

策划在中国历史上常常和军事计谋联系在一起，在战争中发挥了极为重大的作用。策划从政治活动、军事活动中剥离出来，是伴随着商品经济的发展和社会化管理体系、公共关系学的学科发展而实现的。现代的策划概念最先产生于公共关系领域，早在20世纪初，美国著名公共关系专家艾维·莱特贝特·李就通过他所创办的美国第一家专门从事公共关系业务的企业——宣传顾问事务所，开展了一系列公关活动，但"策划"一词在公共关系领域出现却是在20世纪50年代中期。1955年出版的一部题为《策划同意》的著作中，爱德华·伯纳斯提出了这一具有挑战性的概念。紧接着，伦敦BMB广告公司的创始人斯坦利·波利坦于20世纪60年代在广告领域率先使用了这一概念。很快，策划思想及工作方法迅速在西方广告

---

① 出自三国时魏国刘劭的《人物志》。

界和公共关系界普及开来。在公共关系策划中,策划的核心内容就是通过充分的分析,找出企业在公共关系方面面临的主要问题,然后探讨有利于企业建立良好的公共关系的方法,并制订实施这些方法的计划。因此,分析与战略规划仍旧是其核心环节。在现代社会,策划手段的运用已经远远超出了最先使用它的军事领域,也超出了最先提出明确的策划概念的公共关系领域,而深入到了社会各个机构、各种行业和生活的各个层面,"策划"成为一种具有方法论意义的思维方式和运作方式。马歇尔·迪默克将策划分为国际策划(如国际合作、发动战争的策划)、国家策划、区域策划、都市策划、资源策划、行政策划(对于政府或政府机构的方针和行为方式的策划)、作业策划(对于某一具体项目的运作的策划)等。约翰·费富纳在其《公共管理》中,将策划分为经济及社会策划、物质(或自然)策划、行政策划等。

策划学是从公共关系学与管理学中延伸并逐步推广完善而形成的一个相对独立的学科分支。虽然策划学尚未完善到成为一门独立的学科,但是,策划在社会活动、企业活动、商品经济中已经显露出巨大价值和勃勃生机,并深入到一个崭新的领域——广播电视节目中,与节目的研发和生产相融合,在广播电视的制作中愈来愈显现出它的地位、作用和价值。

三、策划的概念

策划发展到现在到底是怎样一个概念呢?

有的学者认为:策划是一个可大也可小的思维活动,这种思维活动既可以是从无策划目标到有策划目标的过程,也可以是有意识地寻找达到目的的最优化途径的过程。

也有的学者认为:策划是一个动态的发展决策过程,这种决策过程是不断发展、不断否定、不断找寻的过程。

还有的学者认为:策划是一个最优化地规划未来工作目标的构思

方案。

策划是一种从无到有的精神活动。

策划是一项极具理想化的活动。

策划是提高成功可能性的思考活动。

策划是为了实现某一目标或解决某一问题,而产生的奇特想法和良好的构思。

策划是一出有趣的戏剧。策划人是编剧和编导,策划案就是剧本。

策划就是对栏目和节目的策略规划,是对栏目和节目整体性和未来性的策略规划。它包括构思、分析、归纳、判断,一直到拟定策略、实施方案、事后追踪与评估。

策划就是在考虑现有资源的情况下,激发创意,制定出有目标的、可能实现的、解决问题的一套策略规划。

还有的中国学者认为,策划的核心内容是出谋划策。为了达到特定的目的,实现预期的目标,从当前的环境出发,不断构思各种可能的方案,并对这些方案进行综合的分析比较、评价选优、修改完善并付诸实施的过程。

美国一些管理丛书认为策划是一种思考的程序,它的本质是一种运用脑力的理性行为。基本上所有的策划都是关于未来的事情,也就是说,策划是对未来要发生的事情做当前的决策。

策划简而言之就是谋略献策、统筹兼顾与规划。策划的核心内容是出谋划策。

概括关于策划的众多学术观点,大体上有四种界定策划概念的理念。

一是事前行为说,认为策划是为未来行动做当前的决策,是事前的准备过程。

二是管理行为说,认为策划是一种管理行为,策划与管理是共生的,策划与管理分离则无任何效率可言。

三是选择决定说,认为策划是管理者从多种方案中,选择可行性目标、策略、程序及具体计划的活动。

四是思维程序说,认为策划是策划者对于未来行动的一种理性思维程序。

不论策划的定义是如何的众说纷纭,策划的实践已远远地走在了理论的前面,可以说在当今社会里,策划已经是一个相当普及的概念,策划已经参与和融合到众多的社会活动和行业之中,如:策划与行政管理的结合——行政策划;策划与广告的结合——广告策划;策划与电视行业和电视节目生产的结合——电视策划和电视节目策划;策划与商业经济的产品销售的结合——营销策划;策划与社会活动结合——社会活动策划;策划与人及社会单位整体面貌的结合——形象策划;策划与生产单位结合——企业策划;策划与商业和社会活动展览相结合——会展策划;策划与现代家庭生活的结合——居室策划;等等。几乎所有的行业都渗透了策划的概念,都离不开整体的精心策划设计。

当代意识下的策划既是人的一种精神活动,又是产业运作的一种方式,从产品定位、产品生产到营销,一切活动都围绕着策划这个核心。由此,策划就有了长期存在和发展的现实意义与战略意义。文明的社会、高效率的工作、高质量的生活都离不开策划。策划的意义可以用《礼记·中庸》中的一句古语概括:"凡事豫(预)则立,不豫(预)则废。"

今天我们说起电视节目,必然要讲到由策划与电视节目的宣传、制作销售的结合而产生的,同时也是非常流行的一个词——"电视节目策划"。

何为电视节目策划?电视节目的制作过程又是如何引入策划这一重要的活动机制的呢?在电视节目的发展过程中是谁、是什么电视节目首创引入了策划机制?这种极为有效的策划机制在电视节目中有哪些思维规律和操作规律呢?在电视事业和电视节目红红火火的今天,人们不应只注目于尽善尽美的电视节目、只关注电视节目越来越大的收视群,而遗忘了在创造电视辉煌成就中发挥着积极作用而今后还将继续发挥更大作用与优势的策划机制与规律。事实上,电视节目今天的丰富多彩、辉煌灿烂已经给我们探寻电视节目的策划规律准备了丰富的素材和经验,我们完全可以在这片沃土上探寻出电视节目策划的规律,从而使越来越多的精彩电视节目能够呈现给大众。

四、策划的核心要素

策划是一个理性的思考过程,是在考虑现有资源的情况下,激发创意,制订出解决问题的一套最佳策略规划和方案。策划的三个要素是:

1. 策划必须有崭新的创意。策划的内容必须新颖、特别,令人拍案叫绝。策划创意的新奇、独树一帜是策划的第一要素。每一项策划在"抛出"以后,要给人一种强烈的新颖感觉,有一种扑面而来的新鲜感。

2. 策划必须有理、可行。有理,是指策划呈现的方案应在意料之外,又在情理之中,不是怪诞不经,而是合情合理。可行,即创意的内容既要充分体现策划的主题,同时又是在现有的人力、财力、物力的限制之下,有实现的可能,这才是真正意义上的策划。否则再好的策划创意均属空谈。

3. 策划必须有成效。策划的方案必须有直接、可呈现的效果,效果的大小是鉴别和衡量策划方案成功与失败、好与劣的标志,鉴别和衡量的标准是方案所带来的经济和社会效益。

五、策划的一般性程序

1. 明确项目所在组织的目标和过程

无论团体、企业等组织是如何组成的,无论我们从项目的哪个角度来考虑这些组织,它们都是有目标和目的的,目标和目的就是这些组织存在的理由。这些目标和目的为建立组织提供了最根本的基础,也为策划具体项目提供了最直接的依据。因此,首先,策划必须明确组织的目标和目的等基本特点。其次,对于组织的运作过程越明确,策划思路就越科学,策划方案也就越容易成功。团体、企业等组织的运作过程取决于团体、企业等组织的文化、结构、环境,也取决于组织的工作方式与群体共性和个性,这其中包括关键员工、顾客、投资利益集团和能够对企业施加影响的其他力量。如果没能向他们征询意见,即使所做出的方案是"正确的",方案整体的影响力也极可能会受到削弱,甚至使效果归结为零。

2. 确定策划的问题和议题

做策划前必须确定问题所在。假使对项目的问题识别不清,则以后一切的心思都将白费。正如医生要为病人看病时,总须先诊断该病人的问题所在,然后才能设法下药或动手术。确定问题的第一步是比较"目前"的情况与"期望"的情况,看看两者是否有差距,若有差距,就表示有问题存在。第二步是就现有的知识及资料追查产生这个差距的原因,追查得越深入则问题越容易显露出来。不过此种追查不能无止境,只能在适当的时间及精力范围内为之,否则问题永远无法解决。

搞策划,很少有策划方案一开始就是在完美的信息收集基础之上做出的,但是,没有任何信息而做出的策划方案则是纯粹的瞎猜。收集信息很重要,对收集到的信息进行理解、评估和回顾分析的方法同样重要。信息的收集必须基于策划议题,偏离议题的信息收集会导致走弯路。

时间问题也至关重要。在收集到的信息数量和质量与收集信息所花的时间之间存在一个矛盾关系。花的时间越多,你就越有机会去收集足够的信息,并有效地考虑和评价它们,但是,这也可能会使最终行动因迁延太久而受损失;另一方面,如果迅速做出决定,没有花足够的时间了解背景信息,就可能会在实施阶段造成更多的损失。

3. 策划的设计和实施

策划的设计和实施是方案成功的关键。在设计过程中,我们常常用一些并不完全符合逻辑的方法来检验策划的实施方案和进程。这样做的部分目的是为了确认非理性的因素存在的地方,并确认如何能够对它们做出最好的调节。当然,这并不是做出完美策划方案的良方,它只是一个方法,让我们能够理解、权衡和评估具体行动进程的机会和结果。前一个因素的作用结果产生后一个因素,在每个环节上所做出的选择都将影响到以后的行动进程和选择,做出每个选择的原因都必须充分考虑清楚,这是在策划的实施进程中的一个基本原则。

4. 策划方案的风险分析与评估

策划是对未来事态的现在规划,因此存在许多未知的信息,存在许多不确定和可变化的因素。越缺乏信息,就越会有不确定因素的存在。这就突显了尽量获取有关信息的必要性。但是,即使掌握了可能的全部信息,也应该想到大千世界中一切都是在变化的,从这个意义上讲,策划中永远有风险因素存在。只有通过完善所获信息的质量与数量以及对信息及时进行把握和准确的评估才能够尽可能地减少风险因素。

策划方案和效果的事后评估是策划规范化的最后环节,是提高策划能力和策划水平的重要一步,也是许多策划人往往轻视和忽视的问题。

第二节 电视节目概述

一、电视节目的定义

从字义上讲,"节"是物体的分段或段与段之间的地方,如竹子生叶与分枝处称"竹节",动物的骨骼连接处称"骨节",此外如"季节""情节"等,都包含"一段"的意思。"目"字,除了作眼睛或观看的解释之外,还有大项中分小项的意思,如"大纲细目""章、条、节、目"等。"节目"合起来,原就是指事物的条目。南北朝庾信的《赵国公集序》中有:"若使言乖节目,则曲台不顾。"英文称节目为 program,pro 是前缀,为先前、预先之意,gram 是 grammar(文法、语法)的字根,与 grammar 相通,pro 与 gram 拼在一起,就构成了按主观预先的规定,安排某一种要求依顺序而进行的事情的条目,即进程的项目和单元,也就是我们为了达到某一目的,合理有序地安排好的工作进程中分块、分步的项目。

今天说节目,人们通常是指文艺演出的项目,同时也泛指一定时段里表现一定内容的一种形式。比如,在一场"迎接太阳——纪念渡江战役胜利暨南京解放五十周年文艺晚会"中,有序幕——①合唱:人民解放军占领南京,有歌舞——②新九九艳阳天,有舞蹈——③红旗颂,有说唱——④老南京与新南京,有二胡齐奏——⑤光明行,有诗歌——⑥无名英雄,有评弹——⑦唱南京,有京剧——⑧咏梅,有独唱——⑨阳关大道,有尾声——⑩大型歌舞:为了明天的太阳。在这里,合唱、歌舞、舞蹈、说唱、评弹、诗歌、京剧等均是这场文艺晚会中的一个一个依顺序进行的项目,或者说是一个一个演出的单元,这种演出的单元,我们通常就称为节目。

当然,也有许多在电视频道中以一个独立的栏目而呈现的节目,如湖南卫视《超级女声》(后改为《快乐女声》)、江苏卫视《非诚勿扰》、青海卫视《花儿朵朵》、东方卫视《中国达人秀》、辽宁卫视《激情唱响》、东南卫视《欢乐合唱团》、江西卫视《中国红歌会》,以及2012、2013年开播的中央三套《开门大吉》,浙江卫视《中国梦想秀》《中国好声音》《转身遇到TA》,东方卫视《妈妈咪呀》,湖南卫视《我是歌手》,深圳卫视《男左VS女右》等一系列娱乐或选秀节目。所以,今天我们把这类演出过程中的某个项目或某个演出的单元,或频道播出过程中的某个播出单元都称为节目。

所谓电视节目,是指电视台(或社会上的制作电视节目的机构,如电视广告公司、电视文化传播公司、影视制作公司等)为播出、交换和销售而制作的,表达某一完整内容的,可供人们感知、理解和欣赏的视听作品。电视节目是电视传播内容和形式相结合的基本单位,同时也是电视台和视频网站播出的最具体项目和基本单元。

二、电视节目的特征

电视节目是电视传播过程中创作者(节目制作者)的精神产品经影像的技术手段创造和呈现的物化形态。电视节目制作者运用现代电视技术,根据策划和编导对节目的创作和表现意图,摄取有关的图像和声音素材,按预先的顺序和一定的影像"章法"或对被摄对象的"原生态"记录,进行剪辑和特技加工，分类、分段、优化排列组合而成可供播出的精神产品、信息产品和艺术产品。"三性"合一是电视节目最重要也最显著的特征。

第一，电视节目是一种精神产品。所有呈现于电视屏幕的节目，都是电视工作者创造并用于电视屏幕传播的精神产品。无论是新闻节目、文艺节目还是广告节目，每一个电视节目都应有着正确而鲜明的主题，并在节目的主题选择、素材提炼和后期制作上，尽可能做到精炼、感人、生动，具有说服力和感染力，在寓教于乐的传播过程中，给观众留下深刻的印象或艺术美感。

第二，电视节目也是一种信息产品。电视本身是一种信息载体，是一种传播工具。20世纪60年代，曾经出现过三个有名的传播模式，奠定了传播学的理论。香农·韦弗提出了一种直线性的单向模式理论，即信息源—发射源—接收器—信宿；[1]奥斯古德·施拉姆提出信息传播循环的模式理论，即编码者、释码者、译码者—信息—编码者、释码者、译码者—信息的循环；[2]丹斯提出传播过程是螺旋式发展的过程，在其中有各种不断变化的要素，传播是动态的，人在传播过程中是主动的，并富有创造性。[3] 以上三种传播理论模式，无论哪一种，都首先肯定了信息由信源向信宿的流动过程。把传播活动作为一个整体过程来考察，丹斯模式所描述的螺旋式发展的过程是比较符合人类传播活动特征的，人类的传播活动由自我传播（Self-Communication）走向人际传播（Interperson-Communication），随后走向团体传播（Group-Communication）、组织传播（Organization-Communication），继而再发展为大众传播（Mass-Communication）。

《韦氏大辞典》对大众传播的定义为：由组织化的传播机构和组织化的专业人员制作传播内容，运用大众传播媒介，向广大而不确定的人群，密集地、大量地传递信息的行为。现代生活的快节奏，需要更快的、密集的、大量的信息，人们在报纸、杂志、广播等传播媒介、传播工具之外，寻求新的

---

[1] 〔英〕丹尼斯·麦奎尔，〔瑞典〕斯文·温德尔. 大众传播模式论[M]. 祝建华，武伟，译. 上海：上海译文出版社，1987：20.
[2] 同上书，第22页.
[3] 同上.

传播媒介与传播工具。据研究统计,人们从外界感知的信息,有85%是通过视觉获得的。在电视尚未进入大众传播领域之前,人们获取信息只能是阅读文字和听广播、传闻,视觉的信息通道大部分是闭塞的。人的视觉通道犹如孟子谓高子"山径之蹊间,介然用之而成路;为间不用,则茅塞之矣"①。电视兴起,直观的图像走入信息的"山径之蹊",使之茅塞顿开,坦途再现。

电视以节目与栏目为传播的单元,是大众传播的一种新形式。电视节目与栏目借助于电视手段,把各种各样的单元以"编码"信息的表现形式传播到千家万户的电视荧屏上,使观众受纳和理解。电视以节目传播信息的方式最能体现大众传播的信息公开、单向流动、迅速广泛、由职业传播者发布等特色,这是人类视觉传播的革新,在传播史上开通了两条人类感知客观世界的通道——听觉与视觉。

第三,电视节目也是一种艺术产品。这种艺术产品是在传播信息的同时,把客观事物运动变化中的形象美传播出来,给人以心情上的愉悦、情感上的共鸣、情绪上的调节、精神上的享受,与此同时传递出节目的正能量。

集精神产品、信息产品和艺术产品于一身的电视节目,其表现形式不同于书籍、报纸、杂志、广播,它是通过视频与声频信号来形象化表现"原生态"的视听产物。现实社会与人类生活的"原生态"形象是电视节目物化的形态。集直观、生动、形象、快捷和逼真于一身,是这种精神产品、信息产品和艺术产品的主要特征和优势。随着电子技术的发展,它还将不断扩大传播的深度和广度,将成为社会与人类生活越来越不可缺少的传媒和艺术门类。电视节目既要重视其社会效益,也要重视其经济效益,既要承认其商品属性,也要看到其精神产品的文化本质。策划的过程中,要以社会效益为终极目标,尽可能地做到思想性和艺术性、教化和娱乐、经济效益和社会效益的统一,使电视节目成为多元属性的产品。

---

① 出自《孟子·尽心下》。

三、电视节目优于其他传媒的特性

电视节目在集精神产品、信息产品和艺术产品于一身的同时,还具有优于其他传媒的几个特性。

1. 综合性

综合性是电视节目的本体特征,也是当今电视发展的主要趋势。电视节目的综合是全方位、多层次、多元化的综合。首先是科学技术手段的综合,其次是包罗万象的内容和丰富多彩的形式的综合,当然也是教化和娱乐、经济效益和社会效益等多元效果的综合。或者说,电视节目是先进的科学技术手段与新闻、艺术、专题、百科知识、经济信息、服务项目、广告等内容的综合体,是时间和空间、画面和声音、视觉和听觉的综合体,它开拓了人类求知、审美的视野和境界。当然电视节目的综合也是构成节目的因素(元素)的综合,即集形、光、色、字、景、物、人等多种造型元素于一体,"它本身综合了电影、戏剧、小型杂志等艺术种类的特点,还同文学和音乐有密切的联系"[①]。与此同时,电视节目的综合打破了文艺品种和行当分工的界限,集编、导、演、摄、录、美工、特技、剪辑等于一体,融观赏性、知识性、新闻性、广告性、服务性、娱乐性于一炉。电视节目是在二维的平面上形成三维空间的幻觉,是一个物理—生理—心理时空综合效应的流程融合的结构,是大规模的视听载体。

(1) 电视节目的综合性首先体现在科学技术手段的综合上。电视节目的传播方式、制作方式等技术手段是时代科技发展成果的综合。电视节目的每一步变革都是以科技进步和成果转化为依托的。考察电视与电视节目的产生、形成、发展、变革、辉煌的每一步,可以清楚地看出,它以电子科学技术的进步为先导,电子科学技术的现代化带动了电视节目的现代化。

当今电视发展处在一个前所未有的大变革之中。这场变革具有基础

[①] 〔苏联〕奥夫相尼柯夫,〔苏联〕拉祖姆内依.简明美学辞典[M].冯申,译.北京:知识出版社,1981:258.

深、技术新、范围广、速度快的特征,带动一批媒体工业的发展,其中"信息"是先导,"新材料"是基础,"新能源"是支柱。这场以微电子技术为核心的信息革命和智能革命,对社会经济、人民生活和电视本身所产生的辐射力和渗透力都是空前的,它对电视事业发展的推动更是划时代的。设想一下,20世纪以来,如果没有电子器件、半导体、激光、电脑、光纤通信、数码化录音录像、电子合成器、电子编辑机、非线性编辑等一系列新器材、新技术的诞生和发展,现代化的电视艺术就不可能存在。

  科学技术的不断革新,使电视的生产制作过程和接收、观赏方式都发生了很大的变化,电视节目中的特技效果达到了出神入化的程度,几乎是无所不为、无所不能、真假难辨。过去用物体模型创作每格画面,要费很大的力气,如今在SGI公司开发的图形工作站等设备上运行的软件可以自动创作一整套动作,甚至可以模拟演员的表演创作。数码化、电脑化、电子化的制作和传播技术把电视艺术引入一个新境界——智能无限、成果辉煌的"多媒体"时代。例如,好莱坞有几十个用多功能装置制作的电视娱乐、教育节目。如儿童剧《鸟类的生活》,只要轻击键盘,屏幕就会显示一群鸟,使用带框文字描述其自然环境,或是叙述这群鸟如何在亚马孙河丛林生息和它们的来龙去脉。卢卡斯公司将《少年印第安纳·琼斯纪事》系列电视剧数控化,为美国的游戏类、教育类电视节目增光添彩。影像科技大发展、大变化,计算机与新兴影像系统的迅速崛起,向以卤化银为代表的化学影像系统提出了严峻的挑战,同时,也为影像系统提供了向前发展的机遇。过去的那种化学影像一统天下的局面早已经被打破,新的影像体系已日益开阔人们的眼界,并显示出空前的优势。

  (2) 从电视节目表现的基本元素上看,电视节目是电视要素的综合。电视要素可分为图像与声音,其中图像包含着人为绘制的图像(如美术图案、布景、字幕)和非人为的自然实物图像(如对象人物、对象景物),声音包含有声语言(如解说词、报道词、串联词、台词、旁白)、音响(如实况音响、拟音)、音乐,电视节目就是这些人为绘制的图像与非人为的自然实物图像构成的像部,和解说词、报道词、串联词、台词、旁白、音响、音乐构成的声部的有机综合。同时,电视节目也可以是电视融合其他艺术形式的综合,如综合娱乐类节目《快乐大本营》《天天向上》《津夜嘉年华》和《周日我最大》等相对典型的综合性强的综艺节目,都是围绕一个或多个主题或线索,主持人和嘉宾互动,同时调动现场观众参与,综合使用访谈、游戏、表演、现场互动等多种形式,这是人们通常所说的"视听结合""声画并茂""综合艺术"。所以,电视节目是图像、声音等诸多元素的综合的产物。

(3) 从电视节目的传播形态上看,一个电视节目是诸多传送方式的综合,它既可以以一种基本的表达传送方式——录像传送播出,如现在许多电视台播出的新闻与新闻评论性节目、专题与纪录片节目及中小型的文艺节目,基本上还是采用录像播出的形式,也可以是直接的现场直播节目,如大型的新闻事件报道、大型文艺节目和大型的体育竞赛活动,均采用现场直播的方式,如《南京青奥会开幕式直播》《三峡工程大江截流特别报道》《庆祝中华人民共和国成立50周年天安门阅兵式》《3·15特别节目》《奥运会开幕式》《春节联欢晚会》等,还可以是既包含现场直播又有一定量的录像画面内容的播出形态,如《抗洪精神颂——慰问抗洪军民大型文艺晚会》《日全食——彗星天象奇观现场直播》等,以一种基本的表达传送方式——直播为主,也兼容了录像(如抗洪新闻画面、日全食数字动画)的表达传送方式。在新媒体蓬勃发展之际,传播形态更加多样和综合,如江苏广电总台新闻中心《夜宴微波炉》率先实现了将电视媒体、网络媒体、手机媒体的优势功能有机融合,加强节目传播的多样性和综合性,强化了互动性、即时性、延展性和新锐感。

(4) 从节目的内容上看,电视节目的内容也是综合化的体现,内容的综合把电视节目装点得异彩纷呈。如中央电视台的《经济半小时》节目内容包含了经济政策、经济管理、经济知识、经济信息、经济热点和经济现象分析,介绍世界经济和全球经济动态,同时,在节目中还介绍各行各业发展的现状和经验(住房改革、农村发展、股市现状、企业经营机制以及工业、农业和科研等领域先进典型),由此节目的内容包含了丰富及时的知识和信息、全面周到的服务。中央电视台的《开心辞典》融合了竞技、游戏、脱口秀、模仿秀、音乐秀等多种综艺元素,节目内容还包括了历史知识和掌故、人文与民俗、天文及地理、艺术和科学等小百科知识内容,节目内容之丰富,可以说是包罗万象。2012年江苏卫视推出《一站到底》,也是一个综合益智类节目,集中考查了知识储备、记忆、逻辑判断、快速反应能力,还有才艺,其考查的知识面十分广泛。此外,类似的综合性节目还有浙江卫视华少和沈涛联手主持的《王牌谍中谍》、广西卫视《猜的就是你》、央视《开门大吉》、重庆卫视《周末驾到》等。

(5) 从节目的组成形态上看,电视节目既可以是单一的表达方式,如《丝绸之路》《话说长江》《望长城》《重逢的日子》《空间——严华的自述》《沙与海》《远在北京的家》《最后的山神》《两个孤儿的故事》《人鬼人》《半个世纪的乡恋》《家在向海》《远离的愿望》《龙脊》《藏北人家》《壁画后面的故事》《茅岩河船夫》《大黄山》《艾虎》《西藏野生动物》《运河人家》《小木屋》《扬州第九怪》《十五岁的中学生》《德兴坊》以及《十字街头》等一大批纪录片,这些纪录片均以纪实的表达手法来表现普通人的人生、哲理与社会、自然的问题等主题。同时电视节目也有很大一批,如文艺节目,采用了访谈与表演、表演与纪实、纪实与虚构相结合的多元的表达方式,如以中央电视台八套的《朋友》、三套的《新视听》《梦想剧场》、上海东方卫视的《中国达人秀》、浙江卫视的《中国梦想秀》为代表的平民梦想类节目,以深圳卫视《年代秀》、山东卫视《歌声传奇》以及安徽卫视推出的《黄金年代》为代表的年代怀旧类节目等。

与此同时,为了较好地表现节目的主题,形象化地反映内容,电视节目又可以用一种形态为框架,综合地融入其他的表现手段,如在晚会等艺术形态中还可以结合和融入新闻内容和新闻现场要素,使两种原本完全不同的形态综合在一起。再如2013年10月浙江电视台《中国梦想秀》第六季的第二期节目,讲的是吉林一位普通的体育教师,十多年来收养了四十多名被遗弃的小孩,用一个人很微薄的工资培养这群孩子,有的孩子上了大学,有的孩子参加了工作,目前在身边的还有三十几个孩子,他们虽生活在一个陋室里,但其乐融融,并将这种爱一个接一个地传递下去。在节目中,他们既展现了才艺,又呈现了感人的故事和他们对生活的美好梦想与憧憬。这些节目显示了电视节目内容和节目组成形态的多元素特征,以及节目表现手法上的多维综合,充分彰显了电视节目的艺术效果和传播价值。

（6）从节目制作的组成人员上看，现在电视节目已不可能是一个人的产品和成果，而是演职人员包括策划者、编剧、导演、制片、摄像、编辑、录音、灯光、化妆、字幕等共同努力的结晶。电视节目的制作完全不同于广播、报纸与杂志，相对而言，广播、报纸与杂志的组成单元在一般情况下是个体的创作劳动。电视节目的创作一般来说较难由某一个体独立去完成，它必须依赖各个工种的合作，所以电视节目是群体创作的结果。随着制作越来越精品化和观众欣赏水准的不断提高，电视节目的从业人员不可能人人都是采、编、播、摄的全能手，电视节目创作的分工会越来越细。同时，由于电视节目选题的大小与重要程度不同，电视节目所涉及的人员和工种数也有很大的区别。有的节目可以几个人完成，如一般的新闻采访、小专题、小型的纪录片；有的节目需要一个小组十几人合作完成，如新闻系列采访报道、新闻深度报道、一般性的演播室节目、小型歌会、专题节目等；有的节目则需几十人甚至上百名电视工作者一起合作才能完成。

（7）从节目传播的功能上看，电视节目传播的功能也是多元的。电视画面大都是由摄像机记录下来的对物质现实情况的一种客观反映，是最为直接、逼真的再现"信息"，在电视屏幕上出现的新闻节目、纪录片、纪实节目等电视节目，使足不出户的观众了解了外面世界的各种信息，了解了外面世界日新月异的变化。既有政府发布的声音，又有来自社会的经济、文化、体育和社会的消息；既有新闻报道的内容，又有文艺娱乐的歌会；既有国际的消息和动态，又有国内老百姓想了解的生活服务的信息。所以，从电视节目的传播功能上说，它呈现了知识与信息、知识与娱乐、知识与生活，很好地发挥了电视帮助观众了解事实、增加知识、娱乐生活和陶冶情操的多元功能。

2. 直观性与现场性

与直观性和现场性紧密联系的表现是电视中大量的现场实况播出，这正是电视优越于报纸杂志、电影、广播等的第一大优势。电视节目的直播传播方式、摄录现场的制作形式、瞬间覆盖与接收等，都使其具有更快更强的保真度和传真力。只要正确运用先进的电子声像技术器材设备,电视既能如实再现客观对象的图像、声音,又能确保音视频信号在全球范围内传输而不失真、不损耗。电视把人们带入特定的人、事、景、物等可视的现场氛围之中,这种身临其境的现场实况感具有巨大的魅力,印证了关于人们认识事物的古语——"眼见为实",观众借助于电视,使感官插上了"千里眼、顺风耳"的翅膀,享受直观与现场的无穷魅力。这种直观与现场的无穷魅力使社会生活中的很多"秘密"曝光了,社会信息的垄断局面开始被打破,信息越来越成为全社会人人都可以共享的财富。家庭因为有了电视,使"居室"变成了获取最新信息、学习各类知识、欣赏艺术表演的场所,从而彻底地改变了家庭这一空间的意义。这种直观性与现场性具有无穷魅力的原因如下。

(1)它可以让人直接地、生动地、较少受文化与生活经验的限制而较大范围地感知视听形象信息,排除人们对于事物认识的不确定性,同时也可以在较大程度上减少人们在阅读文字材料时运用想象的差异。

(2)它充分尊重观众,并调动观众自主的本体意识,让观众通过眼睛、耳朵,从电视屏幕上获取信息内容,观察、判断、理解信息内容,突出了视觉在传播中的地位,让观众养成偏重从具体形象获取信息的习惯。这里的具体形象包括了事物、事件的过程,出场人物的动作、体态、表情和自身的语言等。当然,如果片面强调直观性与现场性,不善于对观众片面追求直观性与现场性的心态给予适当的引导,也会让观众容易陷入一种危险的错觉,即以为看到就等于知道、理解真相。

(3)它可以向观众提供丰富多样的信息,这些信息常常超越解说、旁白的含意,观众可以各取所需。观众既可以跟着屏幕传播和演示的内容学到不少知识和技能,还会有许多"无心插柳柳成荫"的收获。诸如对服装、发型、化妆、通俗歌舞以及社会时尚等,电视往往无意中进行了示范与推广,成为自觉与不自觉的宣传员,引发观众的模仿和崇尚。

(4)它可以培养观众了解客观事实、关心国内外大事的兴趣,提高国民的政治、经济、文化、艺术的综合素质。

(5)它可以使观众产生临场感、参与感,进而调动和激发观众的情感,产生强烈的共鸣。

3. 互动性

快速发展的时代使受众对信息的需求量加大,要求也变得越来越高,再也不能满足于电视节目对他们作填鸭式的、单向的灌输。电视观众越来越多地表现出强烈的参与意识,迫使电视创作者在电视节目中将人际传播的互动引入大众传播中,改变了传统传播理论,重新调整和选择电视节目传播和电视节目报道的方式,将电视节目的"信息"传播者与接受者互动起来。现在的电视节目正在发生着观众从"形式上的参与"到"思想情感的参与"的转变。当然,电视节目与观众的互动,与快速发展的新媒体相比,还存在一定的差距,如新媒体可以实现线上的真人之间的互动,而电视的互动则是通过节目之外的反馈,或者是借助第三方工具如手机等方能实现。

4. 连续固定性

电视传播是依时间流程而连续进行的。电视节目以不同节目为单元,以连续的固定编排方式播出,每一个电视台都会以一种最优化自身频道资源的形式来编排本台的节目与栏目。在通常情况下,电视台都是按照固定的栏目、固定的播出时间或时期、固定的栏目或节目时长去编排、去准时播出各自的节目和栏目。

(1) 电视节目的播出是连续的,大多数电视台从早晨6:00到次日凌晨2:00,不间断地把事先安排好的节目依次播出。当然也有像一些电视台以24小时不间断的方式进行播出。

(2) 电视节目的播出方式是固定的,这种固定既是一个节目或栏目赖以确立和存在的前提,同时也是一个节目或栏目区别于其他节目或栏目必要的特征条件。一般来说,现有的节目与栏目要树立其自身的节目与栏目形象和保持固定观众收视,则必须以固定的节目与栏目形式将形象确定下来。不固定的节目会丧失观众,节目播出不准时、不固定是电视节目最忌讳的问题。

第三节 电视节目的构成要素

电视节目的传播特征是电视节目的内在构成的外在体现和反映,决定电视节目内容本质的是节目本身的构成要素。那么,什么是电视节目的构成要素呢?

电视节目本身是声画视听有机融合的信息产品、精神产品和艺术产品,构成电视节目的要素包括图像和声音两种要素。

一、电视节目的图像要素

电视节目的图像包括实物图像和绘制图像。所谓电视实物图像,是指由客观存在的一切实际人、物、景构造的图像[1],也就是由摄像机拍摄记录下来的"人物""建筑""自然"和"景物"等物质现实的客观反映。电视实物图像在反映客观现实时是鲜明的、具体的和单一的,它不像文字,不适宜对物质现实进行抽象的、概括性的反映,而是对事物的一种单一再现。例如,描绘人物,文字可以从各种角度对人物的形象、动作、表情等进行描述,列夫·托尔斯泰《复活》中对玛丝洛娃的描写:"一个身量不高,胸脯颇为丰满的年轻女人,里边穿着白上衣和白裙子,外边套一件灰色的大衣。那个女人脚上穿着麻布袜子……头上扎着一块白头布,分明故意让几绺卷曲的黑发从头巾里滑下来……在那张脸上,特别是惨白的无光的脸色衬托着,她的眼睛显得很黑,很亮,稍稍有点儿浮肿,可是非常有生气,其中一只眼睛略微带点斜睨的眼神。"这是玛丝洛娃出现在沙皇政府法庭上时的肖像。通过文字的描写,读者要得到具体的形象,就必须加上自己的想象,读者根

---

[1] 参考浙江传媒学院壮春雨教授的定义。

据文字描绘在头脑中想象出来的人物形象,往往因读者人生经验、教养、阅历的不同而千差万别。但是电视的图像就不同了,图像中的玛丝洛娃的形象只有一个,就是由演员扮演的玛丝洛娃,电视观众离开了演员的形象是无法获知玛丝洛娃的形象的。电视实物图像一般不表现抽象的"人""建筑物""景物",它只是客观再现"具体的人""具体的建筑物""具体的景物"。实物图像即使要反映某些相对抽象的思想,往往也只能通过两种方式,一是利用某种形象的象征性,二是利用画面的组接和对比,再有赖于观众丰富的想象力加以补充。所以,电视的图像在表现抽象的思想、概念和认识时,远远不如文字来得灵活自如。

电视的实物图像有什么基本的特征呢?概括地讲,电视实物图像的基本特征是"运动"和"连续"。电视图像的运动使画面能很好地反映生活和再现生活。"运动"包含了两个方面:一是被记录对象的运动,从位置与肢体的变化,到语言与喜怒哀乐等表情;二是摄像机的运动,摄像机有推、拉、摇、移、跟、升降等拍摄运动,正是这多方面的运动才使电视画面显得如此丰富多彩。图像的"运动"有一定的章法,运动要有节奏、有韵律,如果毫不相干、毫无意义乱动,只能破坏节目,扰乱观众的视觉。

电视图像记录的单位是一段或一组图像,这一段或一组图像就好比语言文字的一个字和一个词。字与字、词与词按照文法组成句子,句子与句子按照各类文章的章法组成各种不同的文章,电视图像也一样,一段图像与一段图像、一组图像与一组图像按照视听语言的法则组成具有思想内涵的电视节目,来反映和表达编导的目的。电视的图像在每一次"切换"中中断,同时又在每一次"切换"中连接起来,在这种多次的切换连接、连接再切换的过程中,图像接续起来,直到节目的终结。电视图像的接续,就是图像之间的切换组接,图像的切换组接也有一定的法则,既要有连贯性,又要有韵律感,连续顺畅的图像编辑才能引人入胜。

所谓电视绘制图像,是指美术设计和美术工程师构造的图像。电视绘制图像,无论是一段完整的图像,还是一个图案,或是一种色彩、一个构图、一行字幕,都是参与节目图像的组成部分,它们应服从于节目的需要,服务于节目表意、造型、抒情和营造气氛的目的。

电视绘制图像由电视美术设计和电视美术工程两方面构成。电视美术设计是造型艺术，它是直接为电视节目服务的，不能离开节目而独立存在。电视美术设计是一项创造性的艺术工作，这项工作与电视传播同时诞生，它与美术工程的珠联璧合，构成了以视觉艺术为主的视听艺术。概括起来讲，电视美术设计是对电视节目总的视觉形象、节目效果进行总体或部分造型设计和制作的方案。电视美术设计还可以划分为两个部分，即立体设计和平面设计。立体设计主要是指场景设计和围绕场景的相关设计，如电视灯光、道具、服装、化妆等。平面设计主要是指片头设计和动画设计。

美术和电视美术虽然都属造型艺术的范畴，但两者的从属性不同，美术相对于电视美术，它是总范畴，电视美术从属于美术范畴，是美术发展过程中的一个分支或一种类型。

电视美术继承和借鉴了舞台美术与电影美术的传统做法，吸收了舞台美术与电影美术的许多特点和长处，同时也创造和开拓了许多新的路子。在电视的创作活动中，美术设计的创造性的劳动，为有限的舞台空间创造了具有更多变化可能性的表演空间。

① 舞台美术的景具设计符合节目内涵的特点充分地得到体现。电视美术不仅为节目提供了造型基础，具有实用性和欣赏性，而且还融合了节目内容的构思于其中。例如，有一年中央电视台的春节联欢晚会，电视舞美就设计了一套模型景合成，用一对大红门模型作为前景，大红门徐徐开启，镜头由此推入，展示出大演播室中一片热烈、欢腾的景象……这种处理除了造型上的功能外，很好地实现了春节晚会的片头的功能，十分有效地拓展了观众的视觉空间，同时，把晚会纯正的中华大家庭的民族气氛、民族风格和情怀，与舞美的形象、色彩及光影搭配都结合了起来。美术设计就是要把握节目的总体气氛并以此为创作基点，将编导的创作外化为可视而多变的立体空间形象。

② 充分发挥电视直播画面转场过渡的作用。在电视传播活动中，无论是一整场节目的播出，还是一个一个具体节目的推进，特别是在一些场景变化比较多的大型文艺晚会中，经常会遇到因节目内容转换而引发的画面

衔接与过渡的艺术问题。尤其在一些晚会的直播中,随着节目篇章的变化,演员、舞美、道具的"下场"和"上场"需要一定的时间。此时,电视画面既不可能停止,也不大好把这些演员、舞美、道具的"下场"和"上场"实况表现给观众,于是就需要运用电视美术多场景的设计,来过渡和转换电视的画面,使节目内容融入电视图像中,自然、流畅地播出。当然,用电视美术多场景的设计来过渡和转换只是电视画面转场的一种方法,其他的电视手段还很多,如字幕、主持人等,在此不作具体的展开。

③ 构成电视画面的视觉美感。电视画面的构图艺术主要是从两个方面或两个角度来实现,一个是从摄像构图的角度,一个是从电视美术设计的角度。应注意图像的位置、角度、线条、组合等因素,使图像大小配合,前后高低和谐,左右比例恰当,留出想象空间。

虚拟演播室的问世,开拓了电视美术在电视节目制作中的作用,为电视节目的导演和美术设计师提供了巨大的想象空间和创作空间。其基本运作流程是静态形式与动态形式的分离与结合。

二、电视节目的声音要素

电视节目的声音,具体来说包括了有声语言、音乐和音响。有声语言、音乐和音响是构成电视节目声音的三个子要素。

1. 电视节目的有声语言要素

有声语言又可以细分为解说词、报道词、串联词和台词等。电视节目中的有声语言是电视节目的一个重要部分,它和图像密不可分,与图像有机结合,构成电视节目。电视节目的主题、内容、结构,是图像和有声语言共同体现的。

电视节目离开了图像,就不成其为电视节目;电视节目离开了有声语言,节目的大多数图像就会失去现实感和真实感。

具体来说,有声语言如解说词、报道词、串联词等在节目构成中的作用,主要有下列几点。

（1）说明。电视节目虽以视觉为主，但有些内容是拍摄不到、难以拍摄或无须摄取的，这就要靠语言来说明，如时间、地名、人名、数字、历史背景等。尤其是知识类节目（如医学卫生、保健美容以及各种知识讲座）、技能类节目（如烹调、编织、工艺制作），没有语言的说明，观众就不能明白节目的内容。当然，有些语言内容不一定以有声语言的形式呈现，也可能以字幕（图像）形式呈现，这并不影响有声语言对于电视节目而言的重要性。

（2）应急。电视节目制作手段虽先进，但总需要一定时间。有些突发事件或重要消息，一时来不及拍摄或制作，就要靠语言口播来解决。

（3）补充。电视图像的直观性是它的优势，但也带来了一定的局限，有些内容单纯靠图像难以明确或准确表达。因此，各类电视节目一般都要或多或少地用语言来作为补充，说明事物的状态、性质、成因、意义，弥补图像所不能提供的部分。如介绍一件具有重要意义的文物，不管用什么景别、什么角度来拍摄，图像中也不过是文物本身而已，而关于这个文物有多少年历史，是哪位历史人物使用过的，有什么特别的意义等，就需要靠语言补充解释。语言对图像的补充作用，主要体现在以下方面：

① 图像表达不出而又需要让观众了解的内容；
② 图像表达不完整而又是节目不可缺少的内容；
③ 仅看图像看不懂的思想内容，特别是静物背后的思想内容；
④ 从图像中不能感知到的信息，如味道、冷热、软硬等。

（4）阐发理性内容。电视图像虽有直观形象的优点，但在反映复杂的生活、纷繁的世事、深刻的意义方面，往往比较困难，更无法体现观点、态度，发表评论。一般来说，形象的内容常常附着在图像上，而抽象的内容则往往需依附于语言。语言是表达理性世界的直接手段，依靠有声语言，可以深化节目的主题，传播节目的思想，表达作者的倾向。

（5）反映内心活动。电视节目中常有人物的活动。人物的外表，如年纪、相貌、姿态、动作等，都可以通过图像来显示，而人物的感觉、知觉、思维、情绪、心理活动、微妙的感情等，图像则难以表达。因此，反映人物的内心活动必须靠语言。

（6）增强感染力。图像有图像的感染力，语言有语言的感染力。语言恰当和优美,能对图像起到提高和升华的作用。生动的图像和精彩的语言相配合,能使节目锦上添花,增强感染力。

(7)连接、转场。各类电视节目图像的组接、场景的转换,往往需有一个过渡的"纽带",有声语言能够在这方面起到提示、承前启后的作用。

2. 电视节目的音乐要素

音乐是一种有规律的声音系统,是通过演唱或演奏而为人所感受的艺术。有组织的音乐在表达思想感情和反映社会生活方面,具有很强的感染力。

当音乐参与电视传播活动时,它将从属和服务于所参与的节目,成为构成该节目的一个组成要素和表现手段。

音乐是构造电视节目的重要材料。不是所有的电视节目都需要音乐,但许多节目都需要音乐的参与。总的来说,音乐在节目构成中的作用,主要有以下几方面。

(1)深化主题思想。节目主题的深化,是在时间的延续中实现的。作为"时间艺术"的音乐,与节目的融合有一种天然的适应性。节目音乐,尤其是主题音乐,对于表现节目的主题思想或节目中的人物感情,有明显的增效作用。

(2)渲染环境气氛。节目所反映的事件,都是在特定的时间、地点、环境中发生的。节目音乐对于说明事件发生的地点、环境,烘托气氛,表现人物特定的情绪等,都有着独到的作用。如采用新疆民歌作为素材的节目音乐,不仅能使观众了解节目内容与新疆有关,而且能使观众联想到戈壁、草原以及维吾尔族同胞的形象。

(3)连贯图像语言。美国电影理论家克拉考尔曾说过:"只要一响起音乐,我们就会感受到某种本来并不存在的结构形式。"乱糟糟的姿势也许就一变而为可理解的手势,散乱的视觉材料也许就会显得井然有序。

3. 电视节目的音响要素

音响是电视声音的一部分,也是构成电视节目的一种要素,但它与有声语言和音乐在节目构成中的作用是不同的。

音响,有广义和狭义两种理解。从广义上讲,音响泛指一切声音,从狭义上讲,是指物体在运动中所发出的、能为人们的听觉器官所接受的声波。

把音响运用于广播电视传播,使其在节目中形成的特殊效果,就称之为音响效果。

电视节目中的音响效果,是运用电子技术对音响素材进行实录、模拟、加工、重放,使之成为适合视听传播需要的电声音响。当这种具有新闻价值或艺术价值的电声音响与电视图像、有声语言、节目音乐有机结合时,就成为构成电视节目的要素之一。

节目音响大体有三大类。

(1) 现场音响。即新闻事件或故事发生现场的各种声音。现场音响又分两类:一类是现场固有的,它不以记者的活动为转移,无论记者去不去采访都会发生;另一类是伴随记者的采访而产生的音响。

(2) 模拟音响。即根据事件发生、发展的实际情况,将所需的各种声音效果,通过事后模拟配入节目形成的音响。这种音响多用于艺术类节目,尤其是电视剧,而新闻节目则不可以采用模拟音响。

(3) 特制音响。是根据某个节目或某一情节的特别效果需要而制作的特殊声音。

英国的格林·阿尔金在他的《电视音响操作》一书中,曾经论述了"电视不只是一种看的东西"这个问题。他说:"如果做一个简单的试验,在某个晚上你看电视时把声音关掉,那么,就会发现三种明显的情况。①尽管有'看一张图胜于听一千字的话'的古老格言,但任何电视节目的大多数内容是由声音来表现的。②当你听不到伴随图像的声音时,大多数图像就会失去现实感和感染力。③除非你能同时听到与图像多少有关联的声响,否则即使看着的图像大多数是直观素材,你也无法稍长时间地集中精力去看它。"①

---

① 〔英〕格林·阿尔金.电视音响操作[M].熊国新,译.北京:中国电影出版社,1981:185.

三、电视节目模式

电视节目模式的概念是近年来出现的新概念,也是近年来在全国电视屏幕上较大范围火爆起来的一种新的电视现象。"电视节目模式"源自英文 Television Program Format,可以译为"电视节目模式"或"电视节目样式""电视节目模板""电视节目范本""电视节目版式"等[①],我们还是比较倾向于把它称之为"电视节目模式"。"模式"指的是成熟的、经过考验和验证的、有稳定的内在规定性与外在指向性的标准的样式。[②] 所以,所谓电视节目模式即是一种电视节目的结构化创作的模板。从这个简明扼要的界定出发,我们可以清楚地看到,节目的结构化规定了节目创作的结构性和模式化,进而延伸出节目的标准化。节目的标准化意味着节目样式的可复制性,可复制性标示着节目的市场性和推广销售机会,从而使电视节目进入产业的生产和销售链中。电视节目模式的产业化是电视节目新的机制和新的趋势,这种新机制和新趋势强化了电视节目创意和策划的作用和分量,电视节目创意和策划将成为电视节目模式创作和生产的核心。

电视节目作为文化产业的组成部分,创作与生产的文化产业特征突出。在这种背景下,近年来我国电视界中电视节目模式的引进受到了前所未有的关注和重视,形成了国外电视模式引进的一个高潮。如《我们约会吧》是湖南卫视引进 Fremantle Media/ICPN 的 *Take me out* 电视节目模式,较早时候湖南卫视引进的《舞动奇迹》是 BBCW/世熙传媒的 *Strictly Come DANCING*;上海东方卫视的《我心唱响》是 Talpa/ICPN 的 *Sing it*,《中国达人秀》是 Fremantle Media/ICPN 的 *Got Talent*;浙江卫视的《中国梦想秀》是 BBCW/世熙传媒的 *Tonight's The Night*,浙江卫视引进的另一个得意的节目模式《中国好声音》也是如此。

[①] 胡智锋.电视节目策划学[M].上海:复旦大学出版社,2006:159.
[②] 雷蔚真.电视策划学[M].北京:中国人民大学出版社,2008:68.

诚然，电视节目模式的引进并非是当下的发明，早在1998年，中央电视台二套节目就购买了英国当时已有三十多年历史的博彩节目 *Go Bingo* 的版权。引入后，央视根据中国国情剥离和删除了节目模式中的博彩形式，将其改编而成《幸运52》。《幸运52》可以说是当时中央级频道中，电视娱乐节目引进节目模式较早、本土化改造较为成功的案例。其后，以美国福克斯电视网热播的真人秀节目《美国偶像》（该节目是在英国电视节目《流行偶像》基础上改编推出）为原型的湖南卫视《超级女声》，不仅在中国带动了相当一批电视平民选秀节目的崛起，也将国内通过模仿、改编或购买版权等方式进行节目创新的风潮推向新高。

国外流行的电视节目之所以能够成功地实现购买与移植等市场操作，与电视节目本身的高度模式化以及模式化的电视节目所具有的一些特点和属性有着密切的关系。1999年，蒙特卡罗电视节上设立了第一个电视节目模式市场，诸如《流行偶像》之类的较有影响力的电视节目模式在多个国家和地区制作并播出，在澳大利亚、美国等12个国家均在收视率排行的前十之列。电视节目模式具有以下几个特征。

① 成熟性。电视节目模式的相对成熟是其最基础的特征之一。从界定可知，所谓模式一定已是相对固化的产物，是经过了多次方案策划和多次方案试验后，证明是最可行的科学合理的方案。

② 结构性。电视节目模式的结构由叙事模式和结构模式共同构建。如果追溯叙事学的发展轨迹，最早是俄国形式主义者什克洛夫斯基、艾亨鲍姆等研究的"故事"和"情节"之间的差异在某种程度上勾勒出了电视节目模式的层次划分。"故事"指代叙事作品的素材内容，而"情节"则指代叙事作品的表达形式。电视节目即由包含素材内容的叙事模式和包含表达形式的结构模式所构成。素材内容也可以理解为题材元素，包括政治题材、经济题材、文化题材、社会题材、情感题材、生态题材等；表达形式可以进一步细分为视觉表达、听觉表达、时间表达、空间表达、技术表达等。随着电视节目生产的文化产业特征日益突出，法兰克福学派代表人物阿多诺曾指出，大众媒介的文化产品生产，本质上就具有"事物本身的标准化"的特征。

③ 限定性。电视节目的限定性,主要是指电视节目在制作过程中,制作者自觉地对节目内容、节目形式以及节目品质等做出比较明确的限制。电视节目的限定性又可以进一步细分为内在的规定性和外在的指向性,内在规定性主要包括节目制作的理念、结构和规则等,外在指向性则包括节目的精神内涵和价值取向等。[①] 正是由于限定性,使电视节目具有了相对固定的模式特征,因而限定性成为电视节目模式形成的前提之一。

电视节目模式所具有的限定性,一方面可以让节目在观众中快速形成辨识性记忆,另一方面也有助于节目的标准化和大规模生产。在受众注意力成为稀缺资源的时代,如果不能让受众在收看节目后快速作出辨识并产生相应的记忆,电视节目就很可能被浩如烟海的竞争性节目所取代,更难谈及节目品牌的建立和巩固。同样,对节目时长、内容、形式等进行标准化的限定后,规范化的制作能够减少不必要的时间和精力的付出,缩短节目的制作周期,提高节目的制作效率。

④ 示范性。节目模式的存在和被模仿,是电视作为文化工业的生产属性使然,流行的节目模式具有一定的示范意义和市场引导价值。引进其他国家制作的较为成熟的电视节目模式,一方面可以缩短节目创新周期,而且这些在一些市场上已经经受过收视检验的示范性的节目模式引进后,还可以在一定程度上降低原创的风险,另一方面,引进后的电视节目模式可以在本土市场上根据本地观众的收视偏好和收视习惯进行适度的本土化改造,经过改造后的节目已经在文化上融入了本土的内容和元素,这样对本土观众来说更容易接受,从而可以获得较好的收视效果。

⑤ 标准性。电视节目模式最重要的特征之一是标准性,而这需要严格按照节目制作宝典来实现。在引进模式节目时,会有如下的标准配置:原版节目的成片、节目制作宝典和根据实际情况安排的模式指导若干。其中,节目制作宝典是节目引进中的核心资料,宝典详细列示一个节目模式从节目创意、宗旨、环节、步骤、配合到财务管理等各种细节。活跃于荧屏的模式类节目,多数都遵照宝典,采取鲜明的工业化生产流程,有严格的质

---

① 孙宝国.电视娱乐节目形态分析[J].现代传播,2009(5):61.

量控制,这在确保节目按计划制作和播出以及节目的连续性上起到了重要的作用。

⑥ 可复制性。综观近年来全球视野中电视节目模式的跨国拷贝和移植,我们不难看出电视节目模式本身所具有的可复制性。成功的电视节目模式本身凝聚了节目制作的经验和独特的创意,而在某些收视市场经过了试验之后进行异地复制,不仅可以大大缩短节目研发的时间,快速抢占相应的收视市场,而且相对稳定的节目模式移植播出的风险较小。但是,电视节目模式的可复制性本身也是双刃剑,盲目模仿复制会导致短期内产生大量的同质化竞争节目,抢占原有的收视市场空间,同时在不能保证质量的情况下,一些粗制滥造的节目的大量涌现,会损伤原创节目模式本身的品牌影响,大大缩短节目的生命周期,对节目的原创性和盈利能力都是巨大的伤害。

⑦ 娱乐性。从跨国交流较为频繁的节目类型来看,电视娱乐节目,包括综艺类、脱口秀类、真人秀类、游戏类等节目的交流最为频繁,其中尤以真人秀类的节目模式,跨国交流最为兴盛。这些节目不仅通过本土化的改造,成功获得了观众的收视关注,同时也在国内带动了同类节目的大量衍生和繁荣,成为模式化的电视节目在国内落地,进而推动新的节目类别产生的典型代表。纵观近年来我国以及国际上流行的节目模式的流动和传播,不难看出,这是全球化和商业化背景下以节目模式的创意竞争获得利润和垄断优势的电视业竞争的必然趋势。

观察近年来模式类电视节目的成功之作,不难发现,其影响力已经超越了一档电视节目本身,而成为一个成功的电视事件,甚至依靠系统支撑而营造为社会事件。早期"超女""快男"创办之时,在卫视频道的资源之外就广泛吸纳各地的地面频道参与节目推广,集合各方之力打造重大媒体事件。而今,卫视的模式类节目更是集合全集团的重要资源,由各种配套团队协力完成,将节目品牌的影响力迅速扩展至全国。

购买国外版权的模式类电视节目,在完成了出资购买并成功制作节目、推向市场之后,节目未来的发展很大程度上有赖于媒体本身是否能成为节目进一步成长的温床,媒体本身的资源整合能力能否推动节目向纵深发展。一档成功的电视节目需要节目制作团队、包装团队、推广团队、收视分析团队等协调配合。在将节目的影响力和品牌推向全国方面，电视媒体、网络媒体和平面媒体的全媒体资源整合，也将决定节目发展的规模。

　　电视节目研究基本上以类型化为主导，这种研究思路对于电视批评和节目分析来说都具有一定的便利性和可操作性。但是，随着受众需求的日益多元化，节目样式和知识产权相结合而产生的电视节目模式在更加差异化的市场中逐渐风行。节目模式是节目类型之下的变量，同一类型节目可以呈现多种节目模式，与电视节目类型概念相比，电视节目模式在承认节目类型的相似性和差异性的前提下，更强调节目类型的变化性与流动性。正是由于节目模式的这种多变性，在产业化背景下，仅仅通过节目的大规模复制已经难以实现节目创新的需要。

　　在当下，全球电视节目模式跨国流动逐渐成为引领电视产业运作与市场竞争的重要策略。国外的电视产业发展较之我国相对成熟，我国的电视节目模式的创新和生产能力还处于起步阶段，电视节目模式的"输出"几乎为零。表1-1从一个侧面反映出曾在各大卫视流行的电视娱乐节目几乎都是原版本引进，或是"输入"境外电视节目模式加本土改造的模式节目。

表1-1　电视节目模式引进情况

频道	节目名称	原版	版权所有/代理公司
湖南卫视	我们约会吧	Take me out	Fremantle Media/ICPN
	舞动奇迹	Strictly Come DANCING	BBCW/世熙传媒
	最高档	Top Gear	BBCW/世熙传媒
上海东方卫视	中国达人秀	Got Talent	Fremantle Media/ICPN
	我心唱响	Sing it	Talpa/ICPN
浙江卫视	中国梦想秀	Tonight's The Night	BBCW/世熙传媒
深圳卫视	年代秀	Generation Show	意大利公共电视台/创意亚洲
辽宁卫视	激情唱响	Factor	Fremantle Media

续表

频道	节目名称	原版	版权所有/代理公司
山东卫视	惊喜！惊喜！	*Surprise！Surprise！*	ITV
福建东南卫视	明天就出发	*This Time Tomorrow*	BBCW/世熙传媒
	朋友就该这样	*Friends Like This*	BBCW/世熙传媒
	欢乐合唱团	*Last Choir Standing*	BBCW/世熙传媒
广东卫视	完美暗恋	*Dating In The Dark*	Talpa/ICPN
江苏卫视	欢喜冤家	*The Marriage Ref*	Endemol
	老公看你的	*My Man Can*	SevenOne
安徽卫视	全民运动会	全民运动会（日本）	Fremantle Media

本章思考与练习

1. 策划的概念是什么？其核心要素又是什么？
2. 说一说策划的一般性程序。
3. 什么是电视节目？电视节目有什么本质特征？
4. 电视节目的综合性具体体现在哪些方面？
5. 分析电视节目的构成要素。
6. 电视节目模式的概念和主要特征是什么？

第二章

电视节目策划综述

> **学习目标**
> 掌握电视节目策划的定义,了解电视节目策划的发展沿革以及学习电视节目策划的意义。
> 了解电视节目策划与相关其他学科的关系。
> 把握电视节目策划研究的理论框架。
> 掌握电视节目策划方案的撰写规范。
>
> **关键术语**
> 电视节目策划;电视节目策划研究;电视节目策划方案

第一节 电视节目策划概述

一、电视节目策划的定义

围绕电视节目策划的定义,有过很多不同的阐释。学者任金州从电视节目策划的过程出发,提出:"策划是一个流水线,是一个过程,是一个以观众为出发点,以节目为产品,以提高收视率进而获取社会效益及经济效益为目标的流水线生产过程,一个媒体运作过程;是以电视台的理念、性质、组织结构、传播行为及节目产品为轴心而进行的人际交流过程;是对电视节目创制的预测和控制的过程。"①

张静民从电视节目策划的具体内容出发,认为:"所谓电视节目策划,就是策划者遵照电视节目生产和运作的规律,对电视节目的选题立意、采拍制作、播出销售等生产和运作的过程进行总体筹划和论证并形成具有指导性文案的一种电视行为。"②

胡智锋侧重电视节目策划的作用,他将"电视节目策划"定义为:"对电视的某一种行为,借助特定电视媒体信息、素材,为实现电视行为的某种目的、目标而提供的创意、思路、方法与对策。"③

上述关于电视节目策划的定义,从多个角度对电视节目策划的概念进行了阐释。我们进一步完善电视节目策划的定义,把它简洁地概括为:电视节目策划是电视策划人或电视策划团队对电视频道、电视形象、电视活动、电视栏目和电视节目进行策略规划、资源整合和创新,形成最优化的电视执行方案的过程。由电视节目策划的这个定义可知,电视节目策划的最终目的是形成最优化的电视执行方案。这个方案的形成过程,包括策划背景分析,策划项目分解,策划信息归纳、判断,资源的整合调用,对策提出,拟定出可实施的最优方案,以及方案执行后的追踪调查与评估等一系列缜密的过程。

电视节目策划是一种综合性的创造活动,集调查、归纳、演绎、分析、整合和创意等方法于一体,要求策划者既要懂得电视艺术创作规律和电视语言叙事规律,又要知悉电视技术特色,还要了解和把握市场经济法则。这种智力创造活动,本身就是政治意识、科技素养、文化素养、艺术品位和经济常识相结合的产物。

---

① 任金州.电视节目策划研究[M].北京:中国广播电视出版社,2002:156.
② 张静民.电视节目策划与编导[M].广州:暨南大学出版社,2007:38.
③ 胡智锋.电视节目策划学[M].上海:复旦大学出版社,2006:1.

二、电视节目策划的发展沿革

电视节目策划的发展过程是从某个电视节目的策划即从狭义的电视节目策划,发展到广义电视节目策划,即频道策划、大型电视活动策划和频道资源整合等大型的策划活动。

文艺节目是电视节目中重要的创作类型,早先的文艺节目策划中最重要和复杂的要数电视晚会。当然,那时的电视晚会在创意、规模、节目容量、舞美和灯光等方面的复杂性,及技术与艺术的综合性上,与现在的电视晚会不能同日而语。1986年,中国广告界提出广告策划概念,体现了当时媒体广告实践的飞速发展。广告策划对电视策划的发展起到了推波助澜的作用。然而,真正让"电视节目策划"步入规范化、科学化的是中央电视台一套节目于1993年5月1日开播的电视新闻节目《东方时空》。以《东方时空》中四个子栏目"东方之子""生活空间""时空报道""面对面"的成功推出为标志,电视新闻节目的制片人把节目策划纳入节目运作的系统之中,逐步形成和完善了电视节目策划系统的运作机制,"策划"真正地在电视节目中确立起它应有的重要地位。在《东方时空》成功的基础上,1994年又借力于策划推出了一个重磅的栏目《焦点访谈》。越来越多的电视人各自在不同的节目中运用系统策划的机制开展工作,越来越清楚地认识到策划在电视节目中的作用和价值。"节目策划是灵魂"这一至理名言,逐渐地成为广大电视人的职业共识。

由此,电视节目策划真正被接受和贯彻到各级电视台的节目制作程序中,制作人、制片人、编导正式将策划工作作为电视节目运作的基本环节,节目策划逐步成为节目系统的运行机制之一,而这一机制也在实践中不断得以修改和完善。策划在电视节目制作中确立起了它应有的重要地位,甚至有学者称当今的中国电视已经进入"策划人时代"。

三、学习电视节目策划的意义

学习电视节目策划可以帮助我们：

1. 实施电视精品战略，创作出更多更好的优秀电视作品

创作出优秀的电视艺术精品，是时代的要求，也是人民的需要，是电视工作者的天职。精品电视节目具有鼓舞人们向上、陶冶情操、净化心灵的艺术魅力。树立精品意识，实施精品战略，是电视文化一贯追求的品位。

面对电视精品战略要求，仅仅凭借某个编导个人的知识和智慧是适应不了时代要求的，必须依靠群体的力量和群体的智慧，才能创作出更多更好的优秀电视作品。

2. 迎接"外压内争（竞争）"的挑战

境外卫星广播电视的挑战越来越大。就卫星电视而言，率先对中国播出电视节目的是美国有线电视新闻网（CNN），而在亚洲影响最大的要数英国广播公司（BBC），东起日本，西到土耳其，北达蒙古，南及印度尼西亚，覆盖亚洲38个国家。除CNN、BBC外，目前还有十多家外国卫星电视台对中国播出，包括澳大利亚电视台、美国哥伦比亚广播公司、俄罗斯电视台等。中国电视业的生存和发展随时面临竞争。

从国际竞争的角度看，中国的电视台规模太小、太弱，还缺乏竞争力。拥有2000多家大大小小电视台的中国，到国际上一比较，即使是最大的中央电视台，与国外的媒体如CNN、BBC等相比也是相形见绌。电视台单靠自身的力量往往还不能完全把握市场的脉搏，不具备战胜境外媒体的水准。电视台需要在自身之外长期或短期依托一些智囊机构，如策划公司、市场调查公司、市场研究公司、顾问公司、咨询公司，从制作管理等方方面面与国际磨合、碰撞和接轨。

从国内看，各媒体之间相互融合、相互渗透、相互竞争，媒体之间的界限越来越模糊。特别是互联网的迅速发展，改变了媒体原有的格局和传播

的方式,对电视的冲击很大。

在当下,新媒体和"微时代"带给广播电视新的挑战,催促电视节目的策划创新。"微时代",即我们常说的传媒传播的"碎片化"以及网络无处不在的自媒体时代。在以微博、微信、抖音为代表的自媒体平台上,近乎人人平等的碎片化的传播,催化了传媒与受众的时空重构。在新媒体和网络面前,平面媒体的生存空间越来越艰难,近年来报纸杂志等平面媒体已经发生了极大的变化,电子化的报纸杂志可能会取代纸质的报纸杂志。对于电视媒体来说,挑战和冲击也已来到。随着网络技术的进一步成熟和4G、5G技术的推广应用,媒体间的竞争将进一步加剧。

3. 规范和有序化地发掘节目选题,把握节目切入口

不难看出,电视策划选题管理有如下特点:

导向性。宣传选题的管理总是把导向放在第一位。无论哪一级、哪个环节的管理,总是首先把导向是否正确作为选题取舍的标准。对那些健康向上,对整个社会有良好的宣传、教育、引导、鼓舞、推动作用的,为改革、发展、稳定创造良好舆论环境的选题,总是加以肯定、鼓励和扶持。反之,如果导向有问题,设计得再精巧的选题也不能通过。

前瞻性。任何一项电视策划活动,必须最优化当前行为并预测未来行为的影响及其结果,必须对未来各种发展、变化的趋势进行预测,必须对策划的结果进行事前事中事后评估。所以,策划者肩负着重要的任务,要想达到预期的目标,必须实现对电视栏目人力、财力等节目资源的超前策划。尤其是节目选题的策划,总是要超前的。编导、记者和节目管理人员在确定、审批选题之前,要吃透党的方针政策,根据大局预测发展的趋势,了解今后一段时间乃至更长的时期内各级政府的战略重点,确立正确选题,准确判断选题的价值,发现并扶持那些反映时代特征,反映新鲜事物、新鲜经验的选题,才不至于由于选题的不合时宜而白白浪费财力和人力。

随着改革开放的深入发展,各种新情况、新问题、新矛盾层出不穷,纷繁复杂的社会生活给宣传选题在是非的判断上、趋势的预测上、分寸的把握上增加了难度。电视工作者要从宏观的角度即大局的角度处理选题,把握舆论的主战场,引领主流文化和主流价值观,传播社会的正能量。既要

传播的理念先行，又要做顶层的策划设计。既要有具体、科学、艺术的实施方式和方法，又要规范、科学地运营和管理。策划选题正确与否，能否确立，如何确立，如何宣传，都要从这个大局出发，审时度势，坚持正确的舆论导向，为大局服务。

第二节　电视节目策划的理论

一、电视节目策划与相关其他学科的关系

电视节目策划是管理学中的媒介管理学与电视学相结合的产物，它是从属于电视学的一个学科分支，是专门研究电视频道资源配置与电视品牌形象设计、电视节目与栏目最优化方案设计、制定与实施活动，以及电视节目创作规律的学科。它既与节目编导艺术紧密联系，又有明显的独立性和不同的任务分工，它研究的是相对独立但又并非界限分明的一个领域。电视节目策划行为和实施行为涉及的原则极为广泛，人们可以从不同的角度对它进行审视和研究。当然，这些角度并不能让策划的组织行为变成一门完整或是完美的学问，而是为观察整体提供了不同的视角。只有这样，我们才能对策划和实施行为有一个尽可能完备的了解。需要说明的是，无论哪个学科的知识观点，对于策划来讲都不可能是完美适用的，其他的学科也不能取代策划学。策划是在诸多学科的联系中求得存在和自身不断发展和扩大，这为我们如何看待这个领域提供了一个大的研究环境。

研究电视节目策划行为和实施行为的规律，既涉及策划过程，又涉及策划人员能力、素质、知识和阅历；既涉及企业、团体和组织对策划人员行为的影响，又涉及组织的社会环境；既涉及企业、团体和组织的程序和工作的执行方式，又涉及社会以及大环境的互动文化；既涉及现在，又涉及

未来。

具体地讲,电视节目策划与管理学、社会政治学、经济学、心理学、伦理学以及数学和统计学都有着一定的联系。

① 管理学。管理学是适应现代社会化大生产的需要而产生的一门学科。它的任务是:研究在现有的条件下,如何通过合理的组织和配置人、财、物等因素,提高生产力的水平。从这一意义上讲,管理和策划是有密切联系的。管理和策划的研究都是追求赋予资源以新的创造财富能力的行为,以提高组织的生产力的水平和组织的工作效率,只不过管理研究的侧重点是如何通过制度、政策、组织要素的重组和人员教育等措施来实现目的,而电视策划研究的侧重点是通过节目要素的最有效激发和合理配置来实现节目的最佳呈现形式,在节目要素的最有效激发和合理配置中,节目要素包含电视要素,更包含组织要素,因此,电视节目策划与管理学的一小部分是密切联系甚至重合的。

② 社会政治学。社会政治学涉及:对团体中行为的研究,社会政治行为的影响以及社会团体间的互动;人们自我调整的程度,以及他们如何进行调整;社会化过程(环境和团体对个人行为的规定和限制)的标准、规定和条例的制定。策划方案涉及对大的团体、国家和文化的研究,以及民族和人种的信仰、习俗、思想和价值观以及更广泛的社会化过程(例如社会等级制度、技术统治等)。

③ 经济学。经济学在此涉及的是策划方案中企业、团体和组织资源的安排、使用和分配的量化研究,以及为了更好地追求明确的目标或目的及为某个特定的情况服务,对资源进行量化采集和利用。

④ 心理学。心理学在此涉及的是策划方案对人的个性和行为的研究和了解,包括他们的洞察力、态度、价值观、信念和动机,他们的目标和优先考虑的事物,他们的能力和潜力。

⑤ 伦理学。伦理学在此涉及的是策划方案对社会基本伦理标准的把握和遵守,这些伦理标准首先与人际关系以及人与人之间互动的本质相关,包括诚实的标准、正直的标准、价值的标准、尊敬的标准等。

⑥ 数学和统计学。涉及策划方案在可能的时候需要证明的绝对事实,

为某个情况提供可以确定的基础,为能够从调查和研究中得出符合逻辑的和可论证的结论提供方法。

以上任何一个方面都向我们提供了一个不同的视角,有助于我们对策划的总体理解,但是没有一个方面能够为策划给出一个完整的画面。

人们在一起为某个明确的目标和谐地工作所取得的成绩要比一个人单独去做时大得多,组织就是在这个认识的基础上建立起来的,特别是在满足需要或是为某种需要服务时,一起合作比一人单独做要显得有更高的效益和效率。由于社会的需要,策划专业人员和专业机构开始独立出来,专门向社会提供策划服务,但是还远没有达到专业化水平。实际上,策划是一种专业性极强的创造活动。从过程来看,策划常常是一个系统工程,需要大量的信息和综合分析。从策划前的调查研究到确立目标、制订方案,再到实施、评估、调整方案,无不显示出当代策划的系统特点。从结果来看,策划提供的是一个完整的、可行的运作方案,从信息的传递,到分析、预测,以及策划手段的运用,都应具有先进性和超前性,以保证策划目标的实现。因此,要提高策划的实际效用和科学水平,必须尽快形成专业性的策划队伍和策划机构,形成有学理的策划理论。

总的来说,电视节目策划主要涉及电视节目、电视栏目、策划者的素质、广义与狭义节目策划的原则和规律、文艺等各类节目与栏目的策划规律与程序、频道的策划等方面内容。

二、电视节目策划研究的理论框架

从节目的研究对象看,电视节目策划分两个层次:第一层次指电视频道资源、频道形象、频道定位、频道发展策略等宏观全局性工作,以及特大型电视活动和重大栏目创生的策划,我们把这一层次的策划归类为广义的电视节目策划;第二层次指的是频道中电视栏目的策划和具体的电视栏目下的节目策划,以及一般性的电视活动的策划,我们把这一层次的策划归类为狭义的电视节目策划。在电视台的实际工作中,第一层次的策划活动主要涉及节目管理部门,第二层次的策划活动主要涉及栏目和节目制片人和编导。

这两个不同层次的策划范畴之间既有联系又有区别,它们两者都是以电视文化活动或以解决电视文化艺术问题为目标而进行的电视策划活动。

电视节目的策划者的素质、策划目标、策划对象、策划程序和策划方案编写等问题都是电视节目策划的研究对象。我们对这些研究问题了解和把握得越清晰,我们策划的能力就越强,也就越能保障电视节目策划的成功。

1. 策划者

策划者有可能既不是方案的最终决定者,也不是方案的具体执行者,但却是方案形成过程中的关键人物,在方案的提出、决定和执行等方面起着重要的作用。策划者既要有丰富的阅历和知识,又要有活跃的思路和无限的创意,既要有分析问题与解决问题的能力,又要有见微知著、预测事物发展方向的才能,还要有过人的胆量和勇气,有创新的精神,有使别人接受自己策划的谏言能力。博学多识是策划者的坚实后盾,谨慎细心是策划者的可靠基石,度量宏大、善于交流是策划者的肥沃土壤,多谋善谏是策划者的成功之机。

2. 策划目标

目标引导策划实践活动的方向。策划目标是策划者将要完成的任务和策划所要达到的预期结果的统一。策划者对策划目标的分析、解构、了解和把握必须全面和透彻,这样策划的成功率和满意度才会高,也才能体现出策划者策划的水准。

3. 策划对象

策划对象是狭义的对象,仅指节目策划的客体,这个客体就是节目服务的观众。这是一个很重要的研究要素。在策划活动中,节目策划的对象可以是个人也可以是群体和公众,可以是收视阶层也可以是区域的收视群等。策划对象处于不断发展变化的环境中,随着环境的改变而改变,因而策划对象及所处环境是电视策划活动中最值得关注和最活跃的要素。

4. 策划程序

策划是一个系统性工程,按照一定的科学程序进行策划,是保证策划成功的必要条件。因此,策划要明确先做什么,后做什么,按照一定的步骤、章法去思考问题,在符合客观规律的前提下去做。科学的策划程序应包括解读任务、调研与收集资料、制定策划目标、设计策划方案、实施策划方案、收集评估反馈信息。这六个步骤是动态组合在一起的,并不是孤立的。

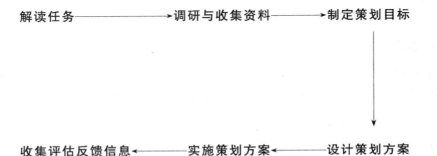

5. 策划方案

策划方案是策划主体从策划目标出发,创造性地作用于策划对象的产物,是在创造性思维的过程中,遵循科学的策划运作程序和步骤设计完成的。策划方案是策划活动的成果,它详细记录了策划的思路及实施内容。策划方案也是策划活动成果的思维付诸文字的标志,它是供电视节目与栏目导演实施具体创作的方案。因节目与栏目的要求不同,编导技能和知识结构的差异,策划方案并不存在规定的标准,可详可略。

第三节 电视节目策划方案的撰写

电视节目策划方案的撰写是电视节目策划的点子、创意、思路等思维活动集结形成文字的过程。电视节目策划方案是策划主体从节目策划目标出发，创造性地作用于策划对象的产物，是创造性思维过程的结晶。它是策划活动的成果，详细记录了节目策划的思路、实施步骤和大体内容，粗线条勾画了节目基本的架构和节目的风格，同时，又是供电视节目与栏目导演实施具体创作的操作方案。

目前，在撰写电视节目策划方案上存在着两个误区，一是认为电视节目策划方案越详细越全面就越好，把电视节目策划方案的思考和实施过程全部记录和撰写出来，二是认为策划没有什么用，不规范撰写策划方案。

在撰写电视节目策划方案之前，首先应回答一个最基本也最容易被策划者忽视的问题：我们为什么要写电视节目策划方案？理由可能有好多条，如：写策划方案是创作之需要，是创作的准备阶段；写策划方案是为向领导汇报之需要，是希望得到领导的建议、指导和肯定；写策划方案是把对创作的思考过程记录下来，是进一步讨论实施细则的基础；等等。但是，撰写电视节目策划方案最核心和最本质的理由有两条，其一是争取电视节目实施权。在一般情况下，在撰写电视节目策划方案的时候，电视节目实施权尚未百分之百确定是你的，在这种情况下，你撰写的方案就不能太简单，也不能作太全面的记录和撰写，而是要把方案撰写得周到而有重点和亮点。其二是证明自己的实力，为具体项目的实施做先期的准备工作。即使电视节目已经是你的囊中之物，撰写的策划方案也不是越详细越全面就越好，也不需要把电视节目的思考和实施过程都写出来。电视节目策划方案要着重突出节目的内容、结构、风格和创新亮点，面面俱到可能会适得其反，因为领导和投资者可能根本没有时间来看你冗长的策划方案。好的电视节目策划方案首先应详略得当，使领导和投资者一目了然，知道你对项目和节目宗旨和意图领会深，节目创作有思路有能力，节目有创意同时也有经济效益，充分相信你有能力驾驭项目，放心把电视节目实施权交给你。其次是能够让人预判策划节目的内容、结构、风格和创新是否能吸引观众并获得成功。

在当下有许多种类的电视策划方案，撰写电视节目策划方案，就需要了解和把握不同种类的电视节目策划方案的要领和规则。策划方案的编写并没有绝对的标准格式和模板，策划者要根据策划对象和策划方案的属

性不同有所侧重。最常见的电视节目策划方案,有以下十种:

① 节目策划文案
② 音乐电视策划文案
③ 电视晚会策划文案
④ 栏目策划文案
⑤ 栏目包装策划文案
⑥ 频道包装策划文案
⑦ 频道策划文案
⑧ 电视活动策划文案
⑨ 广告策划文案
⑩ 直播策划文案

这十类不同的电视节目策划方案,大体上都会经历四个策划文本创作阶段,在这四个阶段分别撰写产生四种台本,它们是为保障我们的电视创作圆满成功的分步骤的递进。

这四种台本分别是:①策划文案即策划台本;②文学文案即文学台本;③导演台本即工作台本(电影的常用的说法就是分镜头台本),是实施时可操作执行的台本;④串联文案即串联台本。

从狭义上理解的电视节目策划方案就是第一步的策划文案,也可称为策划台本。

一、四种台本的内涵

1. 策划台本

在写策划台本时,分两种情况:(1)项目还不归自己做时,策划台本涉及的方面要全,创意思路要简略,以防自己的思路被盗用,可点到为止。要明确宗旨、中心、内容和突破的创新点以及费用。(2)明确了项目是自己做时,目的是争取认同。此时的思考要转向创新点的突破上,追求创新而非全面。要表现精髓内容,创新的内容表述清晰。

2. 文学台本

以文学的表述呈现节目的整体框架、节目宗旨、形式、安排、串联、台词过渡,是完整的、全面的文字性的表述,是为取得制片人、投资方和领导的认同而使用的一种台本,也是一个供领导审阅的方案,以得到批准并进行下一步操作,同时也吸取意见和建议。这个方案还可以进行调整。

3. 工作台本

是涉及其他工种如音乐、摄像、VCR、特技等的工作用台本。影像手段、舞美和机位在这其中一目了然。用于协调各个工种,类似于拍电影一样,令各部门各司其职。

4. 串联台本

分为两种情况:(1)在工作台本复杂时,去掉与音频、视频等部门的联络,留下节目与节目之间的串联的部分,是节目之间的流程台本。(2)在工作台本不复杂时,可用工作台本作为串联台本。

二、四种台本的服务对象

1. 策划台本的服务对象

撰写策划台本的目的是:在项目还不归自己做时,争取项目,为了拿到实施权而显示一定的实力;在项目已经归自己做时,争取认同。因此,撰写策划台本时服务的对象是能拍板决定方案的领导、投资者。

2. 文学台本的服务对象

文学台本是为取得制片人、投资方和领导的认同而使用的一种台本,也是一个供领导审阅并于最后实施前批准的创作执行方案。因此,文学台本的服务对象也是能拍板决定方案的领导、投资者。

3. 工作台本的服务对象

工作台本是工作的执行者用的、最后送审时确定的执行方案。该方案确定下来之后就开始执行。工作台本的服务对象主要是音乐与摄像、VCR、特技、灯控和舞台调度等各个部门工作人员,使他们按照工作台本的进行程序,各司其职,共同配合,默契推进。

4. 串联台本的服务对象

它是主持人使用的,是审定的解说台本,主要是为主持人服务的。当然,在涉及工种和人员不多的情况下,也可以发挥一下协调各个部门作用。

三、一般性电视策划方案的撰写

此处所说的一般性电视策划方案是从狭义的角度来理解策划方案,即上述的四种类型台本中的第一种。其撰写包括以下十个要点。

1. 背景

背景包括频道的改版、活动、新栏目的推出等动议和提案的背景,其中包括活动意义、目的的阐明,情况分析,对领导意图的理解等。上述内容可压缩可延伸。如果要进一步深化也可以分析和阐述项目、活动等实施可能存在的问题和出现的难点等。在策划前期对问题和难点等内容的分析和思考越明了越清晰,策划方案的针对性和成功的可能性就越大。前期对问题和难点的分析和思考,既是电视策划成功的基础,同时也可能是策划方案部分或大部分破题的钥匙。当然,有的时候这部分内容可以一笔带过,甚至可以不写,要就具体情况具体分析。

2. 名称

名称是指电视节目或项目及活动等所策划内容的名字。

名称很重要,俗话说名不正则言不顺,没有名称就如同人没名字一样。对外部,没名称,领导不知你的项目或节目或活动是张三还是李四,很难来顾及你。没名称,做再重大的事都放不到领导和组织的议事日程上。对内部,没名称聚不了人才,笼络不了同仁,得不到最低限度的条件。最重要的是，没名称意味着你什么都没想好，一点思路都没有。所以不管名称好不好、名称美不美、名称响亮不响亮、名称是不是完全达意，先要把名称摆出来，旗杆树起来。有了名称，再根据节目或栏目或活动或电视项目的内容去提炼、升华、修饰名称，尽你的才智使名称既醒目又达意。

3. 主题

主题是对项目或节目或活动等作了背景分析和对名称作了提炼后所进行的思考和概括。主题是项目或节目或活动的中心要义，是电视要素要表现和反映表达的灵魂。电视节目的一切策划都是为体现和完成主题的表达而展开的。

4. 结构、框架与形式

这里的结构、框架与形式是指项目或节目或活动等宏观层面的，而不是指具体的内容表现等微观层面的。比如频道改版策划，是涉及信息资源和人才资源的整合，还是不涉及信息资源和人才资源的整合，是节目制播的部分分离，还是就频道定位和重点栏目推出等非结构性问题的策划，又比如节目是在演播室还是在广场举行，是直播还是录播，是一地信号对传还是多地信号传送等问题。

5. 创新点

电视节目策划方案中对创新点的思考是每一个方案都必须涉及的，写不写出来因情况而定。所谓创新点即亮点，是指方案中的突破点或称出彩的地方。每一个电视节目方案都应有一到两个需要突显的创新点，否则策划方案是很难通过的。当然，想要有多个突破性的创新点，这也是很难的。策划者一般总想要追求尽可能多的创新点，但却不能奢求领导和投资方同意过多的创新。一个电视节目活动、项目或节目的策划方案，如果没有突破就没有生命力，但是苛求每一个方案都包含多个创新点也是不现实的。

6. 内容

内容策划是电视项目、节目或活动及频道等策划的核心和关键，是策划方案成功之根本。前述十个种类的电视节目策划方案，各有自身的要义和形式。对它们的撰写要具体内容具体分析。

7. 时间的安排

在电视节目策划方案中要考虑两个时间的维度，第一个时间的维度是所策划节目、活动和电视项目所承担的时长。一般来说晚会通常为90～180分钟（也有特例，如春晚4个小时），专题栏目15分钟，访谈类节目30～45分钟等。活动的时长应符合一般节目的规律和欣赏的心理时间。第二个时间维度是更多更细地考虑工作流程的安排，要对节目、活动和电视项目从开始启动到制作再到播出的时间及执行进度做出安排，排出时间进度表。特别要预留充足的调整修改的时间。

8. 设备

电视节目策划方案中对设备的策划主要涉及两个方面：一方面是设备技术如何为表现内容的特色和艺术效果而服务，将设备技术作为彰显主题或内容的一种手段，另一方面是考虑策划方案的经费问题，保证设备正常运转，包括大型声、光设备及摇臂和演播室场地等。

9. 经费

策划方案中对经费的思考包括两个方面。第一，要全面考虑策划方案从调查到执行期间的业务经费，从时间、区域的纵横向角度，对吃、住、行等后期保障经费作预判。说得通俗些就是要对一切需开支的经费作预判和预算。第二，思考项目所需的费用和所能产生的商业营销的点和融资的点。预算融资营销方案是策划方案最后的落脚点，也即是要尽可能多地融资和提高节目要素营销的收入。诚然，融资和提高节目要素营销收入是电视节目策划的要求，是高水准的电视节目策划方案的标准，但在大多数情况下，融资盈利和节目要素营销的方案不包括在一般的电视策划方案要求范围之内，而专属于电视广告营销策划方案。

10. 附件

为什么要加附件？附件的作用是什么？概而言之，附件是证明策划人的能力和展现策划方案亮点的材料。加附件的主要目的是为了争取项目实施和彰显方案的实力。附件中可以包括与策划的方案有紧密联系又能够向领导和投资方迅速显现策划者实力的资料,如曾经策划过的成功案例等,也可以包括要向领导和投资方特别说明、在前面完整的策划方案中又插不进去的内容,如能够筹措到的资金等。

当然,电视节目策划方案的撰写没有绝对的标准和绝对准确的模板,根据实际情况不同,可以进行调整。有的时候、有的情况下某些要点是要强化撰写和阐述的,而有的时候、有的情况下某些要点可以简单带过或删除。这一切需要我们在深刻领会策划方案的真谛,活学活用之后,融会贯通地来撰写与取舍。

本章思考与练习

1. 什么是电视节目策划？学习电视节目策划的意义是什么？
2. 电视节目策划与哪些学科有相关的关系？
3. 最常见的电视节目策划方案有哪些？
4. 电视节目策划过程中包括哪四种台本的撰写？这四种台本的内容、侧重点和服务对象有什么异同？
5. 撰写一般性电视策划方案应思考哪几个要点？试为本校电视台校庆电视节目撰写一份策划方案。

第三章

电视节目策划人

> **学习目标**
> 了解策划人和传统学者的区别。
> 了解策划人的基本能力。
> 掌握电视节目策划人的素质要求。
> 了解电视节目策划人的自我定位和关注重点。
>
> **关键术语**
> 策划人;电视节目策划人

第一节 策划人概述

一、策划人

策划人指的是在某一专业领域有一定特长,经常为他人或组织机构、企事业单位提供智力服务的专门人才。这类专门人才既可以是专职的策划人,也可以是术业有专攻的学者。这类专门人才可以是个体,也可以是多人,还可以是有组织的团队,即我们平时常说的策划咨询团队,更专业的就是咨询公司了。

在本章中,我们将着重研究分析个体的策划人、策划人的素质等问题。

策划人和传统的学者看起来都是在创造人类的思想文化成果,那么两者区别何在?

首先,学者从事的是学术研究,他们的主要成果是学术理论,这些成果会积淀在人类思想文化宝库中。策划人从事的是帮助企业拓展市场和创造经济效益的工作,他们的创造性劳动主要用于提高项目质量,产生社会影响,实现经济效益。策划人的策划成果也许可能成为文化艺术精品,留驻文化史册,但一般不大可能积淀在人类思想文化宝库中。

其次,学者们可以长年钻在书斋里,在某一学术领域中与各种文献资料(当然也包括鲜活的社会资料)为伍。从一定意义上说,学者的"冷板凳"坐的时间越长,结出的成果可能就会越大。策划人则相反,他们必须与社会各个层面保持广泛的联系和交往,这样才能从市场上、从社会上不断获取信息和其他资源。策划人不可能像学者那样长期坐"冷板凳"。策划人走出"书斋"接触社会、了解行业,是策划之必需,能够为成功开展项目、活动、产品等策划奠定可靠的基础。

当下,也有不少学者在潜心学问的同时,理论联系实际,不断从社会现实中寻找研究的素材,在实践中解决问题。这类学者会成为策划队伍的中坚力量,他们是学者型的策划人。

二、策划人的基本能力

1. 社交能力

社交能力是策划人从事策划工作的一个重要的基础。

策划人的社交能力,首先体现为策划人是否以一种开放式的心态和行为与社会接触,形成自己的交际圈,并从中获得大量的策划资源。我们可以发现,国内有一定名气的策划人,几乎都有一个很广泛的社会关系网。从表面来理解,关系网越大,交际越多,这些策划人的精力越分散,就越容易对策划造成负面影响。其实刚好相反,正是这些庞大的网络为他们提供了项目、资金、人才、思路、信息等资源。甚至可以说,没有这些网络的支撑,很难想象这些策划人能够正常开展策划工作。

策划人的社交能力还体现为他们注重通过多种渠道树立自己的品牌。策划人本身是"做市场"的,因此,他们对自己的发展也常常采用市场化的办法,通过社会交往,广泛塑造自己的品牌,提高自身的无形资产价值,赢得更多企业的认可。

2. 敏锐的观察力

敏锐的观察力是指策划人能够从各种资料、现象中,迅速地遴选出可策划利用的重要资料、现象。策划人要有迅速辨别问题症结所在的能力,"察人所未察"是对策划人的基本要求。

训练观察力的方法很多,其中,"历史回顾分析"是一个低成本、高效率的方法。简单地说,你可以从旧信息和资料中训练观察力。首先,选定一个感兴趣的社会事件;其次,尝试从相关新闻中发现连贯线索,排除干扰项目,得出自己的观察结论;最后,由事态的发展或最终走向,评判自己的观察是否有效,并由此总结经验。反复尝试这种方法,可以训练自己的观察力。

3. 灵活的表达力

策划人的职业性质决定了他们必须具备与形形色色的人打交道的能力,而人际交往中,语言交流无疑是最重要的手段之一。策划人需要运用语言交流的技巧表达自己的思想,通过有效沟通,获取有价值的信息。

策划人最重要的语言交流场合应该是与客户的沟通和谈判。尽管策划人可以通过文字的形式向客户介绍自己的工作,提出策划建议和思路,列明合作要求等,但是,许多企业决策者往往是在与策划人的交谈中了解到策划人的能力,了解到策划对企业发展的重要意义,从而促成了策划行动的落实。

与客户就项目策划进行谈判,更是展示策划人才华和风采的时候。一个优秀的策划人往往也是一个谈判桌上的高手。当策划人把自己的智慧灵活恰当地运用到与客户的谈判中并得到客户认可时,可以说这个项目的策划已成功了一半。自信是口头表达的首要技巧,如果说起话来没有信心,就根本不可能说服他人接受你的想法。

第二节　电视节目策划人应具备的素质

一、电视节目策划人应具备的电视编导知识

电视节目策划人在进行电视策划活动时,必须了解基本的电视编导知识。电视编导知识是电视节目策划的基础。

蒙太奇技巧是电影创作的基础,也是电视创作的基石。作为剪辑语言和技巧的蒙太奇,实际上就是人们通常所说的画面剪辑规律,是电视编导知识中比较核心的内容,是创作者表达思想的形象化手段。创作者通过对镜头的组织去创造内涵,去叙事,去抒情,都是建立在蒙太奇表意规律的基础上。电视节目策划人在进行策划活动时,必须了解和把握最基础的画面剪辑规律和画面叙事规律。

下面就简要介绍一下最基本的电视剪辑和叙事知识。

1. 平行剪辑(平行蒙太奇)

平行剪辑是在一个段落里出现两条以上的线索,这些线索平行发展,相辅相成。平行剪辑强调几条线索之间的逻辑关系。当两条具有明显因果关系的线索交替组接在一起时,人们通常又把它叫作平行交叉式剪辑。平行剪辑利用了人们认识事物的相关性原则,打破了事件发展的线性时空线索,将客观事物的内在含义通过镜头挖掘出来。

(1) 平行剪辑的一种作用是展示同一事件的广泛影响。在现实生活中,当一件事情发生后,有时会在不同的方向上引起反应。把同一时间、不

同空间的镜头组接在一起,有利于表现这些反应的相互联系。

（2）平行剪辑的另一种作用是表现事物之间的相互联系。把相互之间具有一定逻辑关系的两个形象平行组接在一起,可以展示两个事物之间的内在关系,以此揭示其中的深层含义。

（3）平行剪辑的第三个作用是通过两个形象的交替,造成画面结构的变化,并通过这种结构变化使原本并不具有直接关系的两组镜头相互影响,形成一种含蓄的意境。比如《奥运会集锦》这部片子的开头部分,运动员入场点燃圣火的开幕式场面和运动员做各种各样赛前准备工作的镜头交叉组接在一起,使画面的结构活泼多变,富有情趣。

（4）平行剪辑的第四个作用是把有冲突关系的两条线索平行交叉剪辑,可以造成一种紧张的戏剧气氛。电视中经常用这种方法来表现追捕、谋杀、救援一类的情节。

2. 基本的电视叙事结构

（1）单线结构

这是一种戏剧式的结构形式,它要求叙事沿因果链条从开端进入具体的冲突,然后有条不紊地加以强化,再推向一个不可避免的高潮。当高潮以某种方式缓解时,导向叙事的结束。这种结构又可以通过蒙太奇手法进行时空的自由转换以及声画效果处理,从而成为一种电视化的结构。

单线结构的主要特征有三个。一是明显的事件线索贯穿始终,有头有尾,段落层次分明,强调事件发展的因果关系。二是依时间顺序进行,内容步步推进,环环相扣,直至结束。三是整体布局严谨规整,注意头尾的照应、高潮的处理、段落与段落之间的转换过渡,以及内在的逻辑性与因果关系,形成独立、闭锁的自足体系。这种结构形式,适于事件性较强的题材,或主题明确、目的性强的题材。但它的局限与弱点,就是难以对客观世界的复杂形态作多侧面的反映。

（2）复线结构

这种结构形式由两条以上的内容线索同时发展,构成作品的总体框架,几部分内容相互撞击,相互增强效果,在内容的对比中,加深作品主题。

（3）板块结构

这种结构形式的最明显特征，是整个作品由几部分内容串联而成，每部分内容相对独立又互相联系，内容之间的连接线不是事件，而是主题或情绪。它有些类似散文或通讯的结构，从一个基点出发，在认识事件的不同层次上展开论述，形成对于事物的多角度审视。

电视片《微循环专家修瑞娟》第一集，选择了三组材料——手、与海的关系、给女儿的一封信，三大段落自成体系，之间没有必然的逻辑关系，但又都渗透了人物的性格特点，从结构上为观众提供了认识人物的不同侧面。《不能消失的颜色》把植树造林的主题分成三个层次——破坏生态平衡给人类自身造成的危害、人类对自然环境的破坏、植树造林的必要性与紧迫性。三部分内容相对独立，但都渗透了悲怆的情绪，这种情绪使三部分内容统一起来，具有了一种完整性。观众通过这种共同的情绪感染获得审美感受并理解主题。这种结构形式较少受限，比较灵活，能自由地从多角度去表现一个主题，日益成为创作者喜欢采用的结构形式。

二、电视节目策划人应具备的其他知识

电视节目策划人不仅应该具有相应的专业知识，还应该了解经济学、管理学等其他学科知识。从某种意义上说，电视策划是一个需要通才的行业，只有具备跨学科的广博知识，才能应付来自电视节目的多种多样的策划要求。

从电视策划业的实际运作来看，策划的最大需求是提高电视媒体的传播效果，解决收视率及资源管理与配置的问题。因此，电视节目策划人的知识结构应该围绕"电视产业—经营管理—市场动态—观众需求"形成积累。

1. 管理学知识

在市场经济条件下，电视台都在大力推进制度创新，由此建立全新的制度、全新的管理观念和管理模式。电视节目策划人也应有相关管理知识，才能适应电视产业化运作的需求。电视台的经营管理涉及方方面面，

通常可以分为两大类。一类是电视台产权层面的资源配置和管理,包括有形资产的,如资本和资产经营,也包括无形资产的,如品牌或电视台形象经营;另一类是电视节目层面的管理,包括节目的人力、财力和设备管理及节目成本核算等。

2. 经济学知识

经济学知识对于电视策划也是很有作用的。电视节目策划人在策划中需要运用经济学知识,重视节目的经济效益和产出。任何电视节目的策划都必然会涉及"投入"和"产出"的问题,即在什么条件下,有多少的资源,投入多少的资源,得到多少回报,这是策划活动必须考虑的问题。策划人还应对电视节目市场有综合的、深入的认识和判断,充分掌握宏观的市场理论和微观的市场情况,以便在策划时,能够准确把握市场焦点,准确分析电视台及节目面临的市场环境,使策划活动做到有的放矢。

电视节目策划人还需要了解产权相关知识。产权是电视品牌战略中最重要的内容之一,是涉及电视经营的深层次问题。从大处看,产权与电视台资本、地产、收购与兼并、控股与参股、资产重组、上市等相关。从小处看,产权与频道的栏目品牌、节目版权及人才、设备等相关。其中频道的栏目品牌、节目版权,是电视节目策划人经常要遇到的问题。随着节目制播分离模式的发展,具体节目版权与电视台及电视频道的经营活动有千丝万缕的联系,电视节目策划人对此应有足够的知识储备。

3. 市场调查与营销知识

电视节目策划为电视台、电视频道提供应对市场的思路和具体方案,市场调查及营销与电视节目策划活动密切相关。因此,策划人还应该掌握市场调查与营销的有关知识。当然,时下有不少专职从事市场调查与营销的公司,策划人可通过此类公司获取市场资料或营销方案,但对于一个项目的策划来说,策划人对于相关的市场调查与营销必须有自己的一套思路,才能在众多的资料中理出头绪,真正获得有价值的、可靠的资料。

三、电视策划相关经验的积累

在电视节目策划中,多方面经验的积累是非常重要的。

首先,电视节目策划人需要有广播电视相关从业经验。电视节目策划人进行策划活动的主要服务对象是电视台,对电视台工作的熟悉和了解,是搞好策划工作的基础。一个策划人如果曾经或正在电视台工作,对于他从事电视节目策划一定是大有帮助的。但这并不意味着没有在电视台工作过,就不能从事电视节目策划工作,因为熟悉电视台的渠道是多种多样的,在与电视媒体相关的行业和产业中有过从业经验,就都有可能与电视台打交道,进而熟悉电视台、熟悉电视媒体。有其他媒体从业经验的策划人,更容易横跨媒体,完成策划思路的创新,得到意想不到的好思路和方案。有电视台工作经验的策划人,对电视台的了解比较深、比较细、比较具体,但其策划也容易受到局限,要注意跳出这种局限。

其次,电视节目策划人需要有参与电视节目策划的经验。电视节目策划工作,用通俗的话说,就是"做市场",使电视节目或栏目从默默无闻到有名气,从没有市场份额到有市场份额,从较小的市场份额到较大的市场份额,在众多的栏目和节目中站稳收视市场。这就要求电视节目策划人在一次又一次的策划中去了解电视观众,把握观众需求,熟悉电视市场,把握市场变化发展的规律。电视节目策划人需要在一次次的实践中积累市场经验,积累策划经验,从而找到自己独特的"市场感觉",形成自己别具一格的策划思路和特色。节目策划的经历越多,超越一般人认识水平的、独特的"市场感觉"就越强,对节目市场的透视力、洞察力和灵感就越容易迸发,从而形成令人拍案叫绝的节目策划方案。

值得强调的是,策划知识不是万能的,策划经验也不可能是万能的。电视节目策划人必须不断学习、思考、领悟、总结和实践,依托经验,减少策划的盲目和失误,把现实社会千变万化、多种多样的需求,变成思考的动力和源泉。

第三节　电视节目策划人的自我定位和关注重点

一、电视节目策划人的自我定位

电视节目策划人要重视把握自己在策划工作中的地位和角色。

1. 明白自己最具优势的策划领域

每个电视节目策划人都有自己擅长的方向和类型，应了解自己的优势并加以充分发挥。比如，甲策划人擅长电视频道资源的配置、观众的调研等宏观方面的策划，乙策划人擅长改善栏目结构和提升节目质量方面的策划，丙策划人擅长进行电视文艺节目的策划，等等。假如一个策划人声称自己什么策划都在行，倒很可能是什么策划都做不好。

2. 以优质完成策划任务为第一原则

一个稳健成熟的电视节目策划人应该把能否优质完成项目策划方案作为是否承接策划任务的第一原则。策划人千万不能在策划费的诱惑下，承接不适合自己能力的策划任务，以避免给自己和节目制作方带来一系列不良后果。策划人自始至终都应该保持理智和清醒，珍惜自己的个人声誉。

3. 始终保持策划人相对独立的职业地位

有些电视台或栏目会对策划人提出比策划工作本身更进一步的要求。例如，要求策划人在策划方案通过后，继续负责方案的实施，甚至邀请策划人以参股形式加盟电视节目。策划人在接受电视台或栏目策划委托前，应有明确的、独立的自身定位，才能客观地提出思路和想法，提供公正、有创意的服务，才可能不受制作方的约束，完成独具特色的策划创意。只有在自己的思想不受外界影响的情况下,策划的思路才能最大限度地涌现。

二、电视节目策划人的关注重点

首先,电视策划人要重点关注收视观众"不满意"的心声。来自收视观众的不满、不平、不便、不快等所有不满意的心声,正是电视节目策划破题的着眼点和出发点。观众不满意的地方,正是节目策划中要着力思考弥补的。因此,策划人在进行策划活动时,要注意重点了解观众,听取观众的真实心声。

其次,电视节目策划人要重点关注观众的欲望、要求。观众的期待,就是观众潜在的需求,是电视节目策划人灵感的源泉。正是因为有了观众的需求,才有电视节目存在和发展的基础。观众的一个欲望满足之际,又会产生更多的欲望,策划人永远要重视满足观众欲望,追求一个又一个更好的节目策划方案。

最后,电视节目策划人要着眼于时代的趋势。在策划中,一个至关重要的问题就是如何正确地应对时代的发展,把握时代的脉搏,跟上时代的潮流,获得具有时代感的节目策划方案。如果能够洞察社会发展之趋势,走在时代前列,引领社会风潮,节目策划就具备了成功的重要因素。在当下,新媒体风起云涌,传统的电视节目遇到前所未有的挑战,在电视节目策划的过程中,如何运用、嫁接、融合新媒体,不仅是值得重视的问题,更是电视策划人应该及时钻研的课题。

本章思考与练习

1. 结合实例说明策划人与学者的区别。
2. 电视节目策划人应当具备哪些素质?

第四章

广义电视节目策划

> 📽 **学习目标**
>
> 　　了解广义、狭义电视节目策划区分的依据及学习广义电视节目策划的作用与意义。
> 　　掌握广义电视节目策划的程序。
> 　　通过电视模式节目《中国梦想秀》策划实例,了解广义电视节目策划的过程。
>
> 📽 **关键术语**
>
> 　　广义电视节目策划;广义电视节目策划的程序

第一节　广义电视节目策划概述

　　一般意义上的电视节目策划泛指电视台所有的电视策划活动,包括频道的设立和运行、新栏目推出和整合传播、大型电视晚会和节目内容的策划和整体编排等,也包括具体到一个栏目和节目的策划项目。电视节目策划可以大到整个电视频道的架构和运作,可以大到涉及数十万、数百万人的重大电视活动,如奥运会开幕式晚会、香港回归报道、"两会""英国王室婚礼"等,也可以小到具体栏目与具体节目的策划,甚至还可小到每一期节目选题的选择、主题的把握、节目内容的切入口、具体的素材安排和主持人形象的设计等。为了便于研究和讨论,我们把电视节目策划活动划分为两类:一类是关于宏观的、全局性的、相对无范例的电视活动和电视项目的策划,如电视频道整体运作、大型电视晚会和节目内容的策划和整体编排等,称其为广义的电视节目策划;另一类是关于微观的、局部性的、有规范的电视活动的策划,如具体某个栏目和节目的设计创意,称其为狭义的电视节目策划。

我们之所以把电视节目策划区别为广义的电视节目策划和狭义的电视节目策划,是源于对节目策划研究的认识,是基于在电视策划实践中,发现确实存在性质不同、内容不同、关注点不同以及对策划人的策划理念与策划人的知识、能力和素质要求都不同的两类策划。

在电视节目策划的实践中,电视台布置的任务,有的是关于频道改版的策划,有的是关于栏目的策划,有的是关于具体栏目、具体节目如何制作的策划,也有的是把频道的改版、栏目的设计合在一起讨论的策划。虽然,在电视台的操作中,在实践一线不那么区分广义的电视节目策划和狭义的电视节目策划,往往关注的是问题和任务以及最后问题和任务的解决,不关注电视策划内在规律,但这个对电视策划的思考和探究的任务,仍责无旁贷地落在了电视学者的身上。

广义的电视节目策划是在广泛的平台上进行的电视活动,是宏观的、带有全局性的战略性思考,也可以说是在一个广阔的范围内,在没有范例的情况下从无到有的思维活动过程。它涉及频道和主打栏目规划的调整,重大新栏目策划的推出,以及根据电视观众收视趋向对老栏目整体的关、停、拼、改的一整套的策划方案等。所以,广义的电视节目策划不是孤立的电视活动和电视运筹过程,它与整个社会的体制、宣传的方针政策、观众的收视理念都有着密切的关系。从一定程度上讲,它能改变频道、改变电视节目、改变电视观众,直接关系电视台的发展命脉。

广义的电视节目策划的主体既可以是整体策划机构——策划领导小组、栏目策划小组、策划公司、策划专家团,也可以是个体的策划者。

广义电视节目策划的客体是策划活动所指向的对象——电视台的领导部门和全台节目的管理部门。

广义电视节目策划的内容包括电视频道开发和频道整体形象的包装、频道资源（时长、时段、政策、人员、设备、经费等）和栏目资源的优化组合、特大型电视综合活动的总体方案等。

广义电视节目策划的环境，又称电视策划的外部条件，是电视策划运行的土壤和前提。广义电视节目策划的环境主要是群体活动空间中观众的社会文化环境和收视趋向，以及个体活动空间的文化氛围和收视动态。策划要想得以实施，必须充分了解环境。策划环境是一种客观现实存在，很难改变，只能艺术地适应。离开了策划的环境，策划活动的实现就非常困难，只有了解策划环境，才有利于策划活动的实施。

第二节　广义电视节目策划的程序

广义电视节目策划的程序一般包括解读项目与调研、外部环境的调查与把握、战略分析与竞争状况调查、确定策划方案和目标、编制策划文案等五个阶段。

一、解读项目与调研

广义电视节目策划的第一步是解读项目。对于项目的解读主要包括以下几个方面：首先要把握领导、投资方对项目和活动的期望，对领导、投资方的本意"吃"得越透，电视策划成功的可能性就越大。其次是"吃透"观众，也就是传播对象。吃透你策划的节目所能到达范围的观众的爱好和兴趣也是电视节目策划成功的关键。成功的电视节目策划是对受众爱好、兴趣与领导、投资方意图的兼顾。既要策划思考怎么守住、吸引住固定观众，又要策划思考不断地拓展区域内潜在的观众。再次要"吃透"策划者自己的驾驭能力、专长，"吃透"策划班底的特长。最后是把握所在单位和公司的经济实力、人脉关系及拥有多少资源等非常重要的自身条件。

调研是策划的前提与基础。调研为频道与栏目策划准备客观的资料。调研要根据策划的要求来进行,调研的成果要能为频道与栏目决策分析所用。它是策划的准备阶段。

在进行电视频道与栏目整体形象策划调研之前,首先要确定调研的类型。

电视节目调研可分为一般性电视节目调查和特殊性电视节目调查。一般性电视节目调查,是电视台在正常的生产经营运作中所进行的调查,目的在于掌握电视台各频道、栏目和节目的播出情况,了解公众对频道、栏目和节目的评价,把握当前社会政治、经济、文化环境下观众收视需求的变化,为频道与栏目的下一步调整做准备工作。特殊性电视节目调查,是电视台或频道在栏目传播、生产和经营等运作过程中,因工作需要而组织的阶段性或专项性的调查,目的在于完成某个专门性的任务,如了解某期电视节目对公众的影响,或者某期重要栏目播出后的观众反应。虽然一般性电视节目调查和特殊性电视节目调查的针对性、重要程度和涉及广度不一样,但调查的程序和方法还是大体相同的。

下面就以一般性电视节目调查为例来分析一下。

电视节目策划人要围绕调研项目的主题和栏目具体情况来确定调查内容,以全面了解情况,掌握第一手资料。

1. 确定调查的观众范围

电视的观众处于不断变化中,不同的调查目的会带来不同的调查对象和调查范围。确定所要调查的观众是调研的关键之一。电视节目策划人应根据调查目的来确定调查的观众对象和范围,保证调查样本既有足够的代表性,又是力所能及的,且不会造成资源的浪费。

为了保证圆满完成调查目的,需要有针对性地掌握观众的基本情况,这是每项调查工作中最基础的资料,也是调查者容易忽视的数据。观众的基本情况包括:①观众背景资料,包括年龄、性别、住址、文化程度、职业、收入水平、家庭情况等。②观众对具体节目的知晓度和评价,包括栏目内容、存在问题、喜欢什么、希望看到什么等。③观众的动态资料,包括观众对其他栏目的了解、业余时间安排、喜好等。

2. 确定适当的调查方法

调查方法可以分为直接调查法和间接调查法。

直接调查法指的是调查人员与观众面对面地沟通,直接了解情况、掌握信息,包括个人接触法、深度访问法和观众座谈会:①个人接触法。这是最准确地把握信息的途径。调查人员直接和观众进行沟通,了解观众的收视活动,掌握他们对频道、栏目的看法,倾听他们对频道、栏目的意见和建议,把握第一手资料。对一个调查人员来说,直接接触观众的机会很多,电视台的专题活动、频道与栏目的公益活动以及其他任何能聚集起目标观众的场合,都为调查人员提供了接触、了解观众并与其进行沟通的机会。②深度访问法。有时为了解观众的深层次心理,调查人员可以选择一些有代表性的观众对象进行深度访问。其要求是:第一,访问者受过专门的训练,如果有记者工作经验更好;第二,访问者应熟悉有关材料,了解访问的起因;第三,被访者应值得信赖。深度访问一般以提问形式进行,问题的类型可分为开放性问题和封闭性问题。开放性问题是指答案有多种选择的问题,封闭性问题是指答案非此即彼的问题。③观众座谈会。有时频道与栏目会根据要解决的问题,选择有代表性的观众到频道与栏目现场来进行座谈。首先,要确定座谈的主题;其次,要注意代表的选择,代表的结构要合理;再次,要注意座谈开始时的议题表述,尽量自然、简短、能激发人的兴趣,留出较多的时间让观众充分发表意见;最后,要做好记录、录音或录像工作,以便掌握更多的可靠资料。

直接调查法具有直接、双向、及时和准确等特点。采用这些方法可以增加调查的主动性,缺点是会增加调查成本,调查范围也有一定的局限性。

间接调查法是指策划调研人员不直接和观众接触,通过某些中间环节对观众进行调查,主要方法有媒介研究、问卷调查和专业抽样调查等:①媒介研究。策划人员通过定位和分析、整理媒介报道的具体内容,掌握有价值的资料。可利用的媒介有报纸、杂志、广播、其他电视频道、电影、书籍等。②问卷调查。通过了解民情民意的方法来掌握信息。其基本程序是:确定调查目标;确定调查范围;确定问卷形式;确定问卷发放和回收方式。

③专业抽样调查。可以委托市场调查公司进行专业的抽样调查,即从调查总体中抽取一定数量的样本进行调查,并以此推断总体特征。

3. 分析调查数据

调查结束后,电视策划人要对大量的资料进行归类、整理、录入和统计分析,以便得出有价值的结论,作为决策的依据。数据收集和分析是研究观众收视变化和趋向的一个重要环节。

二、外部环境的调查与把握

所谓策划要把握好外部环境,主要包括两大方面:一是了解和洞察宣传报道的精神和媒体发展形势,把握上级部门对宣传报道的总要求;二是把握传播受众即观众群体的收视特征与规律。

中国的电视观众是一个数量极大、层次丰富、类型复杂的观众群体。在中国,电视是人们接触最为频繁的大众传媒,是人们获取信息的重要渠道。观众的收视动机、喜好、兴趣以及对电视功能、作用的评价和态度,为认识电视观众收看的内在动力提供了帮助。自觉遵从广大观众的收视行为、心理规律,实现广大观众的收视行为、心理规律与传播的高度统一,是电视节目策划的目的和追求的理想。观众是"上帝",是电视人的"衣食父母",了解、把握、密切关注观众的收视行为、心理规律和审美趋向,是电视策划宏观层面上的观众理念。

当下,互联网以其互动、开放的天然禀赋正在成为受众心中的"第一媒体",大规模地分流着传统媒体的受众群和影响力,给传统媒体赖以生存的广告模式带来了前所未有的严峻考验。随着各类媒体融合的不断深入,整个传媒产业将逐渐回归媒体传播的本质规律,形成"内容＋渠道＋业务＋终端"的产业结构。这种扁平划分、专业分工的产业结构,将彻底打破我国电视媒体原来从生产到编排再到播出的封闭链条,动摇传统电视媒体在视听服务领域的绝对垄断地位,并进一步改变电视媒体现有的经营理念、运营模式乃至生产关系。对于市场化发展能力相对较弱的传统电视媒体而言,这种改变无疑是一次巨大的挑战。

　　媒介融合带给传统电视媒体的除了挑战,更有机遇。首先,随着互联网平台的快速发展和媒介在多个层面的不断融合,渠道资源的稀缺性得到很大程度的缓解,全行业正在经历着从"渠道为王"向"内容为王"的转变与回归。在这样的背景下,作为国内实力最强的内容提供商,传统电视媒体将获得不容忽视的发展机遇。一方面,内容资源对产业主导力的提升,将大大增强传统电视媒体参与市场竞争的核心竞争力;另一方面,渠道的不断丰富,也将为传统电视媒体不断追求内容价值的最大化提供更为广阔的平台。其次,融合的推进也为传统电视媒体提供了将受众转变为用户,将单纯的"眼球经济"转变为复合型"信息经济"的难得机遇,使电视节目的策划有了一片驰骋的沃土。

　　然而,也应该看到这一片"沃土"是纷繁复杂的,由于环境、闲暇时间、节目形式与节目内容等因素的影响,电视观众的收视行为和心理形成了许多特征。这些特征对电视频道、电视节目的策划及电视节目的传播效果影响极大。

　　1. 观众基本特征

　　中国电视观众的结构层次丰富,类型复杂,每一层次或类型都具有明显的特征。与此同时,各地区的电视观众的层次和类型在不同程度上也存在共性和一定范围内的个性。电视节目策划者了解、研究和把握电视观众的特征是策划电视频道、时段和节目的基础,也是根据不同的观众群体实施各具特色的宣传与传播策略的根本保证。

　　电视观众社会结构、价值取向和审美观念等方面的差异,造成了观众的多层次性,从而又决定了电视节目的多层次性。了解、研究和把握观众的结构层次与类型,在策划中为频道的栏目设置、定位提供了基本的依据。带有相同社会特征的人们不仅喜欢收看类型相近的节目,而且对这些节目的态度也较接近。这是因为同一层次或同一类型的观众在生活经验、情趣、爱好和习惯等方面有着很多相似点,抓住了这些共性,就可以化繁为简,把"众口难调"的难度减小到最低限度。

(1) 层次丰富的众多电视观众

中央电视台发布的"2012年全国电视观众抽样调查"结果显示,2012年,中国4岁以上电视观众总数为12.82亿人,较之2007年的12.05亿人增加了7700万人,增幅达6.39%。城镇观众占比为50.82%,农村观众占比为49.18%。拥有三台以上电视机的家庭比例占比明显提高,达到7.58%。电视观众存在不同层次和不同类型。每一个家庭成员,因其性别、年龄、文化程度、职业的不同,以及不同家庭,因其社会地位、经济状况的不同,存在着不同的收视取向。家庭中不同角色的收视习惯也不尽相同。因而,在频道、栏目的宏观调节策划与编播制作过程中,尤其是在频道、栏目的先期策划和定位中,加强对象观众的特性分析研究,将会有助于节目赢得更多的较为稳定的观众。

(2) 流动和分散的收视群体

收看电视的观众是流动的,这种收视群体的流动是绝对的,所以讲固定的收视群体,只是一个相对的概念。收视群体的流动不是指收视群体空间的变化,而是指观众手中遥控器带来的变化与流动性。这种收视群体流动的快速和方便是火车、飞机的速度都不及的,比如它可能瞬间把正在收看北京电视台的收视观众一键带到了浙江电视台,过一会儿,一键又把收视的观众带到了四川电视台欣赏起幽默诙谐的方言剧,等到笑逐颜开之后按键一变,观众又回到了北京电视台。同样,身处江南水乡的浙江观众收看完《浙江新闻联播》,遥控器按键按一下又收看起中央电视台的《新闻联播》。一段时间之后,浙江的观众又饶有兴趣地看起了湖南卫视,随后遥控器的按键一按又收看起北京电视台的节目。因此,应该看到,现在的电视观众在收看电视节目的过程中,很少会一个晚上只停留在一个固定的频道(固定的电视台),这种频繁的流动真可谓是"夜行数万里,遥看天下事"。同时,也应该看到,在一些观众不时离开某一节目的时候,只要节目较好,又会有观众不断地加入进来。每一天,收视群体都在川流不息地从一个"地方"向另一"地方"流动着。

收视群体不但是流动的,也是分散的。电视收视群体的分散不仅指时间分布上的分散,也指空间地域上的分散。这种分散是电视收视家庭化的直接结果。电视不像电影那样,一旦一个好的影片上市,人们纷纷云集到电影院。电视收视以一个一个分散的家庭为收视单位,每一家庭收视口味不尽相同,即便是一个家庭内,也众口难调。况且,目前中国幅员辽阔,电视频道多,节目丰富多彩,谁也不可能将所有的电视观众和所有的家庭都汇集到一个电视频道和一个节目上,所以,电视观众的集中是相对的,分散是绝对的,也是必然的。

(3) 喜新厌旧的收视群体

喜新厌旧一方面是人类审美情趣发展的必然结果,是人类人性自然属性的体现,另一方面是人类社会发展过程中推动事物包括电视媒体不断丰富发展、推陈出新的原动力。

2. 观众的收视目的

观众的收视目的即他们的收视动机,是观众收看电视的内驱力。收视目的决定了观众个体从事收视活动的内在动力,目的越强烈,个体从事活动的内驱力越强,活动的指向性越明确,持续性和稳定性也越高。

当下电视观众的收视目的主要表现为三个方面:了解事实、娱乐消遣、增加知识。

(1) 了解事实、获取信息仍然是电视观众收看电视的主要动机。尤其是对于年长的电视观众来说,了解事实、掌握国内外时事与各方面信息是这类观众收看电视的首要目的。

值得一提的是,在网络视频与各类网络媒体快速发展的今天,电视媒体的影响力和公信力仍然是网络媒体所无法企及的,尤其在重大事件的报道上,大量观众仍然会选择电视作为最有效的信息源。

近年来,观众的收视动机发生了重大变化。"信息爆炸"从一个抽象的概念变成一种具体的、身边的社会现实,信息在人们的工作与生活中发挥着日益重要的作用。借助互联网的强大能量,信息转化为一个庞大的市场、一个庞大的产业,催生了电子商务、大数据以及微博、微信等现代信息产业的奇迹,人们对信息的渴求与依赖也越来越明显。在电视方面,新闻信息类节目已成为全民一致的收视热点,因此,改进新闻报道的方式,提高新闻报道的水平,加大新闻报道的信息含量,是各级电视台增强自身竞争优势的有效手段。

（2）娱乐消遣依然是观众收看电视的重要目的。娱乐功能是电视的重要功能之一。尽管娱乐消遣已不再是观众收看电视的首要动机与目的，但依旧是影响观众收看行为的极为重要的因素。同时，这种娱乐消遣的功能随着电视文艺娱乐节目的发展还将进一步增强。

电视娱乐消遣类节目的长期生命力绝不仅仅源自电视发展自身，而是有着终极的经济原因。我国进入改革开放的历史新时期，社会生产力的巨大发展和综合国力的迅速增强，使人民群众的物质文化生活水平得到了提高，与此相应的精神生活和娱乐需求也变得越来越多元化。如今，每一个房产开发商在介绍房屋时都会强调"一气一表一线"（煤气、独立电户、有线电视），这说明看电视已经和人们的吃、住有了几乎同等重要的地位，成为人们生活的必需品。

电视娱乐节目是电视文化的支柱之一。通过收看电视娱乐节目获得娱乐和消遣，是人民群众非常普遍的一种生活方式，正因如此，电视娱乐才成为今天最有群众性的一种艺术。电视给人们带来娱乐的这种性质，决定了电视娱乐节目必须满足观众多层次、多方面的休闲要求，努力做到丰富多彩、雅俗共赏。

电视娱乐节目带给人们愉悦、丰富人们精神生活、满足人们的情感需求的功能及其在电视事业中的地位不容置疑。诚然，电视娱乐节目中也存在种种不尽如人意之处，一定程度上影响了观众对节目的评价和收视，但是，只要电视文艺工作者把握时代主流和时代精神，努力创作出思想精深、艺术精湛、制作精良和具有强烈吸引力、感染力的作品，电视娱乐节目一定会再创辉煌，成为电视观众首选的节目。

（3）学习和增加知识是观众收看电视节目的又一重要目的。学习知识是广大电视观众收看电视节目的重要心理需求。尤其是处在12～18岁年龄段的青少年观众，他们在"学习知识"上的收视动机明显高于其他年龄段的观众。随着电视节目知识性功能的强化，电视台还会越来越多地推出知识性的栏目和节目，新一代的青少年中越来越多人会伴随电视成长起来。收看电视已成为青少年生活、学习成长过程的重要环节，电视节目是青少年获取知识、掌握知识的重要渠道。

此外,通过电视节目的收看学习知识、掌握知识,不仅仅是青少年的收视动机和目的,也是其他电视观众收看电视节目的带有共性的目的。

三、战略分析与竞争状况调查

哪里有市场,哪里就有竞争,竞争同市场一样古老。对市场上的竞争状况进行调查,与竞争对手作比较,就可以分析出在市场竞争中是处于有利地位,还是处于不利地位。

对竞争状况的调查应着眼于六个方面,即:竞争对手的策略是什么?他们的目标是什么?他们的优劣势如何?他们成功(失败)的原因是什么?他们的制作模式是什么?他们有什么可学习借鉴的方面?搞清了这些问题,就可以制订出有针对性的计划,从而做到有的放矢,提高策划活动的效果。

1. 确定频道节目与节目竞争对手

一个频道往往有许多眼前的和潜在的竞争对手。眼前的竞争对手容易识别,而潜在的却防不胜防、难以观察。常用以下四个标准识别竞争对手。

(1) 凡是有相似、相同频道的媒体都是竞争对手。

(2) 凡是相同或同类栏目与节目、频道都是竞争对手。

(3) 凡是在同一时段播出的栏目与节目都是竞争对手。

(4) 凡是进入同一题材范围的栏目与节目都是竞争对手。

2. 了解与评价竞争对手

要评价竞争对手的优势与劣势,策划者必须首先收集有关竞争者过去几年的重要资料。这些资料包括历年的预算、效果、媒体使用情况、市场占有率、市场扩大率、创意与制作水平等。根据收集到的资料,对竞争者的优、劣势进行排序。在排序时,应当将本电视台的频道也排列进去,进行横向比较。可制作如表 4-1 的表格。

表 4-1 竞争对手调查表

电视台名称	节目选题情况	收视率	收入	创意与制作	投入情况
A 电视台					
B 电视台					
C 电视台					

策划者根据上述调查内容，就可以对各个竞争对手的优、劣势进行比较分析，以制订切实可行的竞争计划，确保预期效果的实现。

四、确定策划方案和目标

确定策划方案和目标的过程是一个体现创意的过程。创意本身是一项艰苦的智力劳动，有创意的策划的最高境界是新颖别致、让人耳目一新。因此，创作策划方案切忌抄袭、模仿。较为成功、有创意的策划方案一般都具有以下几个特点。

① 新奇。南朝梁刘勰《文心雕龙·体性》讲："新奇者，摈古竞今，危侧趣诡者也。"新奇就是古今都不曾有过，新鲜、奇妙。策划方案最好给人一种新奇的感觉，让人一见之下就觉得非常有特点，有新鲜感。

② 合理。策划方案的创意要合理，要既符合创作表现的要求，又是当下团队的人、财、物的能力范围之内的，是对现有条件的最佳发挥。与此同时，方案所涉及的表现内容应在情理之中，又在意料之外，不是怪诞不经，更不是夸夸其谈、好高骛远，而是合情又合理。

③ 中肯。创意的内容要充分体现栏目的主题，突出主题某一方面的特征。一个节目只能有一个主题，创意必须围绕这个主题展开，通过一定的内容、形式将中心思想展现出来，以调动电视观众的欣赏欲望，使观众不知不觉中接受节目所传播的观念。

五、编制策划文案

策划文案的编制是节目策划的一个重要环节,是制订策划方案的具体实施计划。只有在策划方案框架和目标确立以后,才能编制策划文案。策划文案体现了策划者为整个活动项目设计的具体内容,是频道、栏目和节目策划的核心部分和根本。

文案是策划项目有步骤地、有效地实施的保证,它是电视节目内容的书面安排,是"说明书"和"执行令"。

策划文案的编写并没有绝对的标准,策划者可以根据策划对象和策划属性的不同,有所侧重地选择表述具体内容的方式。如频道有频道的策划重点和说明,新开设的栏目和已存在的栏目的写作和表述的要求就不一样,各有其策划的重点,但达意、明了和可操作实施是最基本的要求。本书的第二章第三节专门介绍了策划方案及各种策划文案的撰写。

第三节 广义电视节目策划案例

本节将用一档引进类电视模式节目的策划实例,展示广义电视节目策划的过程。该模式节目名为引进,但从本地频道来看,仍是一种从无到有的创新,需要进行本土化的策划努力。其创作以大投入、大制作为特征,其策划之复杂,非个体策划人能力所及,必须借助于策划团队来实现。

2005年《超级女声》节目策划和播出的圆满成功,使中国电视行业意识到了借鉴国外优秀模式的重要性及其重大的产业价值,从而加剧了有实力的卫视频道去寻找与发现模式节目、争夺模式节目和嫁接改造模式节目的竞争。电视模式节目从无至有、从一到多,再到当下已有数十个模式节目在我国电视屏幕上播出,充分证明了模式类节目策划的成功。当下模式节目的热播,一方面是因为模式类节目形式的新颖,另一方面也是由于对模式节目进行本土化策划后,节目更接地气,恰到好处地迎合了中国观众的收视需求。

电视模式节目的策划,除了在形式和内容方面的创新外,还开创了电视史上以季播方式编排和播出的先例,突破了几十年来日播、周播、年播的常态性、一贯制编排和播出方式,是编排和播出史上的一次创新性的变革。

湖南卫视季播方式的出现,一方面使模式类节目在营造频道形象和氛围、制造阶段性收视热点与汇聚收视热门话题方面,产生了其他节目难以企及的影响,另一方面,优秀模式节目的集中、密集播出,聚集了观众的收视人气,再加上其他品牌节目的保驾护航,共同构成了周末娱乐节目群,营造起电视娱乐节目的视觉盛典。这样的变革和创新,成为电视荧屏独特的亮点,为模式类节目的成功提供了决定性的保证。

《超级女声》节目一炮走红后,湖南卫视又陆续推出季播节目《名声大震》《舞动奇迹》《金牌魔术团》《芒果训练营》《给力星期天》等,并在2008年策划娱乐周末大放送,推出"周五大型活动+周六《快乐大本营》+周日《背后的故事》"和后来的"周五《天天向上》+周六《快乐大本营》+周日大型活动"的编排格局,这都是湖南卫视规范引进海外模式加以本土化改造的经典,填补了国内市场空白,成为国内娱乐节目的一面创新旗帜。与此同时,浙江卫视、江苏卫视、北京卫视等众多卫视频道也各出奇招,积极推出模式节目,其中最为经典和优秀的模式节目之一,就是浙江卫视的《中国梦想秀》节目。下面我们就从策划视角来分析《中国梦想秀》节目的创作。

一、对模式类经典节目《中国梦想秀》的分析

《中国梦想秀》源自英国 BBCW(BBC 环球公司)的王牌综艺节目《就在今夜》(*Tonight's The Night*),是浙江卫视购入英国模式版权,全力打造的

一档由明星给平民惊喜、帮平民圆梦的大型公益活动节目。《中国梦想秀》于 2011 年 4 月 2 日起每周六晚 21:21 开播,于当年 7 月 2 日完成第一季 13 集的拍摄和播出,这是浙江卫视第一次真正用季播的概念所做的一档节目。《中国梦想秀》截至 2018 年已播到第十季,并在 2014 年 5 月荣获中国电视文艺"星光奖"。"星光奖"是与中国电视剧"飞天奖"、中国电影"华表奖"并列的广电类三个政府大奖之一,是中国电视艺术的最高奖项。

英国原版节目《就在今夜》由一位全才的歌舞剧演员担当主持人,利用电视台的资源,帮助普通人完成舞台梦想。浙江卫视引进该节目模式,主要是被蕴藏在节目中的人文情怀所吸引。《中国梦想秀》首播采用了现场直播的方式,首播时长超过 120 分钟,开创了一个比较好的收视率。第一季 13 期节目中,3 期为直播节目(4 月 2 日、5 月 28 日、7 月 2 日)。直播节目的设置,有利于节目紧随社会热点,将一些新闻元素融入节目当中。

在《中国梦想秀》策划之初,节目组就注重强化顶层设计和策划,积极谋划频道战略,摸索出了综艺节目创新的实践新思路,推出"中国蓝组合拳",即"新闻视角,人文情怀,公益诉求,综艺包装,营销思维"组合传播,打造重人文情怀、强视觉观赏、感染人心的高品质娱乐节目。在策划中,强调 4S 元素的注入,即展示平民的才艺(Skill)和故事(Story),借助明星(Star)产生惊喜(Surprise)这 4 个元素,尤其是通过精神层面的核心元素"爱"来升华节目品质和传播积极向上的正能量。

节目首先通过报名来甄选所有的圆梦人,圆梦人的梦想需要是舞台梦想,能够在舞台上呈现。其次要在当事人不知情的情况下帮助当事人圆梦,由亲友代为报名,在帮助当事人圆梦的过程中,主持人会到当事人的身边,乔装成普通人进行设计。最后主持人表明自己身份并告知当事人要帮他圆梦,进而带给他惊喜。在演播厅环节,秘密请来当事人的偶像,与圆梦人同台合作,记录从排练的第一刻起,直到当事人见到偶像的一刻。舞台表演有一套非常完整的仪式,从登上舞台开始到表演结束,每个圆梦人都可真切体会圆梦的过程和惊喜。在每一期的节目策划中,始终以惊喜、感恩、梦想的基调贯穿其中,弘扬社会大爱。在环节策划设计上,有推进、有悬念、有幽默、有煽情。在每个人物出场的环节,都策划了不留破绽的细节刻画、情节渲染和高潮迸发,这些刻画、渲染和高潮给观众的印象是情感的自然流露。整个节目以"情"为主题,用坚贞的爱情、执着的真情、至深的友情,触动观众内心的温情。

任何一档模式节目的成功都不是偶然的,除了模式本身影响力和播出平台及竞争环境等多种因素外,还有内容和舞、美、道甚至机位和导播等包装策划的因素,使观赏节目如同观看大片。

《中国梦想秀》这一模式节目,没有对模式的盲目崇拜,而是对模式进行了重整策划包装,打造出了"中国版"的成功模式。

二、对《中国梦想秀》节目本土化策划的解读

如何保持国外电视节目模式在引进后的生命力?本土化的策划改造是一个重要的环节。《中国梦想秀》对英国原版节目的本土化策划改造主要从以下几方面进行。

对主持人的策划:原版节目的主持人是英国知名的歌舞剧演员,而《中国梦想秀》启用了朱丹和华少的双主持人制,把主持人融入节目中,使主持人成为节目的一个亮丽元素。主持人在节目中也尝试跳舞和角色扮演,他们的每次表演都闪光点十足,增加了节目看点,实现了节目托主持人、主持人映衬节目的效果。

对圆梦者的策划:原版节目的圆梦者很多都是病痛患者,主要是癌症患者比较多,大概占60%以上,而浙江卫视的《中国梦想秀》中,圆梦者更多是有强烈舞台梦想的普通人,把普通人积极向上的个人梦想和社会公益梦想相结合,并通过节目渲染实现,符合国情,同时强化了对圆梦者的选择和实现梦想的悬念的策划。

对情节惊喜的策划:原版节目非常简单,通过主持人的表演、通过现场的呈现来进行惊喜的制造。《中国梦想秀》抓住中国人特有的情感曲线,比原版更感人。特别是在节目后面的惊喜呈现中,家人的鼓励也是新增加的内容,收获了不错的效果。

对舞台呈现的策划：相比原版节目的简单干净，《中国梦想秀》用更丰富的、更加包装化的综艺手段去进行舞台呈现，例如大型道具的使用、华丽灯光的修饰、表演区丰富多彩的景片和观众评委阵容等，这些都是原版节目所没有的。

三、对《中国梦想秀》节目创作理念和内容策划的解读

浙江卫视对《中国梦想秀》成功进行了本土化，实现了"新闻视角，人文情怀，公益诉求，综艺包装，营销思维"协同发展。

首先，在模式节目中策划注入新闻元素。与新闻节目相对稳定、持久的收视相比，模式节目很难有长久存活的力量。如何在模式节目中导入新闻视角？虽然做不了现场直播或者是新闻热点事件的即时追踪，节目中还是融入了很多新闻热点。《一个人的春晚》就是中国梦想秀一个非常成功的案例。中央台播出过一条新闻："年过六旬的护林人王成华守护大山整整47年，山上至今没有通电。他总是听人说春节晚会好看，却从来没有看过。"看到这条新闻之后，节目组马上派导演组去当地采访。接下来，《中国梦想秀》为王成华奉上了"一个人的春晚"，把当年春节晚会中受欢迎的节目搬到"梦想秀"的舞台上。当王大爷和老伴坐在春晚舞台下那标志性的红色圆桌旁时，此时台上表演的是什么已经不那么重要了，观众关注的焦点已转变为节目组对护林人王成华的这份心意上。然而，这还不是惊喜的全部，在王大爷和老伴离家到杭州参加录制的这几天，节目组奔赴深山，为王大爷家安上了独立的太阳能发电系统，装上了液晶电视，送了他全套春晚碟片，王大爷的春晚梦不再遥远。这就是节目组扣住新闻话题，在节目中注入新闻元素的一个例子。

其次，在模式节目中体现人文情怀。不是刻意煽情，而是采用一定的方式帮助观众完成情绪的宣泄。如对于重聚话题的策划。重聚是《中国梦想秀》的一个特别选题，在重聚的过程中，节目把个人的梦想扩大为观众的梦想。《新白娘子传奇》重聚、83版《射雕英雄传》重聚、电影《地道战》重

聚,《中国梦想秀》的这三场"经典重聚"圆了亿万观众的集体梦想。三次重聚以朴素的情感打动观众,也引领了省级卫视综艺节目的新风潮,以独特的人文情怀感动人,以对经典的致敬态度掀起了一波波的舆论热潮。又如在《丈夫的忏悔》节目中,山东的朱红是一名下岗女工,从小爱唱歌,但无钱上艺校。节目组了解到情况之后,不但请来了她的偶像杭天琪和她同台演出,还苦口婆心劝来了原本不理解她、与她关系僵化的丈夫,最终丈夫现场下跪道歉,求她原谅。整个节目在这一时点形成了收视高潮。夫妻二人虽然之前有矛盾,但还是有闪亮的记忆点在舞台上迸发,令观众感动。

再次,在模式节目中强化公益诉求。《中国梦想秀》抓住了很多看似细微的公益诉求,折射出意义重大的社会公益价值,传播了电视媒体应该传播的正能量,体现了媒体的社会责任。从节目中折射和传播出来的正能量深深打动和感染了广大电视观众,使观众在娱乐中醒悟、在娱乐中获得思想升华。第一季最后一期做了《马兰村的歌声》,讲原人民日报社社长邓拓的女儿邓小岚,独自一人在马兰村教孩子们学音乐,成立了一支马兰村小乐队。观众难以想象这些孩子家中的贫困。他们没看过电视,却知道肖邦、莫扎特,没玩过玩具,却会拉小提琴、会弹吉他。这其中倾注了邓奶奶的太多心血。电视台通过新闻线索找到了邓小岚,帮这些孩子圆梦。节目组不但给了他们第一次公开表演的舞台,还资助他们完成学业。

最后,是在模式节目中运用全媒体推广和整合营销的思维,品牌推广部牵头,集合权重主流报媒、重点高端杂志、新媒体门户、重点城市电台电视台以及户外大屏、路牌、海报等全媒体通道,实现深度投放,全方位推广"中国蓝"及"中国梦想秀"品牌。

此外,在节目的整体包装上舍得投入,追求时尚和视觉的冲击,既能够触动中老年人的审美情感,又能引导青年人的梦想情怀。《中国梦想秀》2011年4月2日开播,截至6月30日,微博评论量达到1590万条,"浙江卫视中国蓝"新浪官方微博的粉丝数量在播出期间突破一百万,收视稳步提升,市场份额保持同时段领先,核心受众聚集程度与收看忠诚度均较高,同时《中国梦想秀》还获得了其他媒体的广泛关注。不仅如此,在传统平面媒体上,《中国梦想秀》相关的新闻及热门话题都获得了广泛的关注。在收视成绩以外,《中国梦想秀》获得了国家广电总局、浙江省委宣传部、浙江省广播电视节目评议审查中心等上级主管部门的专题点评和批示,显示了节目独特的价值和意义。

（为正确地反映和把握《中国梦想秀》策划的原意和原貌,此节笔者参考了该节目原制片人兼总导演、笔者的学生蒋敏昊在《收视中国》2011年第10期发表的《〈中国梦想秀〉:浙江卫视顶层设计的具体实践》一文。在此特表示感谢。）

本章思考与练习

1. 广义电视节目策划的概念是什么？广义电视节目策划的主体、客体分别是什么？
2. 广义电视节目策划的程序包括哪些阶段？
3. 谈谈一般性电视节目调查的方式。
4. 结合节目实例说明《中国梦想秀》的本土化策划的成功之处。

第五章

狭义电视节目策划

> **学习目标**
> 了解狭义电视节目策划的概念内涵。
> 掌握狭义电视节目策划的程序。
>
> **关键术语**
> 狭义电视节目策划；狭义电视节目策划的程序

第一节 狭义电视节目策划概述

狭义的电视节目策划是指在栏目或节目宗旨明确规定的情况下，通过电视节目策划人的加入，通过策划人的策划，使该档节目更有思想内涵，更有艺术品位，更具节目传播的影响力，从而使节目具有更强的感染力和更广泛的收视率。在一定程度上讲，狭义的电视节目策划是对题材选择、主题确定、内容安排、作品开头切入和结束收尾、画面编辑结构及画面视觉感染等创作过程中的某一点或全部内容的思考和创意，通过这种策划性的思考和创意，使作品达到最优化的制作、播出和传播的效果。

狭义电视节目策划的主体一般是策划者个体，也可以是一个若干人的策划小组。策划者个体既可以是现任的电视台领导（他们往往是栏目与节目的直接领导人),可以是有丰富电视节目创作经验的退休领导和学者,还可以是社会上在某一方面有权威的学者,或是高校从事电视相关教学的教授和学者。

从某种意义讲,狭义电视节目的策划者是具体栏目制片人和该栏目或节目编导的"外脑",直接为具体栏目制片人和该栏目或节目编导服务。在狭义电视节目策划过程中,策划者是在栏目制片人和编导的直接关注下,帮助制片人和编导从事节目的创作活动。因此,狭义电视节目策划者虽然是策划的主体,但不是节目创作的主体,电视节目创作的主体仍是栏目制片人和编导。因此,策划意见、策划思路、策划方案采纳与否,采用多少,全然是由编导,尤其是制片人决策的问题。对于节目的策划者来讲,只管积极开动脑筋,尽可能多地提出思路、想法和创意,至于是否采纳,编导会根据栏目的特点权衡利弊。策划者要充分相信栏目制片人和编导的眼光和决策判断能力。在现实的节目策划中,有的策划者以为策划思路和方案一旦提出,栏目编导就应按照策划思路和方案去实施,不按其策划的思路实施拍摄方案,就觉得失面子、不受尊重,这种想法是错误的。策划者是策划机制中的主体,但不是节目创作的主体,编导是节目的第一责任人,策划者千万不要越俎代庖。

狭义电视节目策划的客体就是策划活动指向的对象,这一对象是指明确了定位和宗旨的栏目或节目的构思、包装资源的优化组合的实施方案。狭义电视节目策划的客体是策划的核心,这个核心有时是节目的一个点、一个环节,有时是一个结构框架或几个步骤,有时也可能是整个节目。为了全面了解和把握狭义节目策划,我们还是从策划整个节目的思路来作一个介绍。

狭义电视节目策划的内容主要包括解读栏目和节目的宗旨,解读栏目的结构或策划栏目的结构,寻访栏目和节目的选题,确定其主题,找准其切入口,研究构思节目,形成栏目的拍摄制作的策划方案等环节。节目策划活动中的这几个环节既是思维的过程,同时又是节目策划操作的步骤,前一环节是后一环节的基础,后一环节是前一环节的延续和发展。

第二节 狭义电视节目策划的程序

一、对狭义电视节目策划的解读

很显然,狭义电视节目策划是在栏目和节目的大方向已经明确的情况下所进行的策划活动,是一种有条件和有范围的策划。节目选题范围和节目结构已经确定,节目策划的着力点只能放在对节目主题的确定和提炼上,放在对节目画面进行编辑构思和对节目内容进行拍摄组织及剪辑实施等方面。这一策划的最终目的是为了使创作出来的电视节目能有最优化的拍摄、制作、播出效果,受到广大收视观众的喜爱并留下深刻的印象。

栏目的定位规定了栏目和节目的选题范围。例如,中央电视台原第七套节目的知名栏目《农广天地》,它的栏目定位就是一档将农业技术培训、涉农职业教育与提高农民综合素质融为一体的专题服务类教学节目。这就"限定"了栏目的选题范围主要是涉及农业行政、农业科研部门的,传播丰富、权威的政策法规、经济动态、农业科学技术的信息。

栏目宗旨规定了栏目传播的目的。《农广天地》栏目的宗旨是充分发挥电视媒体覆盖面广、传播速度快、表现形式生动形象的特点,更好地服务"三农",沟通城乡,统筹城乡经济和社会发展,以提高广大农业生产者和农民工的科技素质和劳动技能为重点,兼顾农业科技及市场信息传播,达到加快建设现代农业、增加农民收入、发展农村经济、推动城乡经济和社会协调发展的目的。因此,节目就要传授致富的技术,从种植、养殖、农产品加工技术,到各类农村劳动力转移技能培训,涉及面应有尽有。同时,由于传播对象是农民,就要求节目以实景拍摄为主,系统讲解,方便农民观众学习使用。这样才能达到节目提高农业科技成果转化率、农业资源利用率和深入开发农村人力资源的目的，力求实现科普、教育、培训、实用技术推广、信息发布等多重功能。在选题内容的策划上，要注重农业生产综合效益和农民劳动技能的提高。要想帮助农民致富，就得先教技术，栏目的选题要介绍科技含量高、投资少、见效快的种养业及农产品深加工的实用技术和农产品市场营销案例，并结合农村富余劳动力转移工作，进行农民工技能培训，从而形成《农广天地》栏目鲜明的农业教育与对农服务的特色。

栏目的结构和形式设置是体现定位和实现宗旨的载体。《农广天地》的栏目结构是专题结构，形式上以技术内容为核心划分段落单元，以夹叙夹议的方法引入主持人，对主体内容进行评述、强调、总结和提高。为了达到导视、导学和与观众互动的目的，结构和形式策划为夹叙夹议的段落专题。具体形式体现为片头、开场白、夹叙夹议的主体内容和节目结尾片花。片头（10～15秒）：片头起着提纲挈领、画龙点睛的作用，其画面表现栏目所包含的内容和主办单位的标志。开场白：主持人开场白介绍本期节目的主体内容及背景情况，揭示出节目内容与观众之间的内在联系。主体内容：某一主题以科教、科普、实用技术片（独立成集或系列节目中的某一集）为一个段落。夹叙夹议：主持人针对上一段落主体内容进行评述、强调、总结，以使观众加深印象，提高收视效果，并引出下一段落的主体内容。节目片花：在每一段落结束之后，加入本节目的片花和反映栏目宗旨的宣传用语。根据节目内容中技术环节的不同，每期节目划分为4～5个段落单元，各段落之间的衔接均按以上方式进行。

策划栏目的创新点是强化栏目质量和提高收视率的关键。《农广天地》节目要突出内容传播的实际、实用、实效、适时创新的特征，由此形成《农广天地》服务"三农"、兼顾城乡的特点。"实际"是指节目内容要针对性强，主题鲜明，对象明确，能够解决农业生产与经营当中存在的实际问题。"实用"是指推广农业实用技术，着重表现某项技术的重点或难点等技术环节，使观众看得懂、学得会、用得上。"实效"是指选择城乡群众共同关注的热点问题作为切入点，强调节目的适时性和时效性。"适时创新"是指充分发挥电视媒体的传播优势，创造新鲜活泼的表现形式，从而形成《农广天地》特有的栏目风格。

通过上面对《农广天地》栏目的分析，我们可以得知，在进行狭义电视节目策划的过程中，策划者首先应该了解并吃透所要策划的栏目或节目的定位和宗旨，这一点有点类似于广义电视节目策划里讲的项目解读，但又并不完全一样。狭义电视节目策划中所要吃透的栏目或节目的定位和宗旨，是有具体的、明确的内容和指向的。

二、狭义电视节目策划的步骤

狭义电视节目策划是在固定栏目和节目框架的前提下，从事指定栏目或节目的一期或多期的策划。这一策划过程从开始启动到策划方案实施执行，一般有下面五大步骤。

第一步是理解和吃透栏目或节目的定位与宗旨。正确理解和把握栏目或节目的定位与宗旨是策划进展下去的基础，理解栏目或节目的定位与宗旨越深入，对它的把握越准确，策划成功的可能性越大，栏目或节目的质量越有保证。

第二步是认真解读栏目或节目定位与宗旨下的选题范畴。符合栏目或节目定位与宗旨的选题范畴越清晰，后一步进行选题内容的选择时就越顺利。栏目或节目定位与宗旨下的选题范畴越广泛，具体选题策划时素材就越丰富。

第三步是解析栏目的结构。了解和把握栏目的结构框架，是为节目策划中组织安排素材服务的，因为结构是承载素材的重要载体，是素材表现的具体方式。

第四步是策划和寻找节目的具体选题，确定主题，找准切入口，这是狭义电视节目策划的关键一步。确定具体一期节目的选题是上面几步工作的结果。具体选题的策划是节目策划成功的基础。具体选题策划得好，主题提炼、切入口寻找和内容素材的择取都会比较轻松。

第五步是选择表现和反映选题主题的内容。素材内容的选取是策划中的重要环节，栏目和节目是否深刻、有个性、有特色、有感染力等，具体都反映在节目的素材内容中。选取内容之后,再进一步形成创作、拍摄、制作方案,并预测和了解播出后观众的反应,完成狭义电视节目策划的过程。

三、对狭义电视节目策划步骤的具体分析

1. 理解和吃透栏目或节目的定位与宗旨

狭义电视节目策划是在一定的范围内和一定的条件下进行的,也即在规定的栏目或节目的定位与宗旨下进行策划,因此,第一件必须做的事就是理解和吃透栏目或节目的定位与宗旨。

我们现在制作和播出的电视栏目与节目都是按照一定的节目内容和范围编排和播出,栏目与栏目、节目与节目之间表面上是以名称来区别,实质上是通过栏目或节目的定位与宗旨来进行内容的识别。定位与宗旨是一档栏目与节目区别于其他栏目与节目的本质所在,体现了栏目和节目的识别特征。定位与宗旨保证了电视工作者的采、编、播过程的系统化、条理化。从收视上讲,也方便观众收视、辨析、记忆和查阅。

在进行栏目或节目的策划之前,先看看我们要策划的栏目或节目是如何定位的,宗旨是什么。电视栏目和节目的名字,就像人的名字、人的脸一样,千人千名,千人有千张面孔。就拿中央电视台常见的16个频道来说,共有固定的栏目和节目200个左右,每一档栏目或节目都有各自不同的名字,有各自不同的定位和宗旨,从而确定了每一个栏目或节目存在的价值和空间。

当下,随着电视媒体自身竞争的加剧和新媒体的冲击,电视栏目和节目改版和调整的周期越来越短,创作栏目和节目的功利性越来越强。娱乐节目泛滥,真人秀节目扎堆,节目同质化严重,电视栏目和节目创作中原有的一些规律也在松动,一些规范在被创作者所忽视。一线的电视实践者越来越只关注节目收视率,不考虑节目的定位和宗旨,怎么通俗就怎么拍,创作的随意性很大。对于初学电视编导、电视节目策划的人来讲,要考虑长远发展,扎扎实实培养电视节目策划的能力,为今后的电视节目创

作生涯打好基础,在学习栏目和节目策划时,还是应该坚持以规范化的、经典的栏目和节目为标杆。因为当下不少新推出的电视栏目和节目都或多或少存在上述问题,所以,我们在具体分析狭义电视节目策划时,还是以中央电视台的一些比较经典的栏目作为案例。这些栏目和节目有的现在依然存在,有的因为时代的变迁已不再播出,但仍然还有学习和讨论的价值。

经典栏目《实话实说》是一档电视谈话类节目(国外称这类节目为"脱口秀",即 Talk Show)。若要探究中国较早的、最有影响的电视谈话类节目,《实话实说》一定是不能忘记的。《实话实说》的定位是谈话类节目,其宗旨是以群体现场交谈的形式,主持人、嘉宾、观众共同参与和直接对话,在叙述、讨论或辩论中各抒己见,增进各方参与者的交流和理解。

《读书时间》是一档文化类节目,其定位是介绍和解析新书的专门节目,其宗旨是倡导观众"多读书、读好书、提高读书兴趣",使栏目成为促进观众精神素养提高和文化品位提升的一个学习、传播的窗口。

《社会经纬》是一档法律节目,其宗旨是向观众普及法律知识,增强其防范意识,提高人民群众以法律为武器维护自身利益的能力,注重知识性、思想性和服务性。

《文化视点》最初的定位是文艺专题栏目,其宗旨是在坚持正确舆论导向的前提下,为文艺界提供一个文艺评论、文艺批评的空间。后来进行了改版,在主持人、内容、风格上均有了创新,定位上也稍微作了调整,成为一个文化专题节目。调整后的节目仍采用主持人访谈的形式,邀请文化界名人与热心观众参与,对文艺、影视等文化现象开展讨论,旨在传播文化知识,引导文化消费,提高文化品位等。

《精品赏析》是一档揭示影视精品创作规律的学术性谈话节目,其宗旨是对中央电视台近期播出、在国内外有一定影响或在国内外获得相关奖项的精品节目、栏目及优秀影视作品进行赏析。旨在用电视的手法,展示创作经验,揭示艺术规律,从而达到宣传精品、增强编导精品意识、提高观众欣赏和审美品位、推动精品战略的实施与发展的目的。栏目风格寓学术性于趣味,寓高品位于平实。

《戏曲采风》是经典戏曲栏目，其定位是知识性戏曲专题栏目，其宗旨是展示中华戏曲艺术的历史渊源，反映戏曲艺术工作者为戏曲的形成和发展所付出的努力及取得的辉煌成绩，让更多的人了解和热爱祖国的优秀传统文化艺术。

《银屏歌声》是音乐栏目，其最初定位是传播中外影视歌曲的编辑、欣赏性节目，宗旨是面向广大电视观众，介绍传播中外影视歌曲佳作，达到"以歌言志，以歌传情"的目的，后经过调整，增加赏析性、访谈性节目，栏目宗旨调整为"听歌里的故事，看故事里的歌"。

2. 认真解读栏目或节目定位与宗旨下的选题范畴

在理解栏目或节目的定位与宗旨的基础上，要认真解读栏目或节目定位与宗旨下的选题范畴，把握选题的选择范围。从一定程度上讲，策划者对选题范畴解读得越透彻，把握宗旨就可能越到位，选题的范围就越广泛，节目的选题和选题素材就越丰富，编导进行节目拍摄时就越容易。比如，经典栏目《读书时间》，它的宗旨是简单的十二个字："多读书、读好书、提高读书兴趣"。因此，节目的选题范畴很清楚，就是书，还要是好书。那么，什么是好书？有意义的书、有时代特征的书、有学术价值的书、畅销的书甚至有争议的书，以及编导认为值得推荐一读的书，这些书都可能是好书。这样一来，节目选题的范畴就勾画出来了。

"多读书、读好书"，是不仅要自己读，更要大家读。大家读，就要强调交流。交流的形式很多，比如观众与观众的交流、作者与观众的交流、编辑与观众的交流、嘉宾与观众的交流。交流什么呢？显然是关于书的话题。为什么说这书是好书？好在什么地方？这就引发和展开了关于书的交流。进而还可以交流读书体会、畅谈创作特色、分析艺术风格、辨析社会价值、分享"读好书"的收获。同时，"好书"在一定意义上都有两个故事，即书里面的故事和书外的故事。从书里的故事，可以引出书外的故事。这样一来，又给策划开辟了选题的空间与领域。通过对《读书时间》宗旨的十二个字"多读书、读好书、提高读书兴趣"进行解读，关于节目选题范畴的思路打开了，接下去节目创作的难度就不会很大了。

又如《社会经纬》也是一档经典栏目，它的名称含有某种哲理，同时也有启示性。它的定位是普法类栏目,它的宗旨是普及法律知识,增强防范意识,提高人民群众以法律为武器维护自身利益的能力。

要普及法律知识,就必须先说法,说法要生动、形象,就必须举"案"说法。说法只是知法,在知法的基础上还必须懂法,以法去明辨是非,明白什么是合法权益,什么是违法,从而用法来规范自己的行为。知法、懂法的落脚点和最终目的是守法。法既是规范自己行为的准则,同时也是维护自身利益的武器。随着社会法治的规范化,法与人的联系越来越密切,可以说,法就在我们身边。

《银屏歌声》最初是一档对中外影视歌曲进行编辑欣赏的节目,以"以歌言志,以歌传情"为宗旨。一个阶段后,栏目调整宗旨,从"以歌言志,以歌传情"改为"听歌里的故事,看故事里的歌"。虽然栏目的内容仍是向广大电视观众介绍中外影视歌曲佳作,但由于栏目宗旨发生变化,定位就从原来的单一编辑、欣赏性音乐节目,变成了带故事情节的创作性节目,选题的范畴也从原来的中外影视歌曲佳作,变成以带有故事或情节的中外影视歌曲佳作为主,由此对选题范畴作了精炼,为后续节目创作带来一系列大的变化。

3. 解析栏目的结构

为了能在一个规定的时长内,有序、有效地编辑节目的内容,为了使这些内容能充分有效地反映栏目的宗旨,为了使栏目能够从多角度编制,便于创作,一般会以素材内容属性的相同或相似为基础,将其有机集合于各个小栏目、小板块中,以若干个小栏目、小板块构成一个整体性的框架,这个整体性的框架就是栏目的结构。

明确了栏目的定位和宗旨,就大体上给策划栏目、实施栏目的编导框定了一个相对明确的选题范围。要把众多的素材内容,按照所要反映的主与次、重点与次重点及非重点的内在逻辑编排起来,就必须设计一个合理的、能够承载相近素材内容的载体。下面简要地分析一下上面举出的三个比较经典的栏目,其结构是如何策划和设计的。

《读书时间》是一档以"多读书、读好书,提高读书兴趣"为宗旨的栏目。

要"多读书",就要多介绍新书,介绍有意义的书,介绍有时代特征的书,介绍有学术价值的书,介绍畅销的书,甚至介绍有争议的书,等等。这样一来,一个专门介绍书的板块就出来了,可以取名为"书讯快递",也可以叫"新书快递"。《读书时间》的第一个小板块就诞生了。

刚才提到,"多读书、读好书"不仅要自己读,更要大家读,强调交流,通过交流去读更多的书,于是便有了观众与观众的交流、作家与观众的交流、编辑与观众的交流、嘉宾与观众的交流,这就有了另一个小栏目——"读书沙龙",或者"聊书吧"。《读书时间》的第二个小板块也诞生了。

要"读好书",不仅要读那些值得一读的书,更要知晓它为什么是好书、好在什么地方(创作特色、艺术风格、社会价值)。主持人可以带着这些问题,在与作者、编辑、嘉宾、观众的交流中碰撞出火花,从而形成栏目的第三个小板块"读书点题"。

一本好书不会是孤立的,它必定与社会、历史、时代相联系。每本好书都会有两个故事,一个是书里的故事,另一个是从书里延伸到书外的故事。作家在写书的过程中一定会有许多动人的故事,与此同时,人们在读了一本好书以后,也往往会"读书里的故事,想书外的故事"。于是又有了栏目的第四个小板块"书里书外"。从书里到书外,是读书的收获,是修养的升华。

通过对《读书时间》栏目结构的解析,可以看到一个比较清楚明了的、由四个小板块组成的栏目框架。这一框架融合了栏目的知识性、思想性、学术性、欣赏性及服务性,观众通过收看节目,一定或多或少会被关于书的内容所感染,提升读书兴趣。

《社会经纬》的宗旨是普及法律知识,增强防范意识,提高人民群众以法律为武器维护自身利益的能力。"提高人民群众以法律为武器维护自身利益的能力",这本身是一个严肃的宗旨,但要充分实现宗旨,栏目必须以轻松的、群众喜闻乐见的节目形式出现,让观众易于接受,乐于接受。

普法、说法,要想做到生动、形象,必定离不开具体的、与群众生活息息相关的案件的介绍,这样一来,一个小板块就出来了——"举案说法"。

仅仅用"举案说法"让群众知法还不够,还必须让群众懂法,强化什么是违法、什么是守法的认识,进一步增强判断是非的能力,提高守法意识。

因此,在"举案说法"的基础上可以衍生出另一个小板块——"是非公断"。

知法、懂法的落脚点和最终目的是守法。人民生活时时处处都和法与规范发生着联系,这样就有了第三个小板块——"法在身边"。

在进行法律知识普及、帮助观众排忧解难、实施法律帮助的过程中,会涉及法制信息、动态与反馈的发布——"经纬专递"。

通过对《社会经纬》的分析与解读,一个层次分明的栏目结构就明朗化了:"举案说法""是非公断""法在身边"和"经纬专递"四个小板块即四个小栏目共同构成了《社会经纬》这个栏目。

《银屏歌声》在宗旨改为"听歌里的故事,看故事里的歌"之后,栏目从单纯的编辑性专题变成了有故事的创作性专题,从单一性主题变成了多元主题,从一味的言志传情走向叙述歌里歌外的故事,从欣赏性栏目结构变成欣赏加人文访谈的综合性结构。作为一个多视角、大容量的影视音乐栏目,在栏目内容中,影视经典、名人趣事、影视乐坛新人或新作等元素必不可少。因此,向观众展示影视佳作方面,设置了"经典"这一小板块;在介绍与影视音乐相关的名人趣事方面,设置了"影视乐谈"小板块;在传播影视音乐文化方面,设置了"音乐蒙太奇"小板块;在回顾中外影视历史,访谈当今影视乐坛新人或新作方面,设置了"时代之歌"小板块。这样一来,栏目的新的结构蓝图就勾画了出来,它有机地集合了"时代之歌""经典""影视乐谈""音乐蒙太奇"四个小板块,同时还把"知识与欣赏""历史与时代""人与社会"融合于栏目之中。

4. 策划和寻找节目的具体选题,确定主题,找准切入口

在正确地、全面地理解和把握了栏目或节目的定位、宗旨、选题范畴、结构的前提下,我们就要进行实质性的节目策划,开始进行具体选题的寻找、节目主题和节目切入口的确定等几项策划工作。

寻找具体的选题一般说来需要与确定主题联系在一起考虑。主题有时是在寻找到选题内容后确定的;有时是在确定了主题后,再去寻访选题内容来丰满主题;有时是一边寻访选题内容,一边思考确定主题。

寻访选题与确定主题是节目是否能够成功的决定性的一步,这一步的策划工作做得越细,思考得越周密,节目成功的把握就越大,在实施具体拍

摄、剪辑的过程中,就能够做得越快、越好、越轻松。

接下来,我们选用一个比较经典的新闻报道案例,来具体分析一下如何寻找具体的选题、确定主题和找准切入口。

在中央电视台新闻评论部的节目制作播出史上,有一期震惊全国的"山西假酒事件"。当时这一事件是轰动一时、全国各大新闻媒体竞相报道的热点,但中央电视台以行动最快、报道最早、角度新颖、体裁多样等特点,充分展现出了电视新闻节目策划的优势。分析这组报道的成功,可以看到策划如何找准切入口,以及用"求新思维"把握新闻主题和角度,起到了非常关键的作用,而"求异思维"又使这组新闻在报道形式上有所突破。

(1) 寻找栏目和节目具体的选题

农历大年三十除夕夜,中央电视台新闻评论部策划组偶然看到一则刊登于山西某小报上的新闻消息——山西灵丘发生饮用假酒致死事件。看到这条消息,新闻评论部策划人员马上意识到消息的题材价值,连夜派出记者,前往事发地踩点调查。记者火速赶赴山西假酒中毒事件最严重的地区——灵丘县,并把一路上的所见所闻汇报给策划组。一路上夜色深沉,但道路两旁农家村舍几乎都挂着大红灯笼,夜空中不时升腾起一串串耀眼的烟花。这一切与得知灵丘县老百姓深受假酒毒害的沉痛心情形成强烈的对比。采访中,记者了解到,在这个除夕夜,灵丘县中断了其他电视节目,一直在播放县里的紧急通知。策划组由此联想到记者路上的见闻和感触:家家户户挂着大红灯笼,播放着热闹的春节联欢晚会,却突然被一条紧急通知打断,欢欢喜喜的歌声、笑声变成了播音员沉甸甸的播报。这一切,恰恰是对事件突发性的最佳描述。策划组敏锐地感觉到这是一个大题材。确定此题材后,策划组马上对此新闻题材该如何报道进行了策划。

(2) 正确把握新闻主题,巧选新闻切入口

一则消息如何寻找一个引人注目、发人深省的开头,造成一种先声夺人的气势,是决定新闻报道成败的重要因素之一。山西假酒中毒事件的报道,没有像以往的事件报道那样,先报道结果,再说明情况,然后报道处理结果,而是注重了事件报道的自身特点。

策划组敏锐地抓住了这种强烈对比对人的心灵造成的冲击力,首先推

出第一条开篇新闻《山西发生特大假酒中毒事件》:"今年1月27日是农历除夕,山西省灵丘县突然中断当晚电视上正在播放的春节联欢晚会节目,所有的频道都显示出一条紧急通知:朔州市有17人因饮用文水、清徐两地生产的散装白酒造成死亡。据调查,假酒已卖到灵丘,请全县人民立即禁用这种散装酒,并相互通知其他人。"伴随着播音员低沉的嗓音,电视画面先是出现夜晚农家门前两个亮堂堂的大红灯笼,然后是农家电视正在播放的春节联欢晚会节目,紧接着是电视屏幕上出现的紧急通知。这一组对比鲜明的画面,加上解说词,对人们的心理产生了强烈的冲击,一下子抓住了观众的注意力,揪住了人们的心。

《山西发生特大假酒中毒事件》这则新闻,不仅在开篇上运用了强烈的对比,而且在整个片子中始终贯彻了这一思路。从热闹的街市、大红的灯笼,切入医院的抢救,再转到受害者家中一张张全家福照片;从贴在门上的大红对联、盛开的鲜花,再转切到中毒群众痛苦的神情……这一组组画面的组接和多次运用,伴随着解说词的展开,把"几家欢乐几家愁"的情绪,渐进地推向了对造假者深恶痛绝的情感高潮。策划组一方面把握住了新闻事件本身,另一方面把观众对事件的关注度聚集了起来,造成情感的冲击。第一条开篇新闻制作完成后,策划组又继续跟进,策划新闻事件新的切入口。

(3) 挖掘独特的视角

学新闻和传媒的人都应该了解,在20世纪60年代,有一则名为《为了六十一个阶级弟兄》的著名新闻报道。这篇新闻报道一直是新闻突发事件报道的典范,后来的几乎所有关于天灾人祸的事件报道,都是遵循着救死扶伤、领导关怀和涌现英雄人物的模式进行的。这样的报道处理往往容易忽视事件本身,让重要的新闻事件显得不那么重要,重点反而转向了救死扶伤、领导关怀等过程的报道上。当然,救死扶伤、领导关怀也应是事件报道的重要内容,这样的新闻报道和处理也可以说是客观的。但是,这次策划组没有沿袭上述新闻报道模式,而是策划挖掘独特的视角,从关注新闻事件本身入手,注重对事件的描述,加大对特大假酒中毒事件的报道。报道的策划更多地立足于一种寻根溯源的思考,以回答观众从关心的角度提出的"为什么"的问题,并用新闻事实做出客观的回答。

假酒中毒事件,从20世纪90年代初黑龙江一案开始,几乎每隔几年都会发生,相关事件频频见诸报端,因假酒中毒身亡的人数累计近百人。原国家技术监督局、工商局等七部委早就联合发布《关于加强甲醇及非食用酒精产品管理的通知》,对甲醇的管理和使用进行了严格的规定。如果有关部门和人员严格按规定要求办,这样的悲剧原本是可以避免的。那为什么还是发生了?为什么每次都缺少各级各类人员的重视?循着这条策划思路,记者在采访中进行了大量的调查,发现甲醇的管理在当地根本不存在,而造假酒的人对甲醇的了解更是愚昧无知到了极点。在这种局面下,悲剧的发生自然在所难免。

从悲剧本身可以避免,再到悲剧不容重演,就形成了这起事件连续报道的主题思想。根据这一思想,第一条新闻《山西发生特大假酒中毒事件》在2月5日的《新闻联播》中播出后,当晚的《晚间新闻》又跟进了一条新闻背景报道《甲醇流失是假酒中毒事件频频发生的重要原因》。再到后来《新闻评论》也进行跟进评说。

记者在采访中还了解到一个人物,又一次获得了重要素材。一名叫岳颂乐的当地工人,在假酒中毒事件发生后的第三天,一边看着电视里不断播放的紧急通知,一边不以为然地喝下了手中的假酒:"自己喝了那么多年酒都没事,这次难道就会出问题?"然而,问题就出在这杯酒上。他喝酒后的第二天便中毒身亡,丢下了年轻的妻子和幼小的孩子,还有已盖了一半的新房。这一悲剧足以引发人们对假酒事件进行更深入的思索。

(4)策划组织报道的形式

对于这次事件,在报道形式上,策划组也进行了缜密的设计,形成了一个系列化的组合报道,先后运用了消息、新闻背景报道、新闻评论,最后汇总为新闻大特写的形式,对事件进行了全方位、多视角的剖析。从新闻《山西发生特大假酒中毒事件》,到综合新闻报道《山西不法分子制售假酒导致27人中毒死亡》,再到新闻背景报道《甲醇流失是假酒中毒事件频频发生的重要原因》,再升级为新闻评论《山西假酒事件的启示》,最后到新闻特写《总书记牵挂山西中毒群众》和《党中央、国务院关心山西假酒中毒群众》。

5. 选择表现和反映选题主题的内容，形成创作、拍摄、制作方案，预测和了解播出后观众的反应

素材的选择没有固定的思维套路，但应该尽量从正面入手，全面展示人、事、物的内容，做到内容与思想、内容与情感的融合。注意不要贪多求全，节目素材内容包括的面太广，可能会导致肤浅和扁平化。素材众多、涉及面广的节目，策划者一定要谨慎驾驭，紧扣主题要求。而在素材内容少或者比较单一的情况下，策划者更要把握好主题的深刻性，强化素材内容的个性特色，注意细节的挖掘。

中央电视台曾经策划创作过30集大型系列节目《中国家庭》，这是一个选题素材面很广的节目。面虽大，但主题很鲜明，即通过一个个具体的家庭，来真实生动地反映出我国社会发生的巨大变化和时代的精神风貌，形象地折射出全国人民在改革开放政策指引下，日子一天比一天红火的喜人情景。

家庭是社会的细胞，是时代的缩影。中国人对家庭比任何民族都重视，了解家庭是了解中国的一把钥匙，不了解家庭就不能了解中国。有关家庭题材的电视专题片已拍过不少，但出色的并不多。分析其原因，就是策划不到位，策划者在主题及内容策划上出问题，要么是彻底"原生态"地记录生活，要么是不加选择、拉拉杂杂地拍摄一些家庭生活琐事，没有把握主题，深入挖掘题材。

《中国家庭》这部片子在强调反映生活真实的前提下，通过运用自然、朴实的拍摄手法，展现了我国城乡普通家庭的生活和精神风貌，如实地反映了其中蕴涵的人文景观，从而使节目的主题——"健康的家庭和家庭的健康"得到了准确体现。这部片子中众多的家庭，虽然分布在我国的四面八方，并有着各自不同的情况，但有着一个共同点，就是每个家庭中都充满深情、挚爱和温馨。这也是中华民族的优良传统，是产生巨大向心力和凝聚力、推动社会不断前进的源泉。

其中有一集题目是《归宿》，拍摄的是一个犯人刑满释放回家后，在家

人的真情挚爱的感化下,脱胎换骨、重新做人的故事。这是一个比较难于驾驭的题材,只有在对主题有着深刻理解的基础上才能把握。

在素材的策划上,节目组的同志通过深入实际,捕捉到许多让人为之动容的情节。比如,节目的切入口确定为主人公释放返回家中时,凝视期盼着他的妻子和等待着父爱的女儿,由此细节展开故事的叙述,意图表现家庭的亲情使主人公的内心受到了强烈震撼,帮助他消除了积存在心头的、可能诱使他重新犯罪的旧怨,下决心痛改前非。又如,通过对主人公与家人揉面、蒸馒头、卖馒头等日常生活情节的细腻描述,形象地告诉人们:在人生的道路上,主人公已迈出了崭新的一步。主人公在吃年夜饭时有感触地向妻子说了一句话:"喝孔府家酒,叫人想家。这句广告词真好。"这句话捕捉住了动人心弦的细节,充分体现了编导在把握主题方面所下的功夫。这些情节的精心编织,让节目产生了很好的效果。

由上述内容可知,把握主题,对节目内容进行选择、剪裁,对节目成败十分重要。

在形成方案进行拍摄之前,策划还应遵循具体内容具体分析的原则,必须不断自问"这些构思是否适合电视表现、适合当下的制作条件"。电视是一种形象的工具,需要有能够吸引人、感动人的画面,应寻找到适合反映主题、符合节目审美取向的形象化的素材内容。

选择形象化的画面内容时,除了考虑实施的可能性,还必须兼顾播出后观众的反应,要尽可能地调动起观众的情绪。诚然,在节目之中,有思想、有品位、有启迪性和艺术性的内容,肯定是会受观众欢迎的,但内容更需要切中人的心灵,切中人的"情"。

浙江杭州《西湖博览会开幕式文艺晚会》节目就很好地把握住了这一点。晚会以历代志士仁人、文人骚客吟咏西湖的诗词佳句为文化底蕴,以杭州人为之骄傲的西湖为主线,以"住在杭州、游在杭州、生活在杭州、创业在杭州"为主题,有机地融合了"忆江南,最忆是杭州""日出江花红胜火,春来江水绿如蓝""水光潋滟晴方好,山色空蒙雨亦奇。欲把西湖比西子,淡妆浓抹总相宜"这些江南情结和西湖情结,把"忆江南,最忆是杭州"的情绪充分调动起来,让没有来过杭州的人向往杭州,让来过杭州的怀念杭州,让杭州人更加为生活在杭州而自豪。

本章思考与练习

1. 简述狭义电视节目策划的含义。

2. 结合实例,谈谈节目与栏目的定位和宗旨在电视节目策划中的作用。

3. 举例说明如何策划电视节目,如何寻访选题、确定主题、找准切入口,由此对各电视台有关某一热点事件的新闻节目进行对比分析。

第六章

电视新闻节目策划

🎥 学习目标

掌握电视新闻的概念以及电视新闻节目的分类。

了解电视新闻策划的由来及发展历程,通过学习电视新闻节目策划实例,了解电视新闻节目实践中融入的策划要素,明确电视新闻策划的着力点。

🎥 关键术语

电视新闻节目策划

第一节 电视新闻节目概述

一、什么是电视新闻

1990年7月,中国广播电视学会电视学研究委员会和中央电视台牵头,组织电视新闻理论工作者和实践工作者,根据当时电视新闻实践的发展,对电视新闻作了一个界定:"电视新闻是以现代电子技术为传播手段,以声音、画面为传播符号,对新近或正在发生、发现的事实的报道。""以现代电子技术为传播手段,以声音、画面为传播符号",界定了电视新闻与广播、报纸、杂志新闻的不同:"以现代电子技术为传播手段"区别了电视新闻与印刷媒体即报纸、杂志新闻,"以声音、画面为传播符号"区别了电视新闻与同属电子传播的广播新闻。这两句话对电视新闻的界定无疑既简明扼要又概括到位。

"对新近或正在发生、发现的事实的报道"是对电视新闻所拥有的新闻共同属性的界定。陆定一在延安时期说,"新闻的定义,就是新近发生的事实的报道"。这一定义与美国新闻学者约斯特的界定——"新闻是已经发生或正在发生的事情的报道",都强调了事实是新闻的本源。新闻是报道,属于意识、观念形态领域,是第二性的,事实是第一性的。我国著名新闻记者范长江在这一定义基础上,又从接受者角度作了补充:新闻是广大群众欲知、应知而未知的事实的报道。这就强调了不是所有最近发生的事实都能构成新闻,只有其中为群众所关心、想知道的事实才是新闻。

上述的新闻或电视新闻的定义,尚不能解释现在丰富多彩的电视新闻报道的形式和报道所具有的深刻意义。特别是 1993 年 5 月 1 日开播的《东方时空》、1994 年 4 月 1 日开播的《焦点访谈》,分别以新闻杂志性栏目和新闻评论性栏目的形式推出,彻底改变了新闻报道的形态和新闻的某些观念。它们的出现是新闻史和电视新闻史上的一大变革,直接动摇了电视新闻的定义乃至新闻史上新闻的定义。

从某种意义上讲,1990 年 7 月由中国广播电视学会电视学研究委员会和中央电视台牵头对电视新闻作的界定无疑是正确的。但随着《焦点访谈》等一批节目的推出,电视新闻发展变化很大,用当时的电视新闻定义只能解释目前比较公认的三大类新闻节目——消息类新闻节目、专题类新闻节目和评论类新闻节目中的一类,即消息类新闻节目,如《新闻联播》《现在播报》《晚间新闻》《时事纵横》《新闻 30 分》等。而对专题类新闻节目、评论类新闻节目,例如《东方时空》《焦点访谈》《世界报道》《新闻调查》等,用上述的电视新闻定义解释起来就显得底气不足,因为从《东方时空》《焦点访谈》《世界报道》《新闻调查》这类电视新闻节目中,可以清楚地看到新闻报道的重点已经不是消息类新闻节目的报道重点即"何时""何地""何人""何事",而转向"为何"发生及还将要发生什么的探讨上。例如,《焦点访谈》曾播出过一个题为《让菜价有个谱》的新闻节目。有一个阶段菜价涨幅过高,很多居民不明真相,认为政府对群众的生活不问不管。菜价问题是当时城镇居民极为关注的新闻热点问题,是与生活密切相关的问题之一。改革开放以来,政府尽最大的努力解决民生问题,恰恰当时在这方面群众意见最大、牢骚最多。表面上看这是一对矛盾,如何理解、认识这对矛盾?问题症结在哪里?记者通过深入探访,采访了物价部门、菜农、市民、菜市场的摊主,分析了菜价上涨的原因,在掌握大量材料的基础上思考,对问题有了深层次认识。通过正确的宏观把握,高屋建瓴地精选材料,以生动典型、有说服力的事实,报道了政府为压制物价所采取的种种措施。把这种思考认识传达给观众,让观众也能认同,起到了沟通政府与群众的作用。

所以这篇电视新闻报道的重点已经不是"何时""何地""何人""何事"而是菜价"为何"上涨,分析了存在的复杂原因,指出政府已做了工作,还将继续做。

这样的例子还很多,许多专题类新闻节目、评论类新闻节目都是交代新闻背景、告诉受众新闻事件的起因、意义与影响的新闻节目。

新闻要素的五"W",即"何时""何地""何人""何事"及"为何"告诉我们,电视新闻要解决两类不同性质的问题,一类是"何时""何地""何人""何事"即"是什么"的问题,而另一类是"为何"即"为什么"的问题。

随着时代的发展,特别是现代技术手段的发展,观众已不只是想知道和了解世界新近或正在发生、发现的事实,他们还要知道和了解客观存在的但尚未被人们认识的事实,即"为何"发生和还将要发生什么。电视新闻已远非人们原来习以为常的形态,观众强烈的参与意识迫使电视人必须重新审视什么是电视新闻,重新选择报道的方式。

二、电视新闻节目的分类

按照《中国应用电视学》的划分,电视新闻节目有三大类:消息类新闻、专题类新闻和言论(评论)类新闻。① 电视新闻节目还有狭义和广义之分。狭义的电视新闻节目通常是指中央电视台《新闻联播》等消息类新闻报道，广义的电视新闻节目则是荧屏上所有以传递新闻信息为任务的各种新闻节目的总称，它既包含消息类新闻，也包括专题类、言论类新闻。

消息类新闻节目指的是迅速、广泛、简要地报道国内外最新发生的事态的新闻报道节目形式。消息类新闻节目是电视新闻实现国内外要闻汇总的主要渠道，是观众了解国内外大事的主要窗口。《新闻联播》是消息类电视新闻的代表，它天天和观众见面，传播面广，影响大，它是我国电视收视率最高、影响最大的节目。各省、市电视台也有类似的消息类新闻节目，它们是本省、本市的骨干、核心节目。

消息类电视新闻节目具有迅速、简要、客观、广泛的传播特点，它充分体现了电视新闻的时效性、真实性特点。

专题类新闻节目则是对新闻事实作详尽的有深度的报道。节目时间长，内容丰富、深刻，信息量大。选题往往是社会上人们关注的、议论纷纷的热点、难点、焦点问题。要求记者能在事实的基础上，对事实、对问题作出分析，以自己精辟的分析、独特的见解引起观众深层的思考。

言论类即评论类新闻节目主要是通过对新闻事实的分析，发表议论，阐述道理，鲜明地提出电视台或评论者对当前具有普遍意义的事实的看法。它是电视新闻的旗帜、灵魂。

专题类、言论类电视新闻节目是电视作为舆论中心在节目中的具体体现，也对电视记者提出了更高、更全面的要求。从电视新闻发展趋势看，专题类、言论类新闻节目是开掘电视新闻思想深度的主渠道，具有广阔的发展前景。

从新闻的最基本的五要素，即"何时""何地""何人""何事"及"为何"出发，可以把电视新闻节目分为两类：

一类是以重点报道"何时""何地""何人""何事"为主的新闻事件性的新闻报道节目。这类新闻报道节目以传播事实或信息为主体，如中央电视

---

① 朱羽君，等.中国应用电视学[M].北京：北京师范大学出版社，1993.

台《新闻联播》《晚间新闻》《新闻30分》等。此外，以信息服务为主要功能的信息、教育、体育和生活服务类的节目，如《体育新闻》《高考信息》等，也以传递时效信息为主，对这类信息类新闻节目，原则上还是把它们归类为以传播事实或信息为主体的新闻资讯类节目。

另一类是以重点报道"为何"为主的新闻意义性的新闻报道节目。这类新闻报道节目以传播事实或信息的意义为主体，如中央电视台的《东方时空》《焦点访谈》《新闻调查》等。这些新闻专题类、新闻评论类节目的报道重点都不是"何时""何地""何人""何事"。

第二节　电视新闻节目策划

20世纪90年代后期，电视新闻节目策划开始在我国兴起，它的产生原本是为了改变以往计划经济环境下新闻报道中存在的一些问题，如形式主义、枯燥乏味等，目的是通过提高电视新闻节目的报道质量来吸引受众。《中国广播电视学刊》1998年第1期发表河北大学新闻系李广增和复旦大学新闻系谢金文的两篇文章，对"电视新闻策划"提出异议。文章说：新闻不需要策划，一件事情发生了，你觉得它有新闻价值，写成新闻，报道出来就行了，何用策划？新闻写作虽然有主观的参与，但事实绝不是任人打扮的大姑娘，新闻毕竟是客观的，它需要的是"清水出芙蓉，天然去雕饰"。文章还说：需要策划的是宣传，宣传是向受众传播一定的观念，必然带有较强的主观性，同时不要求那么强的时效性。

随着新闻实践中策划活动的广泛展开，新闻策划的含义已被泛化，因而学界对它的产生动因也有不同的看法。有些学者认为策划是媒介为追求轰动效应而产生的，是一种不合理的媒介现象，摒除新闻策划势在必行。还有些学者则认为新闻策划是新闻竞争的产物，如今的社会是一个信息爆炸的社会，如何在信息洪流中选择群众最需要的信息，以最佳的方式在最佳时机报道出来，这决定了媒体能否在激烈的竞争中占有一席之地，因此新闻策划就产生了,并被视为新闻竞争的成功经验。随着电视新闻节目策划实践不断发展,反对的声音已经日趋寥落,而赞同的声音则如雷贯耳,而且在理论上已经不仅仅局限于对它的必要性的讨论了,更多学者放开眼光,认为新闻策划的目的不是制造新闻,而是更好地配置和运用新闻资源,把节目办出特色,对新闻策划的特性、程序、规律以及来自编采人员的创意规律,对人财物的配置与各种新闻手段的运用、节目内部机制的运作等问题都作了有意义的研究。

一、电视新闻节目的策划问题

电视新闻节目是否能策划?

在开始阐述之前先引用一段唐·休伊特在美国公共关系和教育学会发表的演讲:"我愿意相信,如果广播电视的奠基人——哥伦比亚广播公司(CBS)的比尔·帕里、美国全国广播公司(NBC)的戴维·萨诺夫和美国广播公司(ABC)的里奥纳多·高尔登森仍活在世上的话,他们将会维护自己一贯的信条:新闻就是新闻,娱乐节目就是娱乐节目。模糊两者之间的界限通常都是不诚实的行为,那样的东西一定不会是好节目。今天的人们早已无数次地越过这个界限,没有人会因此大惊小怪。在多如牛毛的所谓'新闻'杂志和千篇一律的'脱口秀'(谈话节目)中,几个不甘于流俗的'异种'显得是那样的孤单。美国三大电视网曾经依赖品位卓尔不群、重大事件优先的新闻法则才得以成为新闻业的巨人,但绝大部分的这种法则今天已经不复存在,而且似乎没有人在乎这一点。"也许休伊特的话有一点"过火",但是他至少已看到电视新闻已经在发生大的变化。

电视新闻节目的实践推动着人们去重新认识和完善电视新闻节目的定义和理论。电视新闻节目的实践中已经涌现了许多新的"东西",仅从电视新闻的报道形式上讲,从原来资讯报道的"影像新闻""口播新闻""图片新闻""字幕新闻",发展到现在的"现场报道""新闻直播""新闻系列报道""新闻连续报道""深度报道"等,相信随着科技和电视新闻实践的发展,还会有更好的电视新闻报道形式的出现。

　　改革开放推动社会的进步，社会生活也出现一系列新问题、新变化。群众在观察与思考着，也要求新闻媒介能深刻反映和揭示这一社会进程，能担负起对社会问题、社会现象的认识、思辨功能。电视新闻报道不仅报道国内外发生的新闻，同时也要对事物作分析、解释。记者面对多因果的复杂的事物、现象，通过对有关政策、方针的了解，通过对大量事实材料的深刻分析，从全局、整体上对事物有宏观认识和把握，才能对事物作出正确的评价。从宏观认识的基础上去选择、驾驭具体材料，才能使报道不仅抓住本质，还具思想深度。如果我们一味就新闻事实就事论事，而排斥对大量事实材料作深刻分析、解释、归纳，也违背电视新闻的原则。新闻理论工作者的使命之一，就是要建构现代新闻的理念。因此，新闻节目的策划涵盖所有与新闻信息传播活动有关的行为，是新闻报道与新闻资源的整合性策划。

　　因此关于前面提出的问题，我们的回答是：电视新闻节目既不能简单断言不能策划，因为在电视新闻节目中的确存在许多需要策划的"东西"，同时也不能简单回答能策划，因为在电视新闻节目中也存在不能策划的基石即新闻事实，新闻事实是新闻的"基石"，它来不得一丝一毫的虚假。除了新闻事实和新闻内容，构成电视新闻节目的其他要素如报道的形式、主题的挖掘、切入点、新闻编排等都是可以策划的。而且为了更好地传播新闻事实，提高传播的影响力，提高传播的有效性，我们在进行新闻报道的过程中是必须要策划的。尤其在当下的信息爆炸时代，信息来源和信息渠道多元复杂，加上新媒体、微媒体的海量涌现，新闻信息源错综复杂，此刻，如何把握新闻舆论的主战场，如何提高新闻内容的质量和传播影响力，如何引领主流文化和主流价值观、传播社会的正能量，这一切都需要我们更新传播的理念，对每期新闻节目进行具体的策划，这样才能使新闻节目在传播中起到更新观念、转变理念、提高修养、升华情操、纯洁心灵的作用，真正发挥传播的正能量效应。

二、电视新闻节目策划案例

在我国的电视新闻节目实践中,许多方面已运用和融入了策划的要素。

1. 许多名牌新闻栏目是精心策划而得,其栏目的定位、宗旨也是策划的结果

以《东方时空》为例,《东方时空》栏目也有一个策划的由来。原中央电视台台长杨伟光在《正确处理新闻理论与实践的十个关系》一文中讲到,丁关根同志主管中央宣传工作以后,多次提出新闻界要抓热点问题的报道,而那时中央电视台的新闻中还没有一个每天与观众见面,报道政府重视、群众关心的社会热点问题的栏目。在中央领导的提议、广大电视观众迫切需要的背景推动下,中央电视台新闻中心积极策划和创办了第一个早间新闻杂志性栏目《东方时空》。1992年12月,中央电视台新闻中心临时抽调三人,组成《东方时空》策划组。两个星期后,策划组人员增加到七人。策划组经过讨论,确定了栏目的基本定位和宗旨,并及时将栏目推上了央视荧屏。《东方时空》栏目播出后,一炮走红,很受电视观众的欢迎,栏目组再接再厉,又成功策划推出了《焦点访谈》栏目。

《焦点访谈》是《东方时空》中的一个子栏目"焦点时刻"的策划扩充版,是又一个电视新闻栏目成功策划的范例。《焦点访谈》是一档新闻评论性栏目,自1994年4月1日开播至今,栏目宗旨是"用事实说话",跟踪重大新闻事件,展示广阔的社会背景,倡导舆论监督,一直是中国新闻评论性栏目的标杆,深受全国电视观众的好评。

江苏广电总台新闻中心《夜宴微波炉》栏目的推出也是一个很好的例证。栏目最初的名称是《新闻夜宴》,尽管在晚间非黄金时段播出,但因为策划制作团队的共同努力,节目开播后很快在观众中产生良好的口碑,播出约一年后,成为江苏省内同类节目中的佼佼者。但问题也随之而来。第一,每逢周一到周四,栏目的收视情况一路高歌,可一到周末,收视就会出现明显下降。主要原因在于,每逢周末,各家电视台和频道纷纷推出重磅

娱乐节目,正好契合了公众周末"休闲""轻松""家人团聚"的需求。第二,收视数据显示,《新闻夜宴》的主要观众群年龄集中在40～50岁之间,缺少青年观众。如何吸引青年观众群体,是栏目组面临的新问题。经过周密策划,《新闻夜宴》逢周末则调整为《夜宴微波炉》,内容也进行了调整,使之比较切合观众的休闲、娱乐心态,还采用了更加符合青年观众心理的时尚沟通工具如微博等,力图吸引和留住青年观众,从而在一定程度上解决了"周末收视率较低"和"青年观众缺失"的"收视黑洞"。

2. 新闻栏目的结构是策划出来的

结构是新闻内容的载体。仍以《东方时空》为例。在《东方时空》最早提交的策划方案中,板块框架为"气象动态""交通信息""时尚之地""美食家""东南西北""今日嘉宾""荧屏指南""大众话题""人物专访""生活百科""历史上的今天""点歌送歌"。送到新闻中心和台领导那里后,反馈意见是认为这样的设计既传统又杂乱无章。于是策划组彻底推翻原来的结构,进行重新的策划设计,重新定位、重新归类、重新组合内容,最后给出了四个子栏目的板块结构,这四个子栏目就是电视观众后来所见到的"东方之子""生活空间""时空报道""面对面"。与此同时,策划组又进一步设计了四个子栏目各自的定位和宗旨。

"东方之子"主要是名人和政要的专访,它的定位是"浓缩人生精华"。它将更多的镜头对准那些为国家和民族做出过突出贡献,或在人生道路上展露了非凡的人格力量,或是对社会对人生有独特理解与追求的优秀人士,通过屏幕,再现其具有的人格魅力,将其人生经验与人生感悟传递给观众。"生活空间"主要是以纪实的手法表现平民百姓生活,它的定位是"讲述老百姓自己的故事"。"时空报道"(原名"焦点时刻")主要是反映社会热点问题,尤其是对一些重大的国内外事件做出快速的反应,它的定位是"关注社会热点,延伸社会新闻,捕捉社会热点,反映人民呼声"。还有一个小栏目"面对面",是一个主持人评述性的专栏,突出评论的快捷、尖锐和高信息量。

3. 电视新闻，尤其是以传递新闻意义为主的电视新闻，其选题及话题的设计也存在策划的问题

新闻节目贵在新，不仅是选题新，也要求内容新、报道角度新，更要求立意新、表现手法新。这一切的"新"都要求我们去思考、去策划。真正有新意的新闻，是不仅能给人以新鲜感，还具有吸引力，能激发人们思索的新闻。

新闻节目选题的一般来源有：①记者以新闻职业的敏感去采集和捕捉；②来自其他媒体的报告；③来自群众提供的新闻线索；④来自上级部门的宣传要求，也即是业内人士讲的任务片。对于任务片，只要积极开动脑筋，也能策划制作出好的节目。

新闻节目选题范围广泛，话题的设计方式、角度更是变化多端，而这一切都离不开精心的策划。选择什么内容？拍摄什么画面？谈些什么话题？如何谈？这一切都需要策划者去思考。

中央电视台曾播出过一期新闻专题节目《〈对手〉特别节目：高朋满座》，以中国产业经济面临转型升级的重大历史时期为背景，以"财富的传承"为主题，在节目中展现目前我国家族企业接班时普遍存在的困惑和挑战，以呼唤资本时代的实业守望者。又如，为了向全世界介绍中国改革开放取得的辉煌成就，中央电视台对外宣传的栏目《中国新闻》，策划推出了100集系列专题新闻报道节目《20年巨变》。这个系列围绕同一新闻主题——中国巨变，从不同侧面选材，从不同角度，展现各条战线、不同的地区和不同的人物，把多个独立的新闻报道内容，集合在同一主题思想下，多侧面、多角度、立体化地展现，多层次地分析。各个报道之间虽然没有外在的时态连续性，但却有内在的必然逻辑联系。它不是简单地报道事实，简单地传达某种结论，而是着重于过程和原因的分析，包括矛盾的方方面面。这种对新闻事实所作的比较系统全面的、有一定深度的报道，就是一系列深度策划的产物。这个报道在海内外反响很大，有境外媒体来电索要稿件，要求连续选登。

在新闻评论性节目中也是如此。即便要访谈的新闻事实主题很明确，新闻性也很强，很有价值，也仍然需要细心、深入的策划，使得访谈的话题连贯、有启发性、有逻辑性,使广大观众能够跟上话题推进,获得触动。电视新闻专题节目《父女之间》展示的是围绕着孩子琳琳的学习和成长,父亲与女儿的矛盾与冲突,以及这种矛盾与冲突带给琳琳和全家的烦恼与痛苦。虽然这是一个个案,但也带有孩子教育问题的时代共性。实际上,类似琳琳和父亲的矛盾与冲突,类似这一家的烦恼与痛苦,是不少家庭中普遍存在的问题,也是一个实际上长期被忽视的问题。节目中对父女的访谈话题策划到位,诉说和交流充分,话题蕴含的思想、观念、道德、伦理等精神文化信息获得了交流和碰撞,引发了观众的思考,更引发了许多人对自己生活经历的反思,一下子激发起全社会的兴奋,节目策划获得成功。

好的电视新闻节目,尤其是谈话节目,应当以思想见长,应当使观众从中看到扎实的思考与睿智的见解,应当像火种落入干柴一样,在观众心中点燃思索之火,使观众在思索的火花中审视世事、人生,在精神与思想上获得某种程度的升华和超越。

4. 新闻报道的形式也是策划的结果

新闻报道形式选择得当,是新闻报道成功的基本保证。

就拿新闻性较强的电视新闻直播节目来讲,电视新闻直播节目也需要策划的成分。这种新闻节目不应该做成简单的电视信号传输,而应该把直播制作成一个完整的"节目"。比如1997年3月9日的"漠河日全食",以及"香港回归""黄河小浪底截流"等,这些节目相对于简单的"直播"来说,增加了节目的编排、策划工作:设置了演播室主持人,有记者的现场报道,有背景专题,并通过周密的编排,使之融为一个有机的整体,内容丰富、形式活泼,使节目在时间、空间上都得到了扩展。比如"黄河小浪底截流"的直播,纳入了五千年的黄河文明史、人民治黄史以及黄河小浪底工程的初期建设情况,节目中穿插了大量的历史背景资料。试想,如果直播节目中缺少了必要的背景介绍,节目一定会变得很枯燥。

对于重大突发新闻事件,也应该通过精心的策划,扩大新闻报道的影响力。以"7.23温州动车事故"为例。2011年7月23日,北京南至福州的D301次列车与杭州至福州南的D3115次列车,在杭深线永嘉至温州南之间发生追尾事故。由于微博、微信等新媒体具有即时、公开传播的性质,很快抢占了先机,关于事件的最初几条信息均来自微博。事发地所在省相关电视台的新闻节目原本应该马上跟进,发挥电视媒体的优势,以深入调查报道的形式,与民众、与民意、与自媒体进行呼应和互动,把话语权或者影响力重新拿回自己手里。然而,相关电视台与机会一再擦肩而过,在这一事件中,几乎没有给出什么重量级的报道,令人惋惜。反而是海外媒体和省外媒体充分发挥新媒体的威力,交出了新闻传播的重要答卷。

重视新闻事件报道形式的组织策划,加大传播的力度,是新闻节目策划的题中之责。2011年3月,围绕日本大地震海啸这一重大新闻事件,各级媒体从不同角度、以不同形式进行了切入。中央台二套、中央台三套、东方卫视、凤凰卫视中文台等,在第一时间以新闻报道的形式快速传递了震后救灾情况以及核泄漏的处理进度;宁夏卫视和上海电视台第一财经频道则以财经节目的形式,解析地震对国内市场的经济影响;武汉电视台科教生活频道从这一新闻事件拓展开去,做了一期深入探究核泄漏的处理与人们生活的关系的新闻专题节目。又如2011年4月底的英国王室婚礼,可以说是一个重大的国际新闻事件,各地媒体围绕这一事件使出浑身解数展开报道。有的频道的策划侧重于对皇室婚礼本身的直播和报道,以新闻和时事节目的形式进行展现,如东方卫视在婚礼当日推出《英国王室婚礼》节目,直击西敏寺大教堂典礼、婚车大巡游、皇家空军飞行表演等精彩内容;有的频道则结合相关栏目,进行专题探究,如上海电视台星尚频道播出了《〈时尚制造者〉英国王室婚礼特别节目》;还有的频道以新闻专题节目的形式,就婚礼对英国经济的影响、英国民众对婚礼的反应等进行了深度报道。

5. 消息类电视新闻的编辑和编排更是策划的产物

新闻的排列次序是消息类新闻节目编辑和编排中的重要内容,这其中也蕴含了策划的理念和手段。一档长约30分钟的消息类电视新闻节目要播出20多条新闻,其中必然包括重点和次重点,包括不同层面、不同层级的新闻,这就要求在编排次序上花心思进行策划。

曾有电视新闻从业人员进行过一次有趣的试验。他们把20名高中文科班学生按年龄、性别、智力水平等条件分成基本均衡的两组,让他们分别收看一组新闻。这两组新闻除了编排次序不同外,内容完全相同。请他们看完后立即复述刚刚看过的新闻内容。

第一组的八条新闻按"先重后轻法"排序：

  A. 国家领导人关于军队整编的讲话
  B. 首都航空界纪念抗战××周年
  C. 某机械厂厂长自学成才
  D. 某市开展商品卫生宣传
  E. （口播）10号强台风消息
  F. 西安国际武术邀请赛
  G. 英国送我20只麋鹿
  H. 英国一架波音客机坠毁

第二组打乱上述排序：

  A. 英国一架波音客机坠毁
  B. 西安国际武术邀请赛
  C. 国家领导人关于军队整编的讲话
  D. 某机械厂厂长自学成才
  E. 英国送我20只麋鹿
  F. （口播）10号强台风消息
  G. 首都航空界纪念抗战××周年
  H. 某市开展商品卫生宣传

  试验的结果是出人意料的。第一组看过新闻节目后，平均每人能够回忆出5.5条新闻，约占69%，第二组平均每人能够回忆出7.5条新闻，约占94%。在第一组中能回忆起"首都航空界纪念抗战××周年"的只有5人，能回忆起"某市商品卫生宣传"的只有2人，但在第二组中，能回忆起"首都航空界纪念抗战××周年"的却有10人，达100%，回忆起"某市商品卫生宣传"的也有8人，达80%。

  新闻是受众欲知应知的事实的报道，新闻的重要性与普遍性可能一致，也可能不一致。一些有关人们切身利益的重大新闻，由于种种原因，观众一时未能认识到，但它仍是新闻采编人员认为非常重要的新闻，属于观众应知的范畴。而观众普遍感兴趣的新闻却不一定和人们的命运有多大的关联。所以,电视消息类新闻节目在编排时,应将与群众利益相关的重要新闻,安排在新闻节目的头一、二条的次序上播出。同时要注意掌握观众收视兴趣和注意力波动之间的关系,以使新闻传播的有效性得到最大化。

随着电视频道之间竞争的日趋激烈,各频道都因地制宜地开展了具体的编排。日间时段和晚间黄金时段,各主要频道都编排了电视剧进行竞争;而在早、午、傍晚时段,各频道又以特定的节目编排,展开差异化的竞争。比如黑龙江卫视曾通过傍晚时段三个综合新闻节目连续编排的方式,播出《新闻夜航》《新华视点》《新闻联播》,打造了全天收视份额的高峰。

在电视新闻节目制作的过程中,还有许多方面需要策划的介入,如电视新闻报道还涉及主持人形象的策划。可以说,如果没有孙玉胜、李铤、时间几位策划人对《东方时空》《焦点访谈》等栏目主持人的策划,就不会有今天白岩松、敬一丹、水均益等一批"智慧型主持人"的出现。

三、电视新闻节目策划的着力点

电视新闻节目必须具备"三力",即新闻的引导力、影响力和传播力。所谓引导力,涉及的是节目是否能够有效地引导社会舆论。影响力主要涉及节目的公信力和权威性,其衡量标准是观众的信任度和美誉度。传播力主要涉及节目的覆盖率和接收到达率。

要实现和发挥电视新闻节目的引导力、影响力和传播力,就要建立现代的新闻思维,策划创新电视新闻节目,创作有质量、有思想、有水准的新闻节目;要实现和发挥新闻节目的引导力、影响力和传播力,就要融合新媒体,对事物从多层次、多角度、多因果、多变量去系统考察,形成一种立体的新闻判断,使新闻价值得到最大展现。

要策划出有引导力、有影响力和有传播力的电视新闻作品,应该关注以下几方面。

第一,对新闻题材的策划。发现和挖掘新闻题材是关键。在题材上尽可能做到"少、跳、好、妙"。少,意味着新闻的珍贵,甚至意味着新闻的独家性,还意味着有独到的眼光、有出人意料的角度,发现他人没有发现的报道点。跳,就是新闻既要生动鲜活,又要有闪光点。事件要生动,有感染力,有启迪性,内容和叙述要鲜活。好,就是新闻节目要好看,叙述不能一马平川,要有起伏。妙,就是新闻节目要体现文化含量,即便一条简单的新闻也要有思考、有角度。

第二,追求新闻的时效性,力争首发新闻。没有时效性意味着新闻不是鲜活的,哪怕是昨天的新闻也要竭力在时效性上做文章,使之变成今天的新闻。对旧的新闻可以赋予它新的内容、新的思想,让它变得新鲜。这种意识是策划人应该追求的。

第三,追求新闻报道的深度。在当下这个全媒体迅猛发展的时代,要做到独家新闻几乎是不可能的,因此,就需要积极开展新闻的深度报道,使新闻报道的内容得到拓展,实现差异化,提升节目的质量。

第四,做好重大新闻、重大突发事件和主题报道的策划。建立一套应急反应的新闻策划机制,做到突发事件发生后,能够第一时间在正点报道或走马字幕中播出,能够第一时间派出记者和直播车赶赴现场,进行一系列的整合报道。

本章思考与练习

1. 什么是电视新闻?电视新闻节目可以分为哪几大类?
2. 如何理解电视新闻节目的策划?
3. 结合实例说明我国电视新闻节目实践中的策划要素。
4. 电视新闻节目策划的着力点有哪些?请举例说明。

第七章

电视文艺节目策划

> **学习目标**
> 了解电视文艺节目的发展简史、现况及存在的问题。
> 掌握电视文艺专题节目的定义、特征、类型及策划。
> 掌握音乐电视节目的发展历史、概念、特征及策划。
>
> **关键术语**
> 电视文艺节目；电视文艺专题节目；音乐电视节目

第一节 电视文艺节目概述

电视文艺节目是电视节目类型中一个重要的门类。电视文艺是继音乐、舞蹈、美术、戏剧、戏曲、曲艺、电影等艺术样式之后,在人类艺术的大花园中出现的一枝艳丽的"奇葩",这一枝"奇葩"融合了音乐、舞蹈、美术、戏剧、戏曲、曲艺、电影等姐妹艺术的营养,伴随着电子技术的发展,异军突起,成为新的艺术门类。在众多的艺术门类中,电视艺术因为博采众长,得以卓然而立,顾盼生辉。

对电视文艺节目,目前有两种理解。

一是指广义的电视文艺节目,即"电视文学与电视艺术的统称",涵盖了电视屏幕上的一切电视文学艺术样式,指人们运用艺术的审美思维,把握和表现客观世界,通过塑造鲜明的电视屏幕形象,达到以情感人的目的,给观众以艺术的审美享受的屏幕艺术形态。包括电视剧(电视短剧、电视单本剧、电视连续剧、电视系列剧等)、电视戏剧(电视小品、电视相声、电视戏曲、电视曲艺等)、电视艺术片(电视风光艺术片、电视风情艺术片、电视民俗艺术片、电视音乐艺术片、电视歌舞艺术片、电视文献艺术片等)等。

　　二是指狭义的电视文艺节目,它特指那些运用先进的电子技术手段,对舞台上和演播室内演出的各种文艺节目以及各类文艺活动进行二度创作,既保留原有艺术形式的审美价值,同时又充分利用电视特殊的艺术效果,从而形成的有别于舞台上和演播室内演出的各种文艺节目以及各类文艺活动的一种新的艺术品种。例如,文艺汇演——电视文艺晚会,歌唱——音乐电视,散文与诗歌——电视诗歌散文,文艺活动、文艺人物、文艺现象、文艺动态和文艺热点——电视文艺专题等。

　　目前电视屏幕上电视文艺节目的样式很多,如电视剧、电视晚会、电视综艺节目、电视文艺专题、电视音乐节目、电视舞蹈节目、电视戏曲节目、电视曲艺杂技节目、电视文艺竞技节目、音乐电视、电视诗歌散文等。诸多的电视文艺节目样式,满足了广大电视观众不同的审美要求。在电视文艺节目样式异彩纷呈的同时,电视文艺节目创作也空前繁荣,音乐电视、电视散文、电视综艺节目、电视文艺竞技节目等一朵朵奇葩,在电视文艺节目的百花园中越来越夺目鲜艳,使得电视文艺节目的影响力越来越大。

一、电视文艺节目发展简史

　　电视文艺节目是伴随着电视事业的发展而发展起来的。它是电视节目门类中的老大哥,是最早的电视节目。可以说,它和世界电视事业同步诞生。人们不会忘记,1936年11月2日,英国广播公司(BBC)在伦敦郊外的亚历山大宫举行了一场规模盛大的歌舞的转播,开始了电视的正式播出。这一天,被认为是世界电视的诞生日,从一定意义上讲,也是电视文艺节目的诞生日。电视文艺节目伴随着电视的诞生而产生,随着电视事业和电视技术的发展走向成熟和辉煌。电视文艺节目在各个电视台、各个电视频道中均占据了很多的播出时段,是各个电视台和电视频道的重要节目。

在中国,电视文艺节目也和电视的诞生同步。从有电视之日起,便有了电视文艺节目。最初出现在屏幕上的,是演播室里直播的歌舞、戏剧等文艺表演节目。稍后,又有了在演播室里搭景直播的电视剧。电视剧是在电子技术发展的优势下,融合了文学、电影、音乐、美术、戏剧、表演等多种艺术的综合艺术。它将文学、电影、音乐、美术等多种艺术元素融入自己的体系,在自己的体系中再加工、再改造,创造出全新的"自我",形成了新的艺术品种。

1958 年,我国第一部电视剧《一口菜饼子》在中央电视台的前身——北京电视台播出。随后,吉林和黑龙江两地的电视台也合作播出了电视剧《三月雪》。我国最早的直播电视剧在艺术规律和技术手段方面和国外的电视剧并无本质区别。那时候的摄像机都很笨重,录像技术设备又未充分利用在电视节目制作上,所以,世界各国的电视剧开始时都是直播。可以说早期的电视剧是一种在演播室里为观众演出的戏剧。

20 世纪 70 年代末,由于便携式摄像设备和磁带录像技术的引进,电视文艺插上了飞翔的翅膀,从此甩开演播室的局限,飞向更为广阔的空间。而十一届三中全会以后,电视文艺节目更是摆脱了十年来的禁锢。电视剧艺术首先腾飞。1978 年 5 月,中央电视台播出了作为先导的一部电视剧《三家亲》。这部以反映农村勤俭办婚事为主题的电视剧,是我国电视剧发展史上第一次全部在实景里拍摄的彩色电视剧。在这一年里,中央电视台共制作了《窗口》《教授和他的女儿》等七部电视剧;江苏电视台、浙江电视台分别制作了同名电视剧《约会》;山东电视台制作了电视剧《人民的委托》;福建电视台制作了电视剧《悔恨》。这一批电视剧作品的涌现,标志着我国电视剧的全面复苏。

1980 年是我国电视剧飞跃发展的一年,中央电视台在这一年的国庆期间举办了以电视剧为主的全国电视节目大展播,共展播新创作的电视剧 47 部,给全国电视界以极大的鼓舞和推动。1981 年开始设立电视剧"飞天奖"。"飞天奖"的设立,在一定程度上推动了电视剧的有序蓬勃发展。此后,每年电视剧的产量都快速增加,同时,电视剧的生产上也出现了两个明显的变化。其一,电视剧制作由直播演出变为录像播出。直播电视剧由于表演连贯性强,画面的场景更换困难,场景变化较少,镜头转换较慢,形态也与舞台剧相近。录像播出的电视剧与直播电视剧是两种截然不同的创作方法。录像制作不需要像直播那样按剧本顺序按部就班地进行拍摄,也不像直播那样受时间和空间的种种限制,所以,能在一个广阔的空间和较大的时间跨度里自由纵横驰骋,同时剧情也可以更自由地采用复杂的多线结构和电影蒙太奇手法,其形态更接近于电影。电视剧的录像制作与生产使电视剧在艺术表现形式上有了本质的飞跃,从而使电视剧有可能把反映社会生活的艺术触角延伸到社会与人的方方面面、各个角落。其二,电视剧品种由单一走向多样化。电视剧的品种在早期是很单一的,基本上是单本剧。自从1981年播出第一部国产电视连续剧《敌营十八年》以后,我国电视剧清一色品种的面貌开始改变,呈现出百花齐放、姹紫嫣红的多样化局面。从单一的单本剧体裁样式发展到短剧、连续剧、系列剧、戏剧集,题材方面有现代剧、历史剧、古装剧、传记剧、侦探剧、儿童剧、音乐剧等相继出现。那个时代的代表作品有:单本剧——《新岸》《女记者的画外音》《新闻启示录》《有一个青年》《凡人小事》《周总理的一天》《走向远方》等;连续剧——《蹉跎岁月》《高山下的花环》《今夜有暴风雪》《上海屋檐下》《鲁迅》《华罗庚》《生命的故事》《少帅传奇》《夜幕下的哈尔滨》《西游记》等;报道剧——《火热的心》《萤火虫》《特殊的园丁》等;短剧——《司机王宝》《老梅外传》《小巷通向大街》等;儿童剧——《好好叔叔》《小不点儿》《小佳佳游园》等。从此,电视剧以它自己特有的艺术魅力,屹立于电视屏幕,受到了观众的特别青睐。

  与此同时,电视剧以外的电视文艺节目也在迅速地进步和发展。各地电视台都逐渐形成了自己的一大批颇受观众欢迎的电视文艺名牌栏目和节目。从1987年5月开始设立的电视文艺"星光奖",为繁荣电视文艺节目起到了直接的推动作用。"星光奖"一年一度的评选、总结、交流和研讨,促进了电视文艺节目的创作、发展和质量的提高。像第一届获得一等奖的《歌声的启示》《西部畅想曲》《刻刀下的黑与白》,无论是题材的选择、主题的开掘、形式的创新还是技巧的运用,都显示出了相当强的艺术功力。此后的每一届"星光奖"获奖作品中,都出现了许多令人耳目一新的佳作。不少作品的完美程度,充分体现了电视文艺节目的成熟。更重要的是,不少电视台对电视文艺节目的属性认识在不断深化。从中央电视台到各个地方电视台,都在改变"我做节目给你看""我播什么,你就看什么"这种单一取向的状况,开始有意识地唤起观众的参与感,增强现场感、亲切感,多角度地满足各界观众的欣赏要求,尽可能地吸引社会各界参与电视文艺的创作。

电视文艺是电视节目的重要组成部分,直接关系到老百姓的精神生活。多姿多彩的电视文艺节目,极大丰富了广大群众的文艺生活,是国家稳定团结因素的组成部分。每逢节假日,新节目的推出就成了老百姓的热门话题。如春节联欢晚会以及当年的《综艺大观》《正大综艺》《曲苑杂坛》等电视文艺节目,就有力地推动了各类文艺的发展,吸引了各界关注。电视屏幕是流动的大书、艺术的大舞台,作品的吞吐量大,也吸引着众多艺术家的参与。如社会上艺术圈里的小品热、通俗歌曲热、音乐电视热、现代舞热、高雅艺术热等,都和电视有关,经过电视的加工处理,又促进了文艺品种的多样化和繁荣,促进了文艺大面积的普及和提高。

电视文艺节目的新品种不断开拓新的领域,使艺术找到了更丰富的展现时空。游戏表演类的综艺节目以《快乐大本营》《欢乐总动员》为代表。《快乐大本营》创办于1997年,以娱乐休闲为主导,特别注重参与性,既有场内嘉宾和观众的现场参与,又有场外电视观众的热线参与,打造了全民"游戏"热潮,至今仍具有极高人气。创办于1999年的《欢乐总动员》以模仿为主,模仿明星长相、声音、唱歌等内容。这种明星加游戏的综艺节目形式满足了观众对明星的好奇心理,让观众可极大程度地参与到节目中去。游戏表演类综艺节目的兴起,催生了很多电视节目竞相"复制""克隆",推陈出新极少,因此,不少节目慢慢淡出人们视野,取而代之的是益智竞技类的综艺节目,以中央电视台1999年创办的《幸运52》、2000年创办的《开心辞典》为代表。《幸运52》是一档打破游戏类、知识竞赛类节目界限,有机地将游戏与知识普及融为一体,充分调动观众参与热情的节目,知识性、游戏性与竞赛性并重,是中央电视台首次以场内外互动方式开设的益智类节目。《开心辞典》是中央电视台经济频道倾力打造的一个由高科技网络、声讯手段支撑,完全面向普通大众的大型益智节目,提供广泛的参与空间和公平的参与机制,搭建起刺激的智慧擂台。广东电视台 2000 年推出的《生存大挑战——徒步边境线》是国内首档独立制作的真人秀节目,跟踪拍摄了 3 名志愿者在 6 个月里徒步穿越 8 个省份的历程。创办于 2004 年的《超级女声》通过"海选""全国 50 强""全国 10 强"等晋级比赛,全程记录冠军产生过程,使平民成为电视的主角,带动了全民参与的选秀时代。

大体上从 2004 年湖南卫视《超级女声》的推出起,我国电视综艺节目就进入了泛"娱乐化"时代,综艺节目中"娱乐"的特点更加突出,而且不可避免地打上了"真人秀"的烙印,无论是以舞蹈、唱歌、游戏还是以益智、竞猜等为主的综艺节目,都有"真人秀"的性质,达到了全民狂欢的状态。各种类型的综艺节目把多种娱乐元素相互杂糅,同时节目形态爆炸式出现,近年来就有《我是歌手》《舞出我人生》《开门大吉》《声动亚洲》《回声嘹亮》《我爱记歌词》《星光大道》《梦立方》《星跳水立方》《中国星跳跃》《舞林争霸》《舞动奇迹》《巅峰音乐会》《越战越勇》《年代秀》《时光擂台》《中国达人秀》《中国新声代》《妈妈咪呀》《黄金 100 秒》《向幸福出发》《我爱满堂彩》《欢乐一家亲》《中国好声音》《谢天谢地你来啦》《正大综艺·墙来啦!》等节目。

电视文艺节目在把握宣传导向、大力弘扬民族优秀文化方面做出了显著成绩,如百部爱国主义电影、梅兰芳金奖大赛、两年一次的青年歌手电视大奖赛、中国艺术节、民歌节、"心连心"慰问演出以及大批弘扬主旋律、传播正能量的晚会和电视活动如《五彩路》《拥抱太阳》《光明赞》《我爱你,中国》《东方神韵》等,使节目既有格调品位,又有艺术感染力。

二、电视文艺节目的现况

中国电视文艺节目的发展令世界瞩目,概括起来主要体现在以下几个方面。

1. 电视文艺节目的整合发展

电视文艺节目呈现思想性、文化性、艺术性的多元化整合，从电视台原三大节目支柱中渐趋分解出来，成为专业化频道。

电视文艺节目曾经是我国电视台的主流节目形式，也是一度几乎包揽电视荧屏的三大节目支柱之一。目前的电视文艺节目已发展为专业化的电视文艺频道。如中央电视台已分化出综合、财经、综艺、国际、体育、电影、国防军事、电视剧、纪录、科教、戏曲、社会与法、新闻、少儿、音乐、农业农村等十六个频道，其中属电视文艺节目范畴的频道达五席之多（综艺、电影、电视剧、戏曲、音乐），占到了近三分之一，可见电视文艺节目如今依然处于鼎盛时期。文艺频道的专业化使得电视文艺节目更加集中，内容更加丰富多彩，让广大观众的需求可以得到集中、充分的满足。文艺相关频道已经成为中国电视观众最喜欢的频道类别之一。

2. 电视文艺节目的综合艺术水平提高

近年来，在电视台演播室内制作的电视文艺节目，不论是大型的节目，还是小型的文艺栏目，质量较之前些年均有很大的提高。特别是随着现代电子技术的进步，摄像、舞美、灯光、音响技术的充分调动，电视艺术的表达效果大大提高，电视文艺节目的艺术表现力大大增强。例如，斯坦尼康稳定器之前只在电影、电视剧中运用，即使偶尔在电视文艺节目中使用，也仅限于一定范围内的跟拍。近年来，随着向国外先进节目学习，斯坦尼康稳定器被更多地运用在文艺节目中，并且手段花样频出，不再仅限于简单的跟拍。如2012年横空出世的《中国好声音》，大量运用了斯坦尼康稳定器配合小广角的镜头：在副歌部分，摄像师从远处快速走向歌手，小广角拉伸的空间感造成了很强的视觉冲击力。镜头给到特写的时候，摄像师快速围绕歌手旋转，这个过程中配合特写、近景、中景、全景的不停变换，歌曲跌宕起伏，歌手后面的背景不停切换，灯光舞美不停刺激，最后摄像师快速拉开景别，导播切换别的镜头，整个过程炫目无比，各种舞台技术充分发挥，令观众情绪高涨。

我国电视文艺节目的技术改革最早应用于电视晚会上，例如，"面包墙"取代电视墙的使用,大大增加了节目的清晰度和画面的表现力度。高亮度背投式大屏幕首次在我国电视节目中应用是中央电视台1993年的春节联欢晚会。在那次电视文艺晚会上,高亮度背投式大屏幕与它的"前辈"——电视墙同时露面使用,可谓是"不用则已,一用惊人"。在同一个晚会中,两套不同的电视技术设备的画面效果对比,一优一劣,极为明显。在以后的各类节目中,高亮度背投式大屏幕完全取代了电视墙,在节目的画面表现上发挥着越来越大的作用。

电视技术进步带来电视文艺节目质量提高的例证实在是太多太多。在电视技术发展的同时,电视文艺工作者特别是电视文艺编导经过多年的磨练,运用电视手法对文艺节目进行二度创作已经越来越自如了。为进一步提高文艺节目的质量,满足观众不断增长的欣赏需求,电视文艺工作者们开始注重文艺节目的前期策划,也更注重"人脑"的开发,把策划作为一种创作机制运用到文艺节目的生产之中。不但策划文艺的表现主题,提升内涵与艺术品位,而且还重视策划调动电视观众的参与热情,台上台下、演播室表演与屏幕前观众的融合。

与此同时,电视文艺工作者们也更加注重文艺节目的后期制作和节目的包装。文艺节目经过画面多视点、多角度和镜头转换等后期的制作处理,丰富了画面的信息量和层次感,增加了画面的审美意境,节目质量有了很大的提高。

3. 电视文艺节目形式和内容的空间大大拓展,新形式不断出现

电视文艺在20世纪90年代初已基本形成繁花似锦的格局,这主要体现在电视晚会的发展、电视剧的繁荣,以及电视文艺节目与栏目的遍地开花。从电视文艺节目的内容上看,有歌舞、戏剧、戏曲、曲艺、相声、杂技、文化生活以及舞台演出。电视综艺节目开始推出并不断出现创新。电视晚会越来越引人注目,晚会的声势也越来越大,出现了许多大型和特大型的晚会节目。与此同时,电视晚会的艺术审美也越来越从舞台演出演变成融合电视导演创作思想和电视手法的电视文艺作品。电视晚会成为电视文艺节目中与电视剧并驾齐驱的"两驾马车"。

1993年以后,电视文艺节目又一次得到了蓬勃、快速的发展。特别是

近些年来,文艺节目的内容、形式和电视手段进一步创新与拓宽,主要表现在以下七种模式类节目的热播:①相亲节目。如《非诚勿扰》《爱情连连看》《我们约会吧》。②选秀节目。如《快乐男声》《星光大道》《我是歌手》。③真人秀节目。如《天生我才》《创智赢家》《爸爸去哪儿》。④职场节目。如《非你莫属》《职来职往》《脱颖而出》。⑤歌唱节目。如《中国好声音》《最美和声》《中国星力量》。⑥益智节目。如《开心辞典》《幸运52》《谁敢站出来》。⑦闯关节目。如《冲关我最棒》《智勇大冲关》《奔跑吧兄弟》。新的节目形式不断出现,大大扩展了电视文艺节目的受众范围,让不同的观众在不同的节目中得到不同的满足,极大地丰富了老百姓的精神生活。

4. 电视文艺节目走出演播大厅和剧场,把演播室设在自然的外景中,并频繁使用现场直播

随着现场直播技术水平越来越高以及演播车的普及,电视文艺节目时常走出演播大厅和剧场,把演播室设在自然的外景之中,不是为外景而外景,而是将外景融于节目,为节目的主题和节目的内容需求服务。表现在屏幕上,往往以场面烘托节目的思想与节目意境,场面壮观,现场感强。

曾经红火一时的综艺闯关类节目,一方面要求场地大,表演区可供伸展,适合安排在室外空间,另一方面,室外录制节目会带来更多的观众,更好地营造气氛,激发闯关节目选手的自信心和挑战勇气。还有一些大型文艺演出、选秀和魔术表演,为了追求气势宏大的效果,也往往选择在室外进行录制或直播。2012年,魔术师李宁选择从黄鹤楼穿越长江到龟山,湖北卫视启用了3台转播车,共20多个机位,流动机位还有近10个,这在电视文艺节目直播历史上是前所未有的。

大型文艺节目走出演播厅大胆创新,小型的文艺栏目与节目也不断办出新意,纷纷跳出演播录制和选送资料编辑的模式,走上外景拍摄的路子。

电视文艺节目新形式在这一时期中最值得一提的是引得全国上下注目的"心连心"户外演出活动。为了贯彻党的"二为"方针,根据中央领导的有关指示,文艺工作者要深入基层、深入群众、深入生活,送文化下乡、送戏下乡,创作出更多反映生活的优秀作品,中央电视台组建"心连心"艺术团,

把户外的演出加以电视化成为电视节目。"心连心"艺术团的首次慰问演出是 1996 年的 2 月 11 日在革命老区河北省平山西柏坡举行的《沃野春潮》演出,观众人数达 5 万人。节目播出后,引起了强烈的反响。从领导到观众,从文艺工作者到电视专家,纷纷来电、来信评价:演出真实、亲切、生动感人,真正体现了电视为人民服务的宗旨。接着是 1996 年 4 月 30 日到国有企业改革中卓有成效的北京第一机床厂进行《五月花正红》"心连心"慰问演出。此后,"心连心"的慰问演出渐渐成为一种深得人心的电视文艺形式。专题性文艺节目越来越受到广大电视观众的欢迎。优秀的专题性文艺节目,具有鲜明的地方特色、浓郁的民族风格、强烈的时代色彩,展现了我国电视文艺创作的繁荣景象,大大丰富了人民群众的精神文化生活。

5. 电视综艺节目模式的引进和创新不断强化

随着部分卫视频道引进国外成熟的电视节目模式创制新节目取得成功,全国迅速掀起了一场节目创新与模式引进的"高潮"。由于原版节目在国外都取得了非常好的口碑,引进节目又在原有基础上不断创新,更加适合中国国情,所以在国内都取得了不俗的收视成绩,引发了引进的热潮。像湖南卫视的相亲交友类节目《我们约会吧》,东方卫视的《中国达人秀》,辽宁卫视的《激情唱响》,浙江卫视的《中国梦想秀》,东南卫视的《明天就出发》《朋友就该这样》,深圳卫视的《年代秀》以及山东卫视《惊喜!惊喜!》,均是省级卫视频道中模式类电视综艺节目的重要代表。

6. 网络新媒体为电视文艺节目带来新的机遇和挑战

联合国教科文组织在早期对新媒体作过这样的定义:新媒体就是网络媒体。随着时代的发展,新媒体的概念有了进一步的补充,清华大学新闻与传播学院新媒体研究中心主任熊澄宇教授在中国网络媒体论坛上指出:"今天的新媒体主要是指在计算机信息处理技术基础上产生和影响的媒体形态,包括在线的网络媒体和离线的其他数字媒体形式。"虽然离线数字媒体扩充了新媒体的概念,但网络在新媒体中仍占据统治的地位。电视文艺节目作为一种曾经只在电视这种传统媒体上传播的艺术形式,势必受到网络新媒体的冲击。网络新媒体以其新的传播方式、新的受众群体、新的盈利方式迅速占领传统电视行业的市场份额。当前,媒介融合已经成为媒体发展的重要趋势,深刻地改变着行业发展的方式与未来。观众收视出现"五化"趋势:其一是递减化趋势,主要指家庭电视最高开机率递减,收视曲线峰值走低;其二是老龄化趋势,主要指年轻观众电视到达率下降及收视时间减少,而老年观众收视时间居高不下,致使电视观众平均年龄增长;其三是同质化趋势,主要指优势节目逐渐形成时段化编播规律,节目时段同质化竞争加剧;其四是两极化趋势,主要指电视竞争中强势频道一极不断挤压弱势一极,加剧市场两极分化的趋势;其五是碎片化趋势,主要指新渠道新终端不断分化传统电视收视,观众视频消费消解电视收视,并使收视行为趋向时空碎片化分布的趋势。

电视文艺节目若想保持健康可持续的发展状态,就需要主动寻求与网络新媒体的合作之路。电视文艺节目在网络新媒体上传播的优势有如下几方面。

（1）自主性。以往的传统媒体,受众只是信息的被动接受者。对于电视文艺节目的观众来说,所看的节目是电视台编导安排播放的,看什么节目、什么时候看都被安排好了。观众接受的信息服从于电视台编导的意志,甚至是广告商的意志。观众的主动性只在于手里的电视遥控器,可是当换台也挑选不到自己喜欢的电视文艺节目,观众就无能为力了。网络新媒体把自主权交还给了观众,海量的视频库囊括了绝大多数主流电视文艺节目,观众扔掉遥控器、拿起鼠标就可以随意点播、随意暂停、随意快进或者回放,突破了电视台限制的时间和集数,喜欢的节目可信手拈来。

（2）互动性。有相关调查表明,观众在集体观影时比独自观影表现喜怒哀乐的频率高。对电视文艺节目的观众来说,他们愿意将触动自己的作品与别人分享,网络新媒体提供了高效的平台,让志同道合的观众有探讨节目的机会。同时,某些网站还有给电视文艺节目打分和评价的功能,普通观众根据大众的打分和评价,就能快捷地挑选出自己喜爱的作品。

（3）多元性。传统电视文艺节目的宣传方式相对单一,主要依靠记者招待会、新闻发布会、明星见面会、新闻报道以及广告等,这样的方式不接地气,不能让观众有亲切感。网络新媒体由于其多元性,可以通过专题网站、微博推广、论坛推广、搜索引擎推广等方式推广电视文艺节目。推广内容更是体现多媒体的优势,用文字、图片、音频、视频等刺激观众的多种感官,令其印象深刻。有些节目还建立专题网页,就好像一个全方位的展厅一样,让观众充分了解电视节目的台前幕后、逸闻趣事,拉近了节目与观众的距离。

(4) 延展性。网络新媒体的媒介并不局限于台式计算机和笔记本计算机,随着科技的发展,平板电脑、移动电视、智能手机越来越多地进入千家万户。同时,无线网络、4G 网络、5G 网络覆盖面日益扩大。移动终端和基础无线网络迅猛增长,作为网络新媒体的重要延展部分,有力地推动了电视文艺节目在网络上的传播。

虽然网络新媒体冲击了传统电视台对电视节目的控制,彼此互为巨大的竞争对手,然而传统电视台和网络新媒体的经营者深知,寻求合作才是互利互惠的良性关系,于是一种新的联动机制产生了——网络新媒体与传统电视台共同播出电视节目,并在网络上加以宣传,让电视节目一次投资、多次回报,最大限度获取价值,实现网台联动。

媒体融合带给传统媒体的,除了挑战,更有机遇。随着互联网平台的快速发展和媒介在多个层面的不断融合,渠道资源的稀缺性得到很大程度的缓解,全行业正在经历着从"渠道为王"向"内容为王"的转变与回归。在这样的背景下,作为国内实力最强的内容提供商,传统媒体将获得不容忽视的发展机遇。一方面,内容资源对产业的主导力的提升,将大大增强传统媒体参与市场竞争的核心竞争力;另一方面,渠道的不断丰富,也将为传统媒体不断追求内容价值的最大化提供更为广阔的平台。此外,融合的推进也为传统媒体提供了将受众转变为用户、将单纯的"眼球经济"转变为复合型"信息经济"的难得机遇。

三、电视文艺节目亟待改进的问题

近年来,电视文艺节目迅猛发展,成绩是巨大的,但也存在一些问题,亟待逐步解决。

1. 数量和质量失衡

电视文艺可以说是占据了电视屏幕的半壁江山,节目数量很多,但优秀的佳作与人、财、物的投入,与日益增长的观众精神需要还是很不适应。尽管精品意识已经深入人心了,但是从数量和质量的比较来看,精品节目还是偏少,优秀节目不足,优秀栏目不够。总的来说,两头小,中间大。两头小,就是精彩的、优秀的少,特别差的也少;中间大,就是平庸之作多。

2. 理论建设落后于实践

电视文艺的实践,这些年是一步一个脚印地往前走,但理论建设没有跟上,特别是电视晚会,缺乏理论指导,再加上受社会商业意识的影响,容易出偏差。如果当初电视晚会的理论跟得上,指导思想比较明确,电视晚会的发展无疑要比现在更快些,编导队伍的成长也会更好些。而音乐电视的发展则在理论与实践相结合上做得好一些。1993年刚开始发展音乐电视和举办音乐电视大赛时,电视界就注意到理论建设,开了音乐电视研讨会,对实践进行总结,并从理论上进行探讨。所以,音乐电视的发展比较健康,指导思想也较明确。

3. 节目同质化严重

我国电视文艺节目看似丰富多彩,事实上大多内容大同小异,形式千篇一律,又不注重深度的挖掘与创新,时间一长,就很难再吸引观众。有时偶尔有个节目冒出新鲜火花,用不了多久,就大量出现在其他的节目中。例如湖南卫视的《快乐大本营》深受观众欢迎,于是就有了众多"快乐系列"节目出现。《我爱记歌词》之后,又是各种全民"K歌"节目不断涌现。文艺节目出现了效仿与雷同的现状,对观众的收视需求的满足在千篇一律中达到了过度饱和,让观众产生了严重的审美疲劳。

4. 节目低俗化

关于低俗节目的定义,我国的《广播电视管理条例》暂未有明确规定。有学者认为广播电视节目中的低俗化在内容上主要表现为四个方面:情色恶搞、出格炒作、挑战极限、呈现残忍。从电视媒介的特性着眼,笔者认为低俗娱乐节目的主要表现是两方面：视觉上，画面色情、暴力、血腥；听觉上，语言粗俗、恶劣、下流。四川卫视相亲类节目《窈窕蜀女》有一期明明知道男嘉宾身份造假，还让其登台献丑，并在录制之前准备了大量的揭露男嘉宾假身份的证据，在节目录制的时候当场揭露其造假身份，有的主持人以及所谓专家用极其尖锐的言语攻击男嘉宾，导致其愤怒离场并痛哭流涕。这样一些严重触犯道德准则的节目也堂而皇之地播出了。

5. 制作模式上有待进一步改革和创新

近年来，电视文艺节目大发展，但电视文艺节目在制作模式上应该走什么样的路子，还有待于进一步解放思想、大胆探讨。现在电视文艺节目的制作数量大大增加了，制作的队伍也大大发展，但是制作队伍的总体素质还不够强。今后的电视文艺节目制作能否朝社会化生产方向发展？比如有的电视文艺节目可以交给公司操作，有的节目可以让社会上制作电视节目的单位承担，重大的、有时效性的节目和重要的电视活动则由电视台来完成。总之，电视文艺节目的社会化有待于进一步摸索，走出一条适合中国电视文艺节目发展的道路。

第二节　电视文艺专题节目策划

一、电视文艺专题节目概述

1. 什么是电视文艺专题节目

电视文艺专题节目是目前电视文艺节目中正在日益显现优势的一类节目。所谓电视文艺专题节目，是指以文艺活动、文艺人物、文艺现象、文艺动态和文艺热点为中心题材，围绕一个统一的主题而展开的电视专题节目,它带有鲜明的目的性、思想性、欣赏性和知识性。

20世纪80年代初,电视文艺专题节目的创作出现了第一个繁荣期,电视屏幕上出现了一些介绍性的文艺专题电视片和编辑性的文艺专题电视片。1993年到1997年是中国电视文艺专题节目的第二个繁荣期。从20世纪90年代后期到现在,随着电视晚会和电视综艺节目的热播和流行,电视文艺专题节目不再像以前那么繁荣,数量和质量也有一定的下滑,相关的栏目也慢慢淡出电视荧屏。近些年,广电总局"限娱令"正式下发,各卫视频道在晚上黄金时段播出的娱乐节目每周不能超过两档,同时必须设立道德建设类节目,严格控制选秀节目数量,因此,各频道都在积极调整栏目和节目。这就为电视文艺专题节目的创作提供了一个比较好的时机,电视文艺专题节目的创作开始再次进入繁荣期。但是,电视文艺专题节目的整体回暖和复苏还需要一个过程,当下不少节目就创作水准而言,远不及20世纪90年代。

2. 电视文艺专题节目的特征

曾经的许多电视文艺专题节目是在文艺栏目中播出的,是文艺栏目化的电视文艺专题节目。它们以文艺专题节目的形式,在固定的栏目中播出,给观众留下了深刻的印象,深受观众的好评。其中比较有影响的栏目有《东西南北中》《九州戏苑》《旋转舞台》《影视同期声》等。不论是栏目化的文艺专题节目,还是节目型的文艺专题节目,都具有某些显而易见的共性特征,主要体现在以下几个方面。

(1) 专题性和思想性

电视文艺专题节目,顾名思义,有"专"的特点。"专"既指内容主题的集中、相对专一,又指内容能引发观众的思考。专题节目的策划者不应满足于对所报道的现实进行客观的叙述和表面化的评介,更要对其内容进行探索性的挖掘和探讨。结论不一定是专题节目所要强调的,但提供给观众的应是发人深省的信息,引导观众去思考,去接近客观真理。

(2) 真实性和纪实性

电视文艺专题节目,通常是通过记录文艺事件和文艺人物,反映典型事件和人物中最具魅力的内容。当然作为电视艺术,文艺专题节目也会进行二度创作,使用情景再现等带有明显主观色彩的表现手法,但专题节目的再现是基于真实的再现,不是虚构的,目的是弥补影像资料的缺失和不足,而不是呈现完全虚构的东西。

(3) 艺术性和观赏性

电视专题节目讲求视听愉悦的审美享受,具有较强的艺术感染力。其艺术性主要表现在艺术手法的运用和电视技术手段的使用。例如浙江广电集团斥巨资打造的 10 集纪录片《西湖》,编导们在充分的资料研究和实地考察的基础上,展现了一个非通常意义上的西湖——阳刚的西湖、豪放的西湖,用不同的电视制作手段和特技提供给观众视觉的享受和审美的愉悦。

二、电视文艺专题节目的类型

电视文艺专题节目大体上可分为以下几种类型。

1. 访谈性文艺专题节目

访谈性文艺专题节目是针对文化艺术的现象,以访谈为表现手段,在坚持正确舆论导向的前提下,为文化艺术提供评论、批评空间的节目。《文化视点》就是一档访谈性的文艺专题栏目(节目)。

2. 介绍性文艺专题节目

介绍性文艺专题节目是以介绍文艺相关人物及其文艺特色为主题而展开的节目。如《中国音乐电视》就主要是向广大电视观众及时介绍新歌、新人、新作的节目。

3. 赏析性文艺专题节目

赏析性文艺专题节目是将编辑与赏析融为一体的节目。比如把对中华民族的舞蹈、戏曲、民歌等艺术的欣赏与分析结合起来,或请嘉宾对文艺形式进行点评,像《综艺走廊》《精品赏析》等栏目中的节目都是这一类型的节目。

4. 欣赏性文艺专题节目

欣赏性文艺专题节目是以某一艺术题材为主题，采用编辑或摄制手段，集中提供给观众的纯欣赏性的节目。

三、电视文艺专题节目的策划

电视文艺专题节目的创作主要分为前期策划、中期实施拍摄和后期剪辑与制作三个阶段。前期策划是基础，基础不好、不扎实，拍摄和制作再努力，也只能是事倍功半。前期策划工作做得缜密、有创意，后面拍摄和制作起来就会事半功倍。

1. 电视文艺专题节目的前期策划

概括性地讲，电视文艺专题节目的前期策划中，要考虑的内容有以下几方面。

第一是选题和主题的确立。选题主要来自对生活的观察和思考、来自观众的反馈、来自其他媒体的信息等。主题的确定一般有两种方法。一种是"主题先行，意在笔尖"，即在创作之初已有了一个大体的主题，然后根据这个主题，再去选材和组织片子的结构及表现方法。另一种是在创作中不断挖掘、深化主题。有的片子到粗剪之后，主题才最后形成，是一个主题由虚到实、不断深化的创作过程。

第二，要思考节目的选题是否新颖，有什么与众不同之处，与以前制作的节目相比有什么不同，有什么可取之处和可看之处。

第三，要考虑节目的风格与形式是什么样的。是访谈的，介绍的，还是编辑性的？是轻松欢快的，还是严肃凝重的？是快节奏的，还是慢悠悠的？是抒情的，还是呈现式的？等等。这一切直接关系到对摄像的要求和后期编辑。

第四，节目的主要传播对象是什么人？也即节目的收视市场在哪儿？观众对拍摄对象了解吗？观众对拍摄对象最想了解什么？对象不同，目的不同,策划、拍摄与制作的思路也有较大的区别。

第五,在实施创作的过程中,准备运用什么技术手段来拍摄?用单机拍摄,还是双机拍摄?声音是后期配音,还是同期声?等等。

第六,节目是几个人组成的摄制组?是2~3人、3~4人、5~6人还是更多?是否需要灯光和录音?

第七,节目大体的创作拍摄制作时间表是怎样的?

第八,节目预算如何?

总而言之,创作电视文艺专题节目的大体过程是:在确定选题的基础上,编导在大脑中分析、整理,逐渐酝酿片子的主题,形成形象,思考结构和表现的手法,进入策划拍摄、实施方案的过程。一旦发现新问题,纠正原创作的失误,如主题表达不明、结构混乱等。

2. 电视文艺专题节目策划实例

策划人员是节目编导的参谋,是节目创作团队的核心成员。策划者需要对节目作通盘的考虑,从把握主题,到综合考虑画面内容、构图、用光、声音(音乐、同期声、画外音、配音)等因素。策划者要把自己的构思、想法清楚明了地告诉相关的艺术工种,尤其是摄像,同时又要听取、吸收各艺术工种的意见。在实际拍摄中,许多策划人员都忽视与编导和各工种的沟通,不是要求表达得含糊不清,就是大甩手,这是很糟糕的,即使有很好的策划方案,也无法发挥其优势。尤其是在文艺专题节目的创作过程中,策划者必须充分了解和调动电视的各种综合艺术手段,对摄像、灯光等人员提出具体的要求,以求最大限度表现主题,反映节目内容。

电视文艺专题节目《皮影、皮影,你别走》的主人公叫李兴堂,他是济南皮影戏的第三代传人。当皮影艺术日渐衰落的时候,他也一天一天老了,但他对皮影这门艺术的灼热追求的心既没有衰落也没有老。他不愿皮影艺术就这样消亡,也不甘心昔日繁盛的皮影戏在他的时代就没有了舞台和市场。他困惑,他惆怅,他不甘心。他要到全国去走一走,看一看皮影戏在其他地方是什么样。于是他到了山东皮影戏的发源地——鲁南、中国的文化中心——北京、皮影艺术久负盛名的城市——唐山。最后,他认为:皮影戏大势已去。他唯一能做的,是写一本书,刻一些影人,留给后人,留给社会。节目的主题是通过皮影艺人李兴堂对皮影艺术长达半个世纪的追求的记录,感染观众,激发观众挽救皮影等民间艺术的意识。皮影、皮影,你别走,这既是片子的主人公从心灵深处发出的呼喊,也是节目的策划与编导用画面和声音进行的呼吁。

片子的结构大体上可以分为三大部分。第一部分,片子开头到"晚年的一点心愿吧"。这一部分包含了三个方面,或三层意思。①介绍片子的主人公李兴堂;②介绍皮影艺术和皮影戏;③介绍主人公对皮影艺术的心迹和心愿。第③层中主人公对皮影艺术的心迹和心愿承上启下,完成了从人到事的联系,正是在人与事的联系中,点出了片子的主题。

片子第二部分引出和建立了情感和逻辑的联系。正是由于主人公对皮影艺术的这样一种灼热的心理追求,引起了主人公对皮影戏足迹的探寻。在这一部分,画面与线索的叙述是一纵一横,"一纵"叙述的是济南皮影的历史,"一横"拍摄了主人公去唐山、上北京考察皮影的现状。时空交错,两条线索交叉而行。

第三部分从节目同期声"白天午睡,傍晚散步"到节目的结尾,叙述了济南皮影戏衰落的原因和主人公对现实的无可奈何的感叹,尽管如此主人公还是抱着一丝期盼,呼唤着皮影戏的再次兴起和流传。这一部分注重了情感的渲染,力图展现悲壮之美。黑格尔说"悲壮美是美的最高境界",片子主人公半个多世纪的追求,其结果正是悲壮的。

此片的主要特色是:①运用第一人称,使全片情如心出,亲切自然。②双线叙述结构。整个片子在时间的跨度上近一个世纪,在空间的跨度上也有上千里,如何有条不紊地叙述片子,对时空的处理显得十分重要。双线结构的运用,充分发挥了电视蒙太奇的优势,时空转换比较自然,叙述双线交叉并行,使片子富于变化,增加了片子的信息量。③片子中注意了长镜头的运用,使片子的纪实风格更加明确。此外,同期声、音乐等也处理得很好。④选题和主题的确立和把握比较到位。

3. 在实施拍摄前要考虑和准备的几项工作

(1) 策划和确定拍摄方式

制作文艺专题节目时,一般有三种形式的拍摄方式。

① 先有拍摄脚本。策划在节目组出发拍摄之前已经准备好了较为完整的拍摄脚本或分镜头本。编导、摄像在拍摄过程中根据脚本去拍摄,回来后再进行合成。这种方式由于前期准备工作比较充分,编导和摄像在拍摄的过程中都心中比较有底,后期也比较从容。这种拍摄方式的问题是前期花费的准备时间、耗费的精力太多。同时,有许多节目的选题和内容是很难用脚本去规划和人为把握的。在拍摄时如果有了先入为主的想法,在拍摄中一些可能导致拍摄方案发生改变的、有价值的细节往往容易被忽视。由于前期工作太费时,事实上也很难满足日常的播出要求。

② 没有具体的脚本,只有一个构思,具体的脚本在拍摄过程中逐渐形成。策划和编导在拍摄中,根据具体的情况,随着事态的进展,不断产生新的构想,同时拍摄采集所需的图像资料,到粗编时再来组织片子的结构。这样的拍摄方式,前期比较轻松,拍摄中策划与编导要有一定的驾驭能力,后期剪辑和制作时,相对要费一定的时间。

③ 有一个基本的脚本,在拍摄过程中根据拍摄的具体情况调整和完善脚本,策划和编导一起进行拍摄的指导。这样的方式,拍摄的脚本与拍摄的过程能够比较好地融合在一起,问题是拍摄时间相对较长,拍摄成本就比较高。

(2) 选择最能体现主题的拍摄素材

最能体现主题的拍摄素材主要包括两个方面,一是人物和事件的画面,二是人物和事件的声音。

① 策划和选择最能体现主题的画面素材

以电视文艺专题节目《音乐采风——贺绿汀》为例。节目讲述的是老艺术家贺绿汀为中国的民族音乐事业做出的贡献,表现老艺术家高风亮节的崇高品质。策划确定了节目的结构是边叙边忆的线性结构,在叙和忆的过程中,贯穿一条明确的主线:贺老与艺术(学艺成名、艺术硕果、作品的欣赏)、贺老与时代(从小与时代、与社会命运的结合,从参加农民运动到投身于抗日和解放事业,民族与音乐、音乐与传统、音乐与时代)、贺老与生活。

为呈现叙述结构,要恰当选择拍摄的画面素材。策划的画面素材主要包括四部分:第一部分是采访贺老的素材和展现贺老艺术硕果的素材;第二部分是贺老从参加农民运动到投身于抗日和解放事业的素材,以及表现贺老与时代、与社会命运结合的早期影像或照片、文字素材;第三部分是贺老在当下仍继续关心音乐事业的发展,老当益壮地生活和工作的素材;第四部分是在熟悉和了解贺老的家人、朋友那里取得的讲述贺老故事的画面素材等。应该说,有了这四部分的素材,把这些素材有机融入上一步所策划的节目结构之中,完成这期文艺专题节目的任务应该比较轻松,问题不会很大。

② 思考画面与声音(同期声、画外音、音乐等)的融合

从节目构思开始,就要考虑声音问题,比如是否采用同期声,选配什么样风格的音乐,解说员的语气、语调、声音特色等。在组建摄制队伍时,要考虑是否需要配备录音师,在拍摄之前与录音师交流对整个节目的构思及对声音的设想,共同完善音乐和音响的设计。

如电视文艺专题节目《歌魂》讲述的是山西左权地区的民歌与人。在前期采访中,当地淳朴的、流传广泛的左权民歌给策划和编导留下深刻印象,尽管一开始还无法确定节目的最终形式,但有一条已经明确了:一定要把当地多年传唱、至今不衰、声情并茂的左权民歌原汁原味记录下来,即按照纪实手法来拍。那么,在筹划拍摄阶段就要及时和录音师沟通对声音的构思与想法,使其从一开始就进入创作角色,就拍摄内容、对象、设备等做好准备。

(3) 思考节目如何开头,如何结尾

电视文艺专题节目与其他类的节目一样,开头和结尾并无定式可循,主要应根据节目表现的内容、节目的叙述思路和风格而定。片子的开头既是内容的开始,又是策划时声画结合创作思路的入口。有人讲过这样一句话:"专题节目如果前十个镜头不能把观众吸引住,就将意味着至少失去一半的观众。"

在实际的创作中,大体上有几种开头的方式。

① "开门见山,直接入题"。这是一种比较平实、比较常见的方法。开篇就直接引入内容,马上把观众带入节目。如《雕塑家刘焕章》的开头:

画　面	解　说
狭小的夹道（镜头从房顶向下推） 刘在雕刻（中近景） 雕塑家的脸和手（特写） 刘在雕刻（全景）	他住在北京东城一条僻静的胡同里，绝大多数的中国人并不认识他，然而，在文化艺术界，他可是一位知名的人士，一个称得上优质高产的雕塑家。他姓刘，名焕章，今年已经52岁了。

这种入题的方式适用于一些以表现人的生活内容为题材的片子、以时间发展为线索的片子，显得简练、朴实，又真实、自然，是许多片子都采用的开头方式。值得引以为戒的是有的编导在采用这种方式开头时，总喜欢加上几个寓意性的镜头，以显示片子的深刻，但效果往往是拉拉杂杂半天还没入题，观众不知道片子要表现的是什么。

② "由远及近，间接入题"。这是一种新鲜活泼的开头方式。它从与主题有联系的远处娓娓动听说来，但这只是入题的由头，到一定的时候，火候一到，笔锋与画面一转，引入新意，进入正题。如《北京运动服装一瞥》的开头：

画　面	解　说
古希腊雕塑 奥运会入场式 运动会，运动员 天安门广场 青年男女穿着运动服	这是古希腊雕塑《掷铁饼者》。在艺术上它是不朽的；在服装上它是真实的。它告诉我们那时候参加奥运比赛是不穿衣服的，古希腊崇尚人体的自然美。运动员全身涂满了橄榄油，身体在阳光下发出古铜色的光彩。 　　奥林匹克的火炬燃烧了两千多年。在许多方面，现代运动会不同于古代，它是世界上规模最大的体育比赛，同时又好像是一次规模最大的服装展览。世界各国运动服在这里争奇斗艳，竞相比美。今年又是一个奥运年，北京不是举办本届奥运会的地点，但数不清的北京人纷纷穿起了运动服。

这种开头很新鲜,富有吸引力,能引人入胜,很适合于漫谈式结构的片子。值得一提的是笔锋和画面转换的火候一定要把握好,既要新颖,又要自然,切忌牵强附会。

③ "寓意式"。在电视文艺专题节目的创作中,也可以借鉴文学创作的某些手法,用比兴和隐喻造成一定的寓意效果,揭示片子的主题。对于思想性较强的作品来说,这常常是较好的开头方式。如《莫让年华付水流》的开头:

画　　面	解　　说
从晃动的婴儿脚摇到脸	生活的脚步是这样开始的。
从爬行的婴儿脚摇到脸	人生的道路,是这样开始的。
从学步的幼儿脚拉全身	当人生进入暮年的时候,啊
从列队齐步的少年脚拉全身	年轻的朋友,我们现在真是羡慕你们
从轻快奔跑的青年脚拉全身	甚至有几分嫉妒,人的一生
从蹒跚而行的老人脚拉全身	最珍贵的是青年时代

这里阐述了深刻的人生哲理。这种寓意式的开头法一定要注意贴切、合理以及适度。过多运用,就会变成一种套路,效果就不好了。

当然还有其他的开头方式,如强调式、介绍式等。在策划节目开头时,切切不要被现有的框架捆住手脚,要花一点时间,仔细琢磨一下。节目开头的创作规律只有一条,就是想方设法吸引住观众。

电视文艺专题节目的结尾,是节目完美收官的关键,是整个节目灵魂的升华。如同一篇绝妙的文章,结尾最好能令人回味,让人难忘,留下深刻的印象。

一般来讲,最为常见又行之有效的电视文艺专题节目的结尾方式,可以归纳为三种。

① 总结式结尾。所谓总结式结尾,就是在节目结尾处,进一步强化主题,顺其自然地总结和揭示出节目的思想内涵。那么在构思节目结尾处的解说词和画面时,就要精心策划,反复推敲,以画龙点睛之笔来提升节目的水平和品位。

② 展望式结尾。所谓展望式结尾，就是以展望未来、鼓舞人心作为结尾的主要任务，给观众以回味，引发观众对未来的思考，引发观众的期望和憧憬。

③ 呼应式结尾。所谓呼应式结尾是指节目的首尾内容相互呼应和关照，使节目前后浑然一体，把观众带进节目圆融的思想境界、艺术境界和审美境界中，让观众感受到内心的震撼，留下深刻而难忘的印象。

4. 对于电视文艺专题节目有重要影响的策划点

在电视文艺专题节目的策划过程中，有些因素对于节目有比较重要的影响，需要特别注意。

(1) 注意细节的描写

成功的细节描写堪称电视文艺专题节目的"戏眼"。缺少有血有肉的细节描写，节目必然缺乏深度，缺乏情感冲击力。

电视文艺专题节目《方荣翔》中，有几组关于戏迷的细节特写镜头，抓拍得很好，很到位。解说词是："济南市的戏迷们倾听着方荣翔的声音，谁也不愿意离去。"画面上是一组男女老少感情真挚的面孔的中近镜头，把戏迷们对艺术大师的崇敬之情表达得淋漓尽致。

电视文艺专题节目《朝阳与夕阳的对话》中，两个人物，两条线索，多组画面，构成了强烈的对比。一边是一架老式的钢琴、一支点燃的香烟、一副老式的眼镜、一本多年收集的民歌集，形象地展现了老人艰辛的艺术生涯，以及从民间艺术中吸取丰富营养、对音乐艺术的不懈追求。另一边，是一架油亮的新式钢琴、一台高档调音台、一箩鲜红的西红柿、一盘焦黄的鸡蛋，反映了小雷既是著名音乐家，又是普通女性，既要写曲子，又要带孩子的青年艺术家的特征。节目对雷振邦的描述，重点不在于记录他创作了多少优秀歌曲，而是着力表现这些歌曲已成为中国现代音乐的一部分，这无疑是对民族艺术的奉献。然而他本人还有一个更大的奉献，那就是为中国音乐艺术界奉献了新人——女儿雷蕾。这不仅仅是艺术生命的延续，更是音乐艺术追求的升华。新旧两架钢琴构成的对比画面，说明了两代人不同的人生经历、不同的艺术道路，以及不同的人生道路。而抚养第三代学步的寓意性画面,仿佛是带领又一代音乐人开始上路……这些细节化的描写,加深了作品的思想意蕴,激发观众去思考、去品味。

又如《壁画后的故事》,节目原计划去报道一个壁画的揭幕仪式,在拍摄壁画模特时,听说一个模特得了骨癌,已锯掉了一条腿,但仍然热爱生活的消息。于是节目组产生了新的拍摄想法,展开策划,从壁画模特这个细节入手,以一个身残志不残的人物对生命、对艺术的热爱为主题,拍摄了一个全新的节目,获得了成功。

(2) 处理好节目感情的"藏"与"露"的关系

艺术离不开感情,感情贵在含蓄。电视文艺专题节目以表现人和事为使命,通过人物的生活经历、人物的喜怒哀乐,展示不同的追求,引发观众的共鸣。在创作拍摄的过程中,创作者往往会被具体的"人"与"事"所感染,不可避免地投入自己的感情。但这些感情不能干扰节目。因此,就要处理好片中人物的客观感情与创作者主观感情的关系。能否恰当地把握好这两者的分寸,直接关系到片子的审美效果和质量。拍摄、记录不可能是纯客观的,关键是感情的渲染要适度,感情的介入要做到藏而不露。如果创作者的主观感情过于表面化,往往会让观众产生反感。

(3) 策划好同期声采访的准备工作

同期声在文艺专题片中越来越受重视,这是创作发展的可喜变化。同期声的采访涉及技术和艺术双重创作属性。从技术属性看,同期声有增加现场感的效果。但要使节目的质量有一个艺术方面的质的变化,必须进行节目内容的话题策划,做好同期声采访的准备工作。

在同期声的采访中,应根据访谈对象的具体情况、具体问题、具体人物背景,作不同的策划。中央电视台《东方时空》主持人水均益做过一个关于基辛格的专访节目。按照原定访谈的时间,基辛格只答应给5分钟。然而,节目时间是9分钟,怎么办?主持人、记者和编辑进行了周密的策划,要使基辛格不知不觉中谈下去。面对这样一位见多识广、擅长外交的国际级"大腕",策划者们精心准备,查阅了所有能找到的关于基辛格的资料。为了能使他合作,决定"先发制人"向他发难,而把一些轻松的有关个人生活的话题放到后面拖时间。因此,采访一开始,主持人的第一个问题就是:"中国和美国现在是朋友还是敌人?"博学多才的基辛格博士听了一愣,他没有想到主持人一上来就这么尖锐地问他。于是,他认真地分析了冷战后的国际关系,阐述了他的大国平衡论。在此之后,主持人又根据事先的策划,接连问了美国能否当世界警察、对华最惠国待遇、如何看待中国的改革等问题,这些是基辛格的长项,他乐此不疲,滔滔不绝。其后,记者又把话题转向轻松简单的个人生活问题,博士的乒乓球技、家庭、子女、近期著作,最后还提到再过十天就是博士的生日。基辛格脸上露出了吃惊和喜悦的表情,连声道谢。这次采访足足进行了20多分钟。

同期声的采用有助于增强电视节目与电视观众的交流,但是在同期声的采访中要注意,第一,不是所有的同期声都是需要的。在实际采访过程中,电视摄像机所面对的事物形形色色、千姿百态,有的可能是瞬息万变、突如其来的。对于那些不善于表达的被采访者来说,其答话可能会辞不达意,或是答非所问。对于这种情况,一方面要在采访时尽可能加以引导,另一方面在后期剪辑时应毫不吝惜地将其删掉。

第二,同期声的使用应忌冗长。与画面的剪辑节奏类似,声音的剪辑也应当是有节奏的。这里所说的声音的节奏是指同期语言声、同期效果声、解说声、音乐声等交替出现和综合运用。就某一段同期声而言,一般不宜过长,否则将会造成节奏的拖沓和单调。从人们的听觉感受来说,过长的同期声很容易使人感到枯燥和疲劳。

第三,同期声应忌杂乱。录制同期声时,应注意有效同期声和无效同期声即杂声的区别,因为实际摄像的环境常常是这两种声音同时并存的。如果不注意加以区分,致使杂声过大,有效同期声就得不到充分的表现,甚至于会造成技术审查不能通过。

第四,采用同期声不应走极端。尽管同期声有着诸多的优点,但在电视节目的制作过程中不应一味地为采用同期声而排斥其他手段的应用。

第三节 音乐电视节目策划

一、音乐电视节目发展简史

音乐是心灵的呼唤,是流动的情绪,是感情的宣泄。音乐是一种体察和表达人们内心情感世界的时间艺术。雕塑、绘画、摄影是空间艺术,电视是时间、空间相结合的综合艺术,音乐电视则是通过音乐和有意蕴的画面组合,来呈现和表达情感与审美体验的综合艺术。

音乐电视隶属于电视文艺节目的范畴,是电视文艺节目中较有特色的一类节目,具有较高的审美价值。当下这类节目在荧屏上远不如以前风光,但这类节目是学习和掌握用镜头、用画面来构成影像语言的最有特点的一类节目,是最能体现策划功力的一类节目。学习音乐电视节目的策划,对于学习电视文艺节目创作有着极为重要的现实意义和价值。

音乐电视的美在于音乐与画面的"虚拟"融合。从美学上讲,艺术的特质在于虚与实的有机融合。朱光潜先生在讲到"虚拟"时曾说过,越是虚拟的,才越见艺术功力,要不然也不会出现印象派、抽象派的音乐和绘画。音乐电视中的艺术创作手段就是虚拟的手段,没有虚拟的手段,就没有音乐电视艺术的作为。

音乐电视最早出现在美国。20 世纪 80 年代初,美国 MTV 电视频道播出,"MTV"即 Music Television 的缩写,是一个专门用于播出电视音乐歌舞节目的电视频道。后来,中国香港卫视也建立了音乐频道,名为"MTV"。一年后,电视台将这一频道更名为"Channel[V]",即"[V]频道"。此后,在[V]频道中占据重要分量的音乐电视节目"MTV"的含义才渐渐明确起来,泛指制作精良、拍摄精致、后期制作画面艺术化的一类音乐歌舞节目。

中国内地的音乐电视起步大约是在20世纪90年代初。音乐电视的发展,中央电视台起到了很重要的推动作用。1993年,中央电视台创办了第一个播出音乐电视的栏目——《东西南北中》,推出了第一期音乐电视作品,一种内容新、样式活、节奏欢快、个性鲜明的电视节目在荧屏上出现了,一时间给电视观众留下了较深刻的印象。自20世纪90年代以来,音乐电视以新颖的艺术形式赢得了广大观众特别是年轻观众的青睐,同时也带动了音像产业的发展。

在中央电视台的带动下,各地方电视台与各大电视制作公司、文化传播公司等纷纷参与加入音乐电视的拍摄,在许多人只是喜欢但还并不了解音乐电视究竟是什么的时候,音乐电视已红红火火地在中国发展了起来。

二、音乐电视概念和特征

什么是音乐电视?它的表现样式如何?特征有哪些?它与电视音乐、电视音乐片有什么区别?应该说,音乐电视发展快、变化快、样式多,它的制作者与生产者——音乐人、制片人、编导以实践为主,关于其理论的研究往往落后于其创作的实际。

乐评人金兆钧认为,音乐电视就是音乐电视广告片。他的理由是,音乐电视的推出,多数是和歌手专辑的出版相伴随。很多歌手制作完专辑后,在发行之前,往往会再投入一笔资金,为专辑中的主打歌曲拍摄一首3到5分钟的音乐电视,通过电视这一大众传媒传播出去,为专辑的销售做好宣传铺垫的工作。

原北京电影学院院长张会军教授认为,MTV(音乐电视)实质是一种视听文化,是建筑在音乐、歌曲结构上的流动视觉,视觉是音乐听觉的外在形式,音乐是视觉的潜在形态。

中央电视台的研究人员赵群认为,MTV(音乐电视)是一种3到5分钟的短小音乐作品,它可以分为有歌唱演员演唱、无歌唱演员演唱以及戏曲等几种,以跳跃的、断断续续的、有逻辑的或无逻辑的快节奏画面,表现这部音乐作品的内容。画面有室内的,也有室外的;有黑白的,也有彩色的或者黑白、彩色相间的;有实景,也有电脑特技制作的。由此创造一种惊心动魄、如梦如幻、眼花缭乱的效果,具有较强的艺术感染力和震撼力。

北京电影学院的许同均认为,MTV(音乐电视)是音乐和画面的两度虚拟创作,是意象化的、诗画式的音画组合。

中央电视台原文艺中心主任邹友开认为,MTV(音乐电视)是充分调动电视的手段,根据音乐作品的内涵和节奏,设计出包括演唱者在内的具有情绪化又互相联系的多组画面的艺术形象。

应该说,音乐电视是以充分的电视手段,根据对音乐歌曲的内涵和节奏的理解与处理,设计和拍摄出的包括演唱者的演唱在内的,具有情感与内涵联系的多组画面艺术形象的电视音乐节目。音乐电视和电视艺术片一样,是电视音乐节目的一种。

这样的概括可以较为清晰地勾画出音乐电视的以下几个基本特征:充分利用现代先进的电视技术手段;多画面、多时空表现音乐的个性和情绪、状态;画面不受时空限制;多组画面、多时空的有机结合;音画的有机结合。

三、音乐电视的策划

音乐电视的策划需要策划者具有一定的文化修养、艺术品位,具备摄影、色彩、用光、节奏、画面构图等专业素质。策划者能否将个人对音乐的感悟转化为电视形象,用手段加以表现,是一个很见功力的问题。

一般来讲,专业的电视策划人会最大限度地利用电视技术,使之全方位地为音乐电视的声画艺术服务。

1. 对音乐电视的题材和品种的策划

音乐电视题材广泛,品种多样,要根据我们的国情和国人的审美情趣,进行题材和品种的选择,并不是所有的歌曲都能拍摄成音乐电视。第一,要看唱法。一般来说,流行歌曲容易拍,民族唱法居中,美声歌曲难拍。第二,看词曲本身。有的歌曲,词本身有局限,太实、太直接,给策划音乐电视提供的再创作余地少。

我们国家幅员辽阔,有着各种唱法、各种风格的民族歌曲。我们不但可以把优秀的流行歌曲拍成音乐电视,更要努力去把优秀的民歌拍成音乐电视。另外,根据现实生活中情真意切的故事改编创作的歌曲,也是音乐电视的丰富题材。

2. 对音乐电视创意的策划

好的创意是拍摄出成功的音乐电视作品的关键所在。

要创意好,第一要理解歌曲的内涵和情感,确定音乐电视主题。所有的歌曲都力图表达一定的内涵和情感,歌曲的内涵和情感是创意的依据和出发点。拍摄时,如果不去尝试理解词曲的内涵,创意仅仅停留在歌词写山就拍山,写花就拍花,那是注定要失败的。对歌曲内涵和情感的理解,能够起到拓宽创意空间、激发创意灵感,从而进一步确定音乐电视主题的作用。

第二,要合理设计安排画面线索。创意好表现在画面组合合理,安排得当,歌曲和画面之间有机联系。音乐电视的画面组合往往是多组画面齐头并进,互相联系,因此,创意时对几条线索的关系要理顺,前后衔接要合理。

第三,还要设计出合理的画面与造型手段。"情中有景,景中有情",是历代空间艺术家努力追求的艺术境界。情为内隐,景为外现,情是主观,景为客观,如何使主观的情和客观的景交融,不但取决于策划者对情的感悟,更取决于策划者对自然物象和社会形象的典型化把握,以创造一种与歌曲所要表达的感情相符的意境。

第四,创意要符合观众的欣赏心理。一首歌曲拍成音乐电视后,可以说更直接、更深入地表现了主题。有的歌曲,一旦拍成音乐电视,可以有多种理解和诠释,这就要求策划者考虑哪些是社会提倡的,哪些是不提倡的。比如拍爱情歌曲,创意成师生恋情,就是欠妥的,需要加以注意。

3. 对音乐电视艺术效果的策划

音乐电视十分重视综合艺术效果,这里面就包括了对摄像、灯光、舞美、服装、表演和演唱等要素的设计。

音乐电视的摄像,除了要求构图讲究、体现美感外,要特别注意画面语言的节奏。音乐电视的画面与舞台演出相比,变化更大,节奏更快,因此,画面景别的跳跃性要大,镜头要短。画面组接不一定非得按音乐节奏,也不一定非得和歌词保持一致,一句词一个镜头。另外还要注意遮幅画面的应用。在音乐电视作品中,应用遮幅画面要从实际出发,根据不同题材对画面造型的不同要求,确定画幅比例。

灯光在音乐电视作品中有着举足轻重的作用。我们看到的许多音乐电视作品,不论是内景,还是外景,都注意了光线的应用。通过光线,控制画面色调,起到烘托环境、表现情绪的作用。关于灯光,一是要处理好背景光和人物光的关系,二是要把握好自然光的应用,不要只重视室内灯光效果,不重视外景拍摄时对光线的设计。

音乐电视的艺术效果与舞美、服装以及演员表演的关系也十分密切。在演员表演方面,不主张把舞台的表演程式搬到音乐电视中去。演员的服饰也不是越漂亮越华丽越好。环境的选择、舞美的布置,都要符合歌曲本身的内涵。

对音乐电视艺术效果的策划,还包括对特技画面的策划。音乐电视作品中,需要应用快动作、慢动作和定格、分格等多种特技画面,这是毫无疑问的,但这些特技画面的应用要从主题出发,符合观众视觉心理,不可盲目应用。比如经典作品《牵手》,只用了慢动作和叠画两种最简单不过的特技,却恰如其分地传达了情绪。好的特技画面设计,不能是东一榔头、西一棒子,应该在贯穿和呼应中建立特技的形式感。

四、经典音乐电视作品赏析

音乐电视《祝你平安》是曾经获得中国音乐电视(MTV)大赛金奖的一部作品,刘青作词、作曲,歌手孙悦演唱,刘真、张晓林编导。音乐电视《祝你平安》是流行音乐电视史上十分具有代表性的一部优秀作品。它的出众不仅在于编导用画面很好地诠释了歌曲的本意,更在于策划者通过对于歌词主题的重新创意,揭示了歌曲内涵,升华了歌曲内涵,大大拓宽了歌曲的主题空间,使观众在欣赏中获得美的享受,有启迪,有感动,有震撼。下面我们先来分析一下这部作品的分镜头台本,如表7-1所示。

表7-1　音乐电视《祝你平安》分镜头台本

镜号	景别	摄法	技巧	画面内容	歌词	长度
1	全	横移	渐显	空教室 出现字幕: 《祝你平安》 演唱:孙　悦 词曲:刘　青	(前奏)	9″
2	特	定	叠	歌手抚摩鸽子 字幕隐去		7″
3	近	定	叠	歌手唱	你的心情现在好吗	7″
4	全	移	叠	孩子们站立仰望,若有所思	你的脸上还有微笑吗 人生自古	10.5″
5	近	移	叠	歌手回首	就有许多愁和苦	4″
6	大全	移	叠	教室内,歌手在教孩子哑语	请你多一些开心 少一些烦恼	7″
7	中—远	移	叠	走廊中,孩子们用手语对着镜头说话,远处一个男孩独自倚墙看书	你的所得还那样少吗	7″
8	近	移	叠	歌手凝视远方	你的付出还那样多吗	7″
9	全	移	叠	歌手用手语对男孩说话	生活的路 总有一些不平事	4.5″
10	近	移	叠	前景孩子摸鸽子,后景一些孩子玩		2.5″
11	大全	移	叠	歌手与男孩在教室内	请你不必太在意	3.5″

续表

镜号	景别	摄法	技巧	画面内容	歌词	长度
12	中—近	推	叠	歌手坐在石台阶上,抬头望向镜头	洒脱一些过得好	3.5″
13	中	拉移	叠	男孩在阳光斑驳的走廊中向前奔跑	(间奏)	4.5″
14	中—近	降推	切	歌手唱	祝你平安,噢……祝你平安,让那快乐围绕在你身边	14″
15	中	移	切	教室内,歌手用手语给孩子们上课	祝你平安,噢……祝你平安	7″
16	小全	移	叠	孩子们在站立仰望,若有所思	你永远都幸福是我最大的心愿	10.5″
17	大全	移	叠	男孩子独自在教室内练习手语		5″
18	近	摇	叠	歌手教孩子认识二胡		4.5″
19	特	摇	叠	二胡琴桶,孩子手指	(间奏)	4.5″
20	中	定	叠	大人手把手教孩子弹钢琴		4.5″
21	中	移	叠	教室内,歌手倚在桌边回头看		4″
22	大全	移	叠	男孩擦黑板		2.5″
23	大远	移	叠	歌手看男孩擦黑板		4.5″
24	近	移	切	歌手唱	你的所得还那样少吗你的付出还那样多吗	14″
25	全	定	切	歌手在马路一侧对着马路对面打手语	生活的路	4″

续表

镜号	景别	摄法	技巧	画面内容	歌词	长度
26	全	定	切	男孩在马路对面回头看,站住	总有一些不平事	3″
27	中近	定	切	歌手打手语	请你不必太在意	4″
28	小全	移	切	孩子们站立仰望,若有所思	洒脱一些过得好	4″
29	中	同步转	切	歌手唱	祝你平安,噢……祝你平安	7″
30	中	移	叠	歌手教男孩弹钢琴	让那快乐围绕在你身边	4″
31	近	定	叠	歌手回头看		3″
32	全	定	切	男孩在马路对面打手语	祝你平安,噢……祝你平安	3.5″
33	中	定	切	歌手走在马路上		3.5″
34	近	定	叠	歌手手捧鸽子	你永远都幸福	3.5″
35	特	定	叠	双手放飞鸽子	是我最大的心愿	3.5″
36	近	移	叠	歌手唱	祝你平安,噢……祝你平安	7″
37	近	摇	叠	孩子、老太太	让那快乐围绕在你身边	3.5″
38	中	摇	叠	一对老人		7″
39	近	摇	叠	打太极的人	祝你平安,噢……祝你平安	1.5″
40	中	摇	叠	警察指挥交通		3″
41	近	摇	叠	学步的幼儿		3″
42	近	摇	叠	修车的老人	你永远都幸福	3.5″
43	近	摇	叠	理发师傅	是我最大的心愿	3.5″
44	近	摇	叠	孩子玩耍	祝你平安,噢……祝你平安	3.5″
45	近	定	叠	歌手视镜头		3.5″

续表

镜号	景别	摄法	技巧	画面内容	歌词	长度
46	中—近	推	叠	歌手站在景山上	让那快乐围绕在你身边	7″
47	小全	移	叠	孩子们打手语	祝你平安,噢……祝你平安	5
48	大全	移	叠	天坛公园圜丘坛上众儿童	你永远都幸福	7″
49	大远		叠	歌手在圜丘坛上	是我最大的心愿	6″
50	大全	定	叠	教室内鸽子飞落在桌子上(渐隐)	(尾声)	24″

音乐电视的一切创意之表现,都是以画面连接来完成艺术表达。《祝你平安》以聋哑学校教师与学生的交流故事为依托,用不断变换的时空与场景,编织出一片美好动人的景致:黄昏中空旷的教室,男孩奔跑时洒满金色阳光的走廊、飞舞的白鸽、庄严的圜丘坛……更妙的是,后半段作了时空扩展后,我们见到的是一个个普通人:身边的警察、修车的老人、理发的师傅……使作品由一个相对固定的时空,走入无垠的社会生活。观众能够从作品中看到和感受到"祝你平安"这一拓宽了的音乐主题和思想主题。《祝你平安》的"你",既是片中聋哑学校的老师和孩子,更是我们生活中的每一个普通人。这样的主题定位、这样的延伸,使我们的心头为之一热,也为之一震。

音乐电视中画面的情节和时空线索的策划设计,是相对有艺术感染力,并且能够体现个性的。《祝你平安》策划设计了一个中心情节"年轻女教师对一个孤僻、内向、害羞的聋哑男孩的关怀和爱护",围绕此情节,策划设计了四个时空线索。

时空一:学校内,包括教室、走廊以及走廊尽头的阶梯等,是故事发生的主要背景。

时空二:晨曦中的天坛,作了大场面的视觉处理,拓宽了手语"祝你平安"的广度,加强了力度,同时为美好的祝愿提供遐想的空间。处理在早晨,更有一种希望的寓意。

时空三:夕阳下的楼顶,这一环境正好俯视华灯初上的长安街,又能透视远处故宫金黄色的琉璃瓦屋顶,营造出一种宁静祥和的氛围。

时空四:阳光下的大街小巷,是歌曲主题升华的重要组成部分,一组镜头表现年轻教师与聋哑男孩故事的高潮段落,一组镜头则是以高片比、以纪实手法捕捉的百姓生活真实写照。

一部好的音乐电视不但需要对画面内容作策划设计,还需要用灯光设计来营造氛围。《祝你平安》中四个空间的灯光设计是不同的。

① 白天的教室和走廊,利用多个镝灯,透过窗户,打出了强烈的日光光束,增加空间层次,烘托人物关系,整体色调为暖色。

② 晨曦的天坛,在自然晨光基调上,辅以镝灯,造成强烈逆光,并加上正面柔光片,使人物更加漂亮,儿童集体形象更有层次,光调偏蓝。

③ 黄昏中的楼顶,在落日逆光效果背景上,给人物加以流动的白光,保证形象的清晰,光调偏暖。

④ 一组普通人物特写镜头,采用广告人物的细腻拍摄手法,运用镝灯及面部柔光,刻画人物的瞬间神态,光调呈暖色,给人幸福祥和之感。

摄像在音乐电视作品中是至关重要的。在镜头运用上,《祝你平安》大量使用升降移动、根据人物关系改变焦点、透视及分割画面等方法,加强镜头的运用感和内部张力,追求朴素自然的风格。

从剪辑看,《祝你平安》运用了最朴实的剪辑方式,基本按照事件发生的时间顺序,根据歌曲的起承转合进行剪辑,没有大的跳跃和强烈的节奏对比。镜头剪接朴实、自然、流畅、不留痕迹,每一个镜头都力求达到情感自然流露的视觉艺术效果。

本章思考与练习

1. 结合实例分析电视文艺节目的现状。
2. 就你熟悉的文艺人物策划一个电视文艺专题。
3. 如何进行音乐电视节目的策划?

第八章

电视综艺节目策划

> **学习目标**
>
> 掌握电视综艺节目的定义、特征、主要类型,了解电视综艺节目的发展历程。
>
> 了解电视综艺节目的创新,掌握电视综艺节目的策划要素。
>
> 了解电视文艺晚会的类型、总体策划规律,掌握电视文艺晚会的节目策划、舞美设计策划、灯光设计策划的一般规律。
>
> **关键术语**
>
> 电视综艺节目;电视文艺晚会

第一节 电视综艺节目概述

在前面一章,我们整体介绍了电视文艺节目,并深入介绍了电视文艺专题节目和音乐电视的策划,而当前最常见、最流行的电视文艺节目样式,仍要数电视剧和电视综艺节目。由于电视剧的创作规律有别于大多数电视节目的创作,关于电视剧的研究一般不会在与电视节目相关的教材和专著中深入提及。鉴于当下电视综艺节目的热播与流行,我们特地将电视综艺节目开辟为单独的一章来进行介绍。

关于电视文艺晚会是否包含在电视综艺节目的范畴之中,有的教材是把这两者区别开来讲的,也有的教材选择把电视文艺晚会包含在电视综艺节目之中讲。电视综艺节目的概念范畴相对较大,完全可以涵盖电视文艺晚会。电视文艺晚会是电视综艺节目的一种特殊的形式,其综艺属性很强,节目要素也很符合电视综艺节目的创作特征,把电视文艺晚会包含在电视综艺节目之中讲,是有道理的。本书虽然也把电视文艺晚会放在了电视综艺节目这一章,但用了独立的第三节来讲,理由主要有两个方面。其一,电视文艺晚会和其他电视综艺节目创作的规律有区别。电视文艺晚会和其他电视综艺节目的创作元素有相同之处,但元素的处理又不完全相同。虽然电视综艺节目的目的都是为观众营造娱乐和欢快的气氛,但电视文艺晚会有明确主题,是为这个明确的主题而创设节目,而其他电视综艺节目虽有一定主题,但这个主题相对宽泛,其创作往往是为娱乐而娱乐。当然,也有一些除电视文艺晚会之外的电视综艺节目会为了某一特定主题去创作,但这种情况是特例,而非常态。其二,对于学习和研究电视文艺节目策划的初学者来说,有意识地区分这两者的创作特点和规律,对于今后更好地从事相关工作,是十分有利的。从节目发展演变的历史上讲,应该是先有电视文艺晚会,然后才有其他电视综艺节目。

真正意义上的电视综艺节目最早诞生在美国。1948年6月,美国全国广播公司(NBC)播出了滑稽杂耍综艺节目《得克萨斯明星剧院》(*Texas Star Theater*),把滑稽表演、乡村歌曲、流行音乐、歌剧片段、芭蕾、杂技、木偶戏甚至是狗熊跳舞,混成一个大杂烩,以插科打诨串联其间,立刻取得了轰动性的效应,成为美国电视史上"第一个突破"。由于节目影响巨大,演艺界明星争相进入节目一展风采,颇有现在明星纷纷上综艺节目做宣传的架势。

我国的电视综艺节目最早发端于20世纪60年代初,成型在20世纪90年代初,发展于20世纪90年代末,大发展在当下。电视综艺节目遵循着自身的发展规律,到今天成为电视荧屏的常态性热播节目,越来越受到电视观众的关注和喜爱。其节目元素多元化,形式多样化,是值得学习与研究的节目类型。

1960年,北京电视台在演播室排练、播出了综合性的春节综艺晚会,有诗朗诵、相声、戏曲、歌舞等，这就是后来流行的大型综艺晚会的萌芽，可以视为电视综艺节目的先声。此后很长一段时间，电视综艺节目的发展进入沉寂期。1983年，中央电视台《春节联欢晚会》首次播出，此后年年不断，延续至今，成为电视文艺晚会最典型的代表。1990年3月开播的《综艺大观》以及4月开播的《正大综艺》，标志着电视综艺节目的正式诞生。《综艺大观》和《正大综艺》也被人称为"小春晚"，即一个栏目化播出的电视文艺晚会。《正大综艺》的综艺表演中增加了猜谜的游戏环节，使得节目多了一些游戏、游艺的色彩，有人将其视为我国电视游戏节目的开端。

20世纪90年代后期，以《欢乐总动员》《快乐大本营》为代表的游戏类电视综艺节目开始盛行，以歌舞、相声、小品等表演为主的传统电视综艺节目开始退离电视综艺节目的中心地带，逐渐走向边缘。2000年前后，以益智互动为主的电视综艺节目开始出现，中央电视台的《幸运52》《开心辞典》是此类节目的典型代表。2005年开始，《超级女声》作为一种更为新颖的电视综艺节目形式在湖南卫视发轫并迅速向全国蔓延开来，很快就成为电视综艺节目的领军者，这就是至今仍然风行电视屏幕的表演类真人秀节目。

2011年前后，电视综艺节目中的模式类节目兴起，如《中国梦想秀》《中国好声音》等都是模式类节目的典型代表，把电视综艺节目推向了一个较高的创作阶段。当下，电视综艺节目繁荣火爆，成为电视荧屏的宠儿，几乎达到一种登峰造极的程度。加上科技的进步以及新传播媒介的出现，电视综艺节目的创作有了一个更广阔的平台，节目创作的理念不断更新、改进，节目的模式、风格也在不断改变和创新。

一、电视综艺节目的定义

电视综艺节目，顾名思义，就是综合多种艺术的电视节目表现形式。不同的学者对于电视综艺节目有着不同的深入阐述。学者高鑫认为，电视综艺节目"是充分调动电子技术手段，对各种文艺样式进行二度创作，既保留原有文艺形态的艺术价值，又充分发挥电子创作的特殊艺术功能，给观众提供文化娱乐和审美享受的电视节目形态"[①]。孙宝国认为,电视综艺节目"是指融歌舞、曲艺、小品、杂技、魔术等多种舞台表演类文艺节目元素为一体的文娱类电视节目形态"[②]。赵玉明、王福顺认为,电视综艺节目"是集音乐、歌舞、小品、戏曲、杂技等多种文艺形式于一体,在一定的时间长度内按照特定的主题或线索,采用主持人现场串联、字幕串联、现场采访等方式,运用视听语言,将现场演出用电视化手段与传播的时效性、新闻的纪实性、文学艺术的表现性融为一体,具有娱乐、趣味、知识、宣传、审美相结合的特点"[③]。胡智锋认为,"电视综艺娱乐节目是以娱乐大众为目的,运用各种电视化手段,对各种文艺样式以及相关可提供娱乐的内容进行二度加工与创作,并以晚会、栏目或活动的方式予以屏幕化表现的节目形态"[④]。

还有学者认为"电视综艺节目是指以电视为传播媒体,利用综合性的表达手段,将多种娱乐性元素组合在某一种形式中,刻意地在某一时段强化电视的娱乐功能,单纯地使身心放松、精神愉悦的电视节目类型,'明星+游戏+观众参与'是其主要模式"[⑤]。

再进一步来说,电视综合文艺节目"是指在电视制作中运用多种艺术手段,主要是将歌舞、音乐、舞蹈、杂技、戏曲、曲艺、新闻人物或事件等'综合'编排在一起,具有集约化的信息传达方式而完成的电视文艺节目。相对于电视文艺专题、电视戏曲、电视音乐及音乐电视(MTV)、电视文学、电视舞蹈等较为单一的电视文艺节目而言,它具有多种文艺的综合样式,是综合性最强的一种文艺节目"[⑥]。

由此,我们可以看出电视综艺节目的定义包含以下要素:艺术形式与电视艺术形式的融合,充分运用电视语言的表达手段,满足艺术欣赏和娱乐两种需求。同时,我们也应该看到,随着国内电视节目模式越来越多元

[①] 高鑫.电视艺术学[M].北京:北京师范大学出版社,1998:382.
[②] 孙宝国.中国电视节目形态通论[M].北京:中国传媒大学出版社,2011:191.
[③] 赵玉明,王福顺.广播电视辞典[M].北京:北京广播学院出版社,1999:133.
[④] 胡智锋.电视节目策划学[M].上海:复旦大学出版社,2006:93.
[⑤] 黄会林,等.电视学导论[M].北京:高等教育出版社,2008:69.
[⑥] 项仲平,王国臣.广播电视文艺编导[M].杭州:浙江大学出版社,2003:5.

化,"电视综艺节目"的定义也在发生着改变,"综艺"不再被狭隘地理解为"综合文艺",电视综艺节目的核心也不仅仅在于对各种形式进行糅合和二度创作。"综艺"的"艺"已经不再是艺术或者"文艺"的简称了,而应该是指一个个组成整台节目的元素,这个元素可能是文艺,也可能是游艺或者新闻。[①]如今的电视综艺节目强调的是充分运用电视语言和手段,利用电视强大的综合性,将各种元素糅合到节目中,同时具备游戏性、趣味性、互动性以及自由度,能够满足观众的审美需求和娱乐需求。

根据以上定义和当下电视综艺节目的发展,我们对电视综艺节目的定义概括为:它是用电视手段有机融合了音乐、舞蹈、才艺表演等多种文艺或游艺形式而形成的不同于原艺术形式的电视节目。

二、电视综艺节目的特征

电视综艺节目有着自己独特的审美价值。它具有很强的综合性和多元性、娱乐性和欣赏性、大众性和普及性、互动性和参与性等。它在内容的丰富性、形式的多样性、受众的广泛参与性、艺术上的可观赏性和趣味性等方面,都强于其他电视文艺节目。

1. 综合性和多元性

电视本身就是一个综合性很强的传播媒介,所有类型的电视节目都有着综合性的特征。但不可否认的是,电视综艺节目的综合性是最富有特色、最为明显的。从内容和形式上看,电视综艺节目几乎是无所不包,不论是各种文艺表演样式,还是其他类型电视节目的构成元素,不论是上古神话还是身边琐事,甚至是对未来世界的幻想,都可以在电视综艺节目中看到踪影。从节目的格调上看,电视综艺节目既可以是高端精英式的,也可以喧闹大众式的。从传播功能上看,电视综艺节目虽以娱乐性为主,但仍会兼顾艺术性、教育性、服务性的功能。

---

① 汪炳文."综艺"探源——从综艺栏目《快乐大本营》说起[J].中国电视,1998(6):10—11.

电视综艺节目的综合性使其具有无所不包的胸怀,对社会生活始终秉持开放的态度,因此也是最为活跃多元的节目形态之一。一台综艺节目,短则四五十分钟(多为栏目化的综艺节目),长则两个小时以上(大型综艺节目)。电视综艺节目内容的丰富多元,没有任何一种电视艺术形式可以与之匹敌,这也是它作为一门综合艺术所独有的审美价值优势。

首先,受众的多层次带来内容与主题的多元。电视综艺节目的传播对象是大众,而不是小众,大众的观念、兴趣、审美的多层次决定了所传播内容与主题必须呈现强大的包容性。

其次,多元化的内容需要多样化的表现手段。不同的节目内容和主题,会带来不同的节目形式。或轻松,或幽默;或抒情,或昂扬;或轻歌曼舞,或大气磅礴;或名家荟萃,或靓女酷男,无不各展奇技。可以是生活、饮食、体育、智力竞赛、户外生存等,还可以是访谈、闯关、博彩、竞赛、搞笑等。应有尽有、无所不包,让人眼花缭乱。

最后,娱乐功能的强化引发多元化的节目样式。电视娱乐功能的极大拓展为电视综艺节目的样式设定提供了更多的空间,只要能为观众带来心理上的快乐和生理上的放松,各种娱乐元素和节目编排方式都可以综合运用,如脱口秀、方言、抽屉式编排等。

2. 娱乐性和欣赏性

电视综艺节目的根本目的是满足观众的娱乐消遣需求。不论是以歌舞、相声、小品表演为主的晚会节目,还是以猜谜、杂耍为主的游戏节目,还是近年来盛行的选秀节目,其目的都是让观众由观赏节目获得放松,缓解和释放工作生活中的压力。

过去,由于过分强调电视的宣教功能,一度认为讲娱乐不如讲宣传、鼓舞、教育来得理直气壮。随着经济的市场化,消费主义和大众文化日渐盛行,另一种对电视节目功能的错误认识开始渐盛起来,即简单追求心理上的宣泄,将"娱乐"简单化成"愚乐",将"欢乐"概念化为"搞笑",将"煽情"泛化成"滥情",更有甚者,认为这些是综艺节目的必杀技。但有学者指出,"通过我们的考察,53个办有电视娱乐节目的国家和地区中,'搞笑'既不是最主流的电视娱乐节目形式,更不是唯一的电视娱乐节目形式"①。这是值得策划者警醒和反思的。

3. 大众性和普及性

电视综艺节目的大众性是从它的文化属性上来看的。电视综艺节目的大众性具有两个含义。一是受众层面的多样化。电视综艺节目的受众是多层次的、涉及面很广的观众群体,其传播对象是大众而不是小众,是一个成分复杂的群体。二是内容形式的通俗化。大众文化本身就带有很强的通俗性特征,它不是特定阶层的文化,而是社会上散在的众多"一般个人"的文化,不论形式还是内容都必须是通俗易懂的。在众多电视节目中,综艺节目不论从内容构成还是从创作手法上来讲,都是最为追求通俗易懂的,没有什么深奥的思想和哲理。

电视综艺节目是典型的大众文化,是雅俗共赏、老少咸宜的文化,具有很强的普及性。在电视节目门类中,综艺节目的受众人数最多,人群分布最广,是收视率较高的几类节目之一。调查表明,综艺节目在许多地方的收视率排行中均位列前四位,甚至名列榜首。电视综艺节目这种主体地位和收视强势,就要求策划者自觉地把向观众提供雅俗共赏、丰富多彩的节目作为主导思想和创作指向,积极传播健康、有益、寓教于乐的精品节目。

4. 互动性和参与性

自从湖南卫视掀起"超女"选秀热潮后,电视节目的参与性和互动性再次进入人们关注的视野。甚至有人断言,未来的电视节目,谁能够在互动上做好文章,谁就能占据主导和上风。这话虽多少有点偏激,但也不无道理。随着传播观念的变化,特别是"受众本位"观念的兴起,观众在电视传播中的意义越来越重要。强调互动,实际上就是强调观众的重要性。而"超女"在参与和互动上的大手笔动作,在某种程度上印证了电视综艺节目是一种十分讲求参与和互动的节目类型。

电视综艺节目的叙述方式是开放性的,能够与观众进行即时的直接交

---

① 张志君.创新精神·平常心态·平等关怀——世界各国电视娱乐节目整体扫描及对中国同行的启示[J].当代电视,2000(S4):13.

流。不论是直播还是录播的节目，总会在很多细节上让观众产生一种"现在进行时"的感觉，在情感上与观众进行即时沟通，保证观众在观看节目过程中心情跟随节目而起伏波动。这种在观看节目过程中的心理投入或情感投入，正是综艺节目与观众进行互动的方式之一。

"受众本位"观念对电视媒体的冲击是很明显的，在所有的节目中，综艺节目的反应和调整最快、最及时。从20世纪80年代开始，现场观众就出现在综艺晚会节目中，虽然只是看客而非主角。到了20世纪90年代中后期，已经可以在游戏类综艺节目中看到观众与明星同台游戏。世纪之交，益智互动类综艺节目更是将普通观众作为舞台表现的主角，让他们与明星主持人同起同坐，场外的"助手"亦可以成为节目的一个环节。到2005年选秀节目兴起之后，综艺节目更是从"要你秀"演变为"我要秀""我能秀""我想秀"和"我的地盘我做主"的格局。

至今还没有哪一类节目能像综艺节目一样赋予受众如此强大的自主权，与观众产生如此强烈的互动效应。"超女"之所以由节目演变为社会现象、商业案例，与其对互动性的看重不无关联。尽管有人支持，赞其显示民主、尊重观众，有人反对，斥其名为民主、实为赚钱，但就节目来说，这种参与和互动方式为节目的成功奠定了基础，也指引了电视节目发展的方向和趋势。

三、电视综艺节目的主要类型

电视综艺节目的实践发展很快，形式和类型也非常多，对其进行分类的标准尚未统一。以下介绍三类分类标准和方法。

1. 以播出方式来区分

按照播出方式的不同，可以把电视综艺节目区分为录播类综艺节目和直播类综艺节目。录播类综艺节目即先录后播的综艺节目，是对准备就绪的综艺节目进行提前录像，然后经过后期的编辑、制作、合成，进行诸如外拍资料的插入（包括广告）、特技的运用、字幕的添加等加工处理，根据节目的长度要求制作完毕,安排在既定的时间播出。录播类综艺节目对于录像过程中出现的差错可以进行弥补,还可以充分利用特技手段对节目精心进行后期加工包装。

直播类综艺节目是在排定的播出时间,将综艺节目准备就绪,直接录制播出。即录像的同时,节目便已同步播出,在第一时间和观众见面。直播类综艺节目不存在"后期"问题,现场感较强。它要求各环节必须充分准备,精心组织,精心实施,确保按部就班播出,万无一失。直播类综艺节目中出现的纰漏和差错,容易"原汁原味"地暴露,不像录播那样,可以通过"后期"加以弥补。另外,超时问题也是直播节目的痼疾,有时直播中不得不临时删减压缩后面的节目内容。

2. 以是否进入固定栏目来区分

栏目化的综艺节目是在固定的栏目内播出的综艺节目,它的栏目长度是固定的,播出时间也是固定的。从中央电视台到省、市地方台,都有一批栏目化播出的综艺节目,比如当年的《综艺大观》《曲苑杂坛》等。

非栏目化的综艺节目,也就是不进入固定栏目,而是在编导录制后另行安排时间播出的综艺节目。它的播出时间和长度可以相对固定,也可以不固定。这类综艺节目一般都是频道重点打造的节目,或者是以季播方式播出的节目,如《快乐女声》《中国好声音》《奔跑吧兄弟》等大批节目都属于此类。

3. 以节目要素来区分

(1) 综艺表演类

这类节目比较传统,侧重于对演出者艺术修养和造诣的强调,通常以一种拼盘的方式,通过主持人的串联,展示不同种类、不同派别的文艺作品,风格以稳健知性见长。这种传统综艺节目的基本模式就是"演员+表演"。以专业演员作为节目的主角,舞台和演播室的表演为节目的主要场景。这一类节目中最具代表性的就是以春节联欢晚会为代表的电视文艺晚会。20世纪八九十年代是综艺表演类电视综艺节目的黄金时代,出现过

《综艺大观》《曲苑杂坛》《欢乐中国行》等一大批经典节目。

(2) 游戏娱乐类

20世纪90年代中后期,电视综艺节目进入了游戏娱乐类节目的时代。这类节目以游戏为主,参与者是清一色的专业演员和明星。这类节目以"明星+游戏"为节目的基本模式,强调演员、主持人以及观众现场参与互动,通过才艺表演、杂耍、滑稽表演等表现手段,让搞笑元素充分发挥,更能体现娱乐的宗旨。形式多变,充满了智力和体力的双重较量,风格以活泼动感见长。《快乐大本营》《欢乐总动员》《超级大赢家》等节目就是属于这个类别。在这一类节目中,仍然有一定比重的文艺表演,但与综艺表演类节目相比,其对于艺术性和审美性的追求已经在很大程度上消解,文艺表演仅成为一种点缀性的存在。

游戏娱乐类节目呈现的是平民化的市井日常生活趣味,由晚会式的社会性主题演变为对游戏冲动和猎奇心理等世俗化欲望的满足。这种类型的节目刚一出现,就以"广泛的参与性、多彩的娱乐性、强烈的刺激性",令人耳目一新,迅速席卷全国。这种带有民间狂欢节色彩的节目形式充分调动了观众的积极性、参与感,迎合了观众的收视心理。

随着观众收视心理、审美趣味的逐渐转变,游戏娱乐类节目逐渐由明星参与,演变为明星与普通民众深入参与的游戏竞技节目,以《智勇大冲关》《活力大冲关》为代表。

(3) 娱乐谈话类

娱乐谈话类节目也称为明星谈话类节目。这类节目一般有一个或两个固定的主持人,每期邀请一位或多位明星嘉宾进行演播室访谈,有时也邀请现场观众参与到节目中,进行各种话题的讨论,如人生、婚恋、情感,甚至是隐私,风格以幽默、感性为主,如《艺术人生》《超级访问》《最佳现场》等就属于这一类型的节目。

(4) 益智竞技类

这类节目以"知识+财富"为基本模式,在节目中融入了游戏、真人秀和谈话等元素,竞技性质较强,具有竞争性、刺激性和真实性等特点,节目导向刻意靠近家庭、梦想、奋斗、公益等主流意识,风格以紧张激烈为主。

比如央视的《幸运52》《开心辞典》、江苏卫视的《一站到底》等。以《幸运52》《开心辞典》为代表的早期益智竞技类综艺节目将游戏与知识普及融为一体,充分调动普通观众的参与热情,带动了一个此类节目的高潮,引发了"克隆""复制"之风。近年,此类节目在娱乐性中加大了"真人秀"元素,不再局限于传统模式,以不同风格重新吸引观众眼球。如江苏卫视的《一站到底》就改变了参与者与主持人对抗的传统模式,而采用了多个参与者攻擂的形式,让人耳目一新。

（5）娱乐资讯类

这类节目在各个电视台都普遍存在,报道近期或当日发生在明星演艺圈、大众娱乐圈的新闻资讯,侧重于对信息的传播,以"演播室主持人播报＋现场报道"为基本模式,一般使用一个或多个主持人完成串场,以外景主持和画面作为主要内容。既有新闻节目的性质,同时节目风格和播出方式又轻松活泼。代表性的节目有《娱乐现场》《影视同期声》《娱乐无极限》《娱乐星天地》《每日文娱播报》等。

（6）真人秀类

这类节目以"平民＋表演"为基本模式,自《超级女声》之后,以迅雷不及掩耳之势迅速火遍全国,各个电视台创设的此类节目如雨后春笋般出现。从《星光大道》《中国达人秀》到《中国梦想秀》《中国好声音》《中国好歌曲》等,这些节目既满足了大众的视听娱乐需求,又拉近了以前看似遥不可及的明星光环与普通民众的距离,满足了普通民众的"明星梦"。近年来的真人秀类节目,又出现了一种以明星为参赛主体的节目类型,这类节目的风格以明星之间的竞技表演与真实互动见长,如《舞林大会》《我是歌手》《爸爸去哪儿》《花儿与少年》等。

不难发现,当下的电视综艺节目发展演变速度相当快,不仅不断有全新的元素的加入,而且各种元素之间也不断交叉融合,使得各种节目类型呈现你中有我、我中有你的局面。

四、电视综艺节目的发展历程

电视作为大众媒介,其节目的生产处于社会文化生产的过程中,其发展可以说是与社会发展息息相关的。社会的发展进步使得不同时期的文化呈现出不同的特点,同样,电视节目也会随着社会文化的演进呈现出不同的节目形态。

自 20 世纪 80 年代初的三十多年来,我国的电视综艺节目经历了从无到有,从节目元素单一到多元,从形式单一的明星表演文艺晚会,到明星和观众互动游戏,再到全民参与,从内容综合到内容细分,再到内容细分和综合相结合,其发展历程可以大致分为综艺晚会时代、明星游戏时代、益智竞技时代、综艺选秀时代和全民娱乐时代五个阶段。

1. 综艺晚会时代

1983 年,中央电视台《春节联欢晚会》首次在除夕之夜播出,全国人民迎来了电视综艺节目的开端。综合了歌唱、舞蹈、相声、小品、魔术等多种表演形式的综合性电视晚会,是当时电视综艺节目的代表。综艺晚会时代的电视综艺节目还有《综艺大观》《正大综艺》《曲苑杂坛》等。1990 年,中央电视台推出《综艺大观》,以短小精悍的节目形式、巧妙的节目编排及轻松愉悦的现场氛围吸引了观众。同年,中央电视台与正大集团联合推出的《正大综艺》是中央电视台第一次同外国公司联合制作大型电视综艺节目,由"世界真奇妙""五花八门""真真假假"等板块构成,使观众打开了眼界,领略异国风情。《曲苑杂坛》的主要内容为相声、小品、魔术、杂技、评书、笑话、马戏、说唱等,同时也介绍外国精彩的杂技、马戏和滑稽戏等,节目形成雅俗共赏、轻松愉快、不拘一格的鲜明特色。这个时期,综艺晚会是电视综艺节目的主流模式,这个阶段的电视综艺节目多以明星在舞台上的表演为主,而表演内容通常是较为单一的演唱、舞蹈等艺术形式,表演形式多为"我演你看"的简单形态。

2. 明星游戏时代

明星游戏时代的综艺节目以《快乐大本营》《欢乐总动员》为代表。这种明星加游戏的综艺节目形式满足了观众对明星的好奇心理。《快乐大本营》开播于1997年，以娱乐休闲为主导，曾设有"精彩二选一""快乐传真""心有灵犀""火线冲击"等游戏环节，特别注重参与性，既有场内明星嘉宾和现场观众的互动，又有场外电视观众的热线参与。开播于1999年的《欢乐总动员》以模仿为主，模仿明星长相、声音、唱歌等内容。这一时期，明星游戏节目的热播催生了很多节目竞相"复制""克隆"。从省级卫视到省市级地面频道，都为明星游戏节目提供了大量的资源，加快了这类节目的流行。

3. 益智竞技时代

在明星游戏节目火热播出的同时，益智竞技类型的综艺节目也悄然兴起。这一类综艺节目以回答问题加巨额奖金为吸引力，营造紧张的答题氛围，满足观众不同的收视心理。中央电视台1999年开播的《幸运52》、2000年开播的《开心辞典》是其中的代表。《幸运52》是一档打破游戏类、知识竞赛类节目界限，有机地将游戏与知识普及融为一体，充分调动观众参与热情的益智节目，知识性、游戏性与竞赛性并重，是中央电视台首次以场内外互动方式开设的益智互动节目。《开心辞典》是中央电视台经济频道倾力打造的一个由高科技网络、声讯手段支撑的，完全面向普通大众的大型益智节目，提供广泛的参与空间和公平的互动机制，搭建起一个刺激的智慧擂台。

4. 综艺选秀时代

早在1999年开播的《欢乐总动员》中的"超级模仿秀"板块，让"平民秀"的概念开始在电视屏幕上出现。2000年以后，《流行偶像》《美国偶像》等真人秀节目在全球风靡，很大程度上为国内综艺节目提供了范本。2004年，湖南卫视和东方卫视分别推出综艺选秀类节目《超级女声》《我型我秀》，正式宣告我国大范围的综艺选秀时代的到来。同类型的节目还包括中央电视台的《梦想中国》、北京卫视的《红楼梦中人》、江苏卫视的《绝对唱响》等。这个时期,观众对电视节目的参与感前所未有地提高,明星不再是"独霸"电视综艺节目的主角,普通民众中的某些代表也可以是节目中耀眼的"明星"。

在普通民众选秀节目如火如荼播出的同时,以明星为参赛选手的明星选秀节目也在几个省级卫视上演。2006年至2007年,东方卫视的《舞林大会》《非常有戏》、湖南卫视的《名声大震》《舞动奇迹》都是此类节目中的代表。以《超级女声》为起点的这个时期,综艺节目季播的概念被引入省级卫视的播出体系。除了常规的周播、日播综艺节目外,大多数综艺选秀节目以季播的形式出现,每季仅持续几周到几个月的时间。这种播出方式一方面为频道资源的整合利用创造了条件,另一方面,也进一步加大了选秀比赛的吸引力与可看性。

5. 全民娱乐时代

电视的全民娱乐时代大体上也是源于2004年湖南卫视《超级女声》的推出,自那以后,电视综艺节目进入了泛"娱乐化"时代,综艺节目中"娱乐"的特点更加突出。这个时期涌现出以湖南卫视《智勇大冲关》《大家一起上》和东方卫视《全家都来赛》等为典型代表的全民游戏、全民表演类节目。节目中的主角不再是明星,而是普通老百姓;节目也不是为了选秀,而仅仅是为了游戏而游戏,为了娱乐而娱乐。普通民众在综艺节目中的参与性在这个时期得到极大的展现,达到了全民狂欢的状态。

近年来,电视综艺节目的发展趋势更倾向于杂糅多种娱乐元素,创新频出,节目形态呈爆炸式演进。最近几年热播的《我是歌手》《舞出我人生》《开门大吉》《声动亚洲》《回声嘹亮》《我爱记歌词》《星光大道》《星跳水立方》《舞林争霸》《舞动奇迹》《巅峰音乐会》《中国好声音》《中国达人秀》《中国新声代》《妈妈咪呀》《黄金100秒》《向幸福出发》《我爱满堂彩》《欢乐一家亲》《谢天谢地你来啦》《越战越勇》《年代秀》等一大批类似节目,就是不断创新和热播的电视综艺节目的代表。

第二节 电视综艺节目策划

电视综艺节目是所有电视节目类型中发展变化最快、创新形式最多样的,也是当前最活跃的电视节目类型。当前,由于对国外电视综艺节目模式的大量引进,或者说是对国外模式类节目的大量本土化改造,电视综艺节目的策划与创作与早期的电视综艺节目相比,已经不可同日而语。在这样的情况下,学习电视综艺节目策划最好的办法,就是转变思路,以活跃在当下电视荧屏或曾经热播过的电视综艺节目为案例,探讨和分析它们的策划创新要素,从而学习和把握电视综艺节目的策划规律。

一、电视综艺节目策划的创新

电视综艺节目发展至今,经过市场的大浪淘沙,确有不少受观众欢迎的节目留在了人们的记忆之中,而当下的一批在电视荧屏上热播的电视综艺节目,更是值得探究。分析这类节目的策划亮点,可以发现许多策划上的创新,概括如下。

1. 规制上创新

规制上的创新,为电视综艺节目的可持续发展奠定了基础。

电视综艺节目可以说是在流行和批评中做出调整,尤其是选秀节目,同质化、选手辨识度不高等负面元素,难免会让观众产生审美疲劳,持续追看的意愿降低。2010年,湖南卫视《快乐男声》、辽宁卫视《激情唱响》、东南卫视《欢乐合唱团》、浙江卫视《非同凡响》等仍坚持歌唱类选秀的模式,而东方卫视则放弃延续《加油!好男儿》,另辟新路,选择推出一档没有年龄限制、没有表演类型限制的"零门槛"平民选秀节目《中国达人秀》,获得了很大的关注。而浙江卫视接下来推出的《中国梦想秀》《中国好声音》,湖南卫视推出的《我是歌手》节目，让人们看到了同质化的竞争中出现的规制上的策划创新。这几档节目从主题模式、赛制流程、选手类型等方面都与其他选秀节目有很大的差异，带给观众一种久违的新鲜感。

2. 本土化嫁接创新

国外节目模式在本土化方面进行因地制宜的融合创新，是节目能够成功的根本。再好的节目，如果不适应国情，必定无法持久。引进的模式类综艺节目能够成功的关键一点，就是在本土化上做好文章。比如，中央电视台《开门大吉》在竞猜的模式中加入了歌星模仿秀环节，首期播出就得到观众好评。浙江卫视借鉴英国火爆全球的益智类竞赛节目 Poker Face 推出的《王牌谍中谍》，则在节目中加入游戏、赢取奖品环节，增加了观众关注的兴趣点。

3. 内容多样化创新

目前国内各电视台引进了美国、英国、荷兰和韩国等国的多种不同类型的模式节目，奠定了模式节目丰富多彩的基石。当下的综艺节目往往能够触及普通观众的情感兴奋点，如爱情、亲情、团结、梦想、欲望。在类别层面，益智、婚恋、求职、交友等各种板块都有涉及。比如东方卫视《妈妈咪呀》将演唱者定位于妈妈，实现了与其他节目的差异化。而湖南卫视的《奇舞飞扬》则被称为中国首档平民创意舞蹈秀。

二、电视综艺节目的策划要素

近年来，电视综艺节目在保留综艺元素的同时，还不断策划和丰富电视综艺以外的新元素。我们甚至可以笼统地说，在流行的电视综艺节目的策划中，表现出了较强的人文关怀的倾向，更加注重人的情感的力量，力求体现节目的正能量。

1. 公益元素的彰显

很多成功的电视综艺节目都加入了公益元素，在综艺节目中强化公益色彩,弘扬正能量,传递主流价值观。其中比较有代表性的节目有浙江卫视《中国梦想秀》、东方卫视《中国达人秀》、中央电视台《梦想合唱团》、湖南卫视《天声一队》等。还有中央电视台《为你而战》、江苏卫视《芝麻开门》在益智、游戏闯关的基础上加入公益元素。《中国星跳跃》将选手的成绩计入"母亲水窖"校园安全饮水计划的项目资金。《舞动奇迹》的一大特色就是明星为慈善而战,从零开始学习舞蹈,参与竞技,为残疾人奉献爱心。

2. 情感元素的强调

情感元素在电视综艺节目中被大量运用。情感元素往往以选手背后的故事的形式展开。享有"世界银幕剧作教学第一大师"美誉的美国著名编剧罗伯特·麦基曾经指出:"人类对故事的胃口是不可餍足的……我们讲述和倾听故事的时间可以和睡觉时间相提并论——即使在睡着以后我们还会做梦。为什么?我们人生的如此之多的时间为什么会在故事中度过?因为,正如评论家肯尼斯·伯克所言,故事是人生的设备。"[①]有故事就有吸引观众的地方,有情感元素的切入口,或是与个人梦想实现有关,或是与家庭温暖有关。

梦想是人类普遍追求的,很多的综艺节目加入了"梦想"概念,如《开门大吉》《梦立方》设置的是梦想基金,《中国达人秀》《中国梦想秀》是帮助选手实现梦想。《中国达人秀》在学习和借鉴《英国达人》成熟模式的基础上,也结合中国老百姓的生活、文化、情感等背景进行中国化内容制作,在注重娱乐的同时,挖掘选手才艺表演背后的价值观、文化内涵等,从平凡人身上发现不平凡的情感和故事。23岁的"袖珍女孩"朱洁和她的男朋友站在舞台上,一句简单的"我相信我一定会幸福的!"让电视机旁的观众眼眶湿润;"孔雀哥哥"全身插满LED灯的行头,为博重病中妻子一笑,他的故事让人感动;失去双臂的刘伟用双脚弹奏优美的钢琴曲,让观众产生深深的敬佩之情。同时,中国人纯朴、善良、智慧、勤劳的美德也在这些

[①] 〔美〕罗伯特·麦基.故事——材质、结构、风格和银幕剧作的原理[M].周铁东,译.北京:中国电影出版社,2001.

选手身上得以体现。"孔雀哥哥""无臂男孩"等选手所展现出的中国社会中普通人的价值观和生存状态等,在社会上引发了广泛关注和讨论,也让观众产生了一定的情感共鸣。家庭才艺展示类节目《欢乐一家亲》以全家齐动员的形式展开节目,通过一个个普通家庭的生活经历,淋漓尽致地表现出一个个温馨和睦小家庭的真情实感。此外,成长也是情感元素的一部分。《中国好声音》是在导师的带领下学习唱歌技巧,《中国星跳跃》《星跳水立方》教会明星学员跳水,明星参与节目的过程也是成长的励志故事。

3. 代际元素的运用

法国社会学家莫里斯·哈布瓦赫说:"我们保存着对自己生活的各个时期的记忆,这些记忆不停地再现;通过它们,就像是通过一种连续的关系,我们的认同感得以终身长存。"[1]怀旧与潮流的碰撞体现了一些热播的综艺节目的"代际"要素。一些节目的策划将时尚流行的节目形式与经典怀旧的节目内容相结合,并将"年代"的概念融于节目的形式与内容之中,"怀旧"成为节目的点睛之笔。如央视的《回声嘹亮》中,四位推荐人分别推荐"90、00 年代""70、80 年代""50、60 年代""50 年代前"的作品。将"代际"要素融入综艺节目,也就把属于一代人的集体记忆翻掘了出来。每一个时代,都有一部或多部能够引起每个人共鸣的经典文艺作品,它们代表着各个时代的最强音。节目中新老艺术家、歌手的碰撞以及老歌新唱也成为大的看点。同样,《时光擂台》的年代小屋重建了带着不同年代鲜明时代特征的"记忆空间",让观众仿佛乘上时间机器,瞬间穿越,回到从前,拼接出时代精神和公众记忆的版图。

随着 80 后、90 后、00 后概念的兴起,"代际"之分越来越成为一代人的标志。在针对青少年人群的新节目中,代际关系、亲子互动和家庭参与成为节目构成的重要元素,通过这些元素的植入,在节目互动中表现两代人的情感碰撞。中央电视台《加油少年派》、山东卫视《中国少年派挑战 00

---

[1] 〔法〕莫里斯·哈布瓦赫.论集体记忆[M].毕然,郭金华,译.上海:上海人民出版社,2002.

后》节目样态相似,每期节目以成人挑战少年儿童的形式,通过形式多样的比赛项目,试图在激烈的挑战中增强儿童的自信心,让父母更加了解孩子成长中的天性。山东卫视的家庭娱乐节目《老爸必胜》在此基础上增加了游戏、家庭梦想与赢得梦想基金的环节。辽宁卫视《老爸加油站》、东方卫视《中国亲子秀》等也均带有鲜明的亲子、益智色彩,《老爸加油站》还加入了班级梦想的元素。

在节目中将"代际"元素运用得非常成功的一个策划是深圳卫视的《年代秀》,不仅关注度、收视率节节攀升,也获得了业界的广泛认同。《年代秀》引进国外大型综艺节目 Generation Show 的模式,不仅包含游戏竞赛,并且结合影像、实物、音乐表演和时尚秀等元素,呈现整个时代影像,营造浓浓的当年情怀。《年代秀》节目的策划是通过对代际元素的合理运用,让不同年龄阶段的观众在节目中找到各自的情感共鸣,在这里观众可以看到 60 年代理想主义的纯净、70 年代勤劳奋斗的质朴、80 年代自我意识的觉醒、90 年代个性表达的率真、00 年代人人皆可成为偶像的信念。节目邀请的嘉宾出生于不同的年代,身上有着他们生活成长的那个年代的鲜明特点。五代人组成各自的年代小组,进行各种形式的共同娱乐。每一个小组背后还邀请了相应年代的观众加油助威,实现了先抓住观众的心、再吸引观众眼球的策略。

4. 科技元素的引入

包括新媒体在内的科技元素的运用,大大增加了节目的互动性、趣味性。电视的线性传播特性,决定了电视节目与受众的实时互动较弱的缺陷。科技的飞速发展,带来手机、平板电脑等移动终端和网络的普及,促进了电视与新媒体的"联姻",也使得观众的参与变得十分便捷。人们不再仅仅做观众,更愿意参与到互动中。借助新媒体如微博、微信甚至抖音、快手平台是当下电视节目的普遍做法。在微博、微信上发布信息无须提供版面费,相对电视媒体、平面媒体而言,是一种低成本、高回报的传播形式。另外,微博、微信为节目带来的另一大具有意义的功能就是互动性,这是短信、热线等单向反馈方式望尘莫及的。

早在2004年的第一届《超级女声》，湖南卫视就开始使用短信形式开展节目互动，可谓开启了新旧媒体合作双赢的思路。《中国达人秀》充分利用各种网络平台如门户网站、视频网站、百度贴吧、新浪微博、腾讯微博等展开新媒体营销，取得了很显著的成绩。湖南卫视推出《我是歌手》节目时，屏幕上出现了二维码扫描，开启了微信等新媒体功能在电视节目中的运用。央视《开门大吉》也运用了二维码技术，使节目一度有高达44万活跃用户参与在线答题。这些紧紧跟随科技革新的应用，极大地扩大了节目的影响力。

此外，科技元素还体现在用舞台和节目道具增加节目观赏性的策划上，如《中国好声音》中的转椅、《中国新声代》中前移的椅子、《越战越勇》中根据选手出的主题随机出题等。科技元素的使用，使得节目的魅力发挥得更加出色。另外，许多节目运用了顶级的摄录设备。《星跳水立方》整个节目的录制按照奥运比赛规格进行，节目场地选在水立方的奥运场馆，水下摄像机、高速摄像机配备齐全，大大保证了节目的观赏性。《我是歌手》节目配置了全国顶级的演唱会现场音响设备，启用了世界顶级乐队、音响师、调音师、灯光师。《中国好声音》录制现场摄像机达26台之多，增加了节目的信息量，也使得节目叙事更加紧凑，可以在有限的时间内让使观众获得多角度的叙事信息。

当下电视综艺节目琳琅满目、类型多样，极大地满足了不同受众的收视需求和审美心理，呈现出多元共生的人文景象和丰富多彩的视觉冲击。在科技进步的支撑下，创新元素与新媒体融合，许多节目实现了大制作、大投入的，类似"美国大片"的操作方式。但从现实角度考虑，这种大片式的投入可能不会是中国电视发展的长久之计。电视综艺节目的发展，还是要根据国情、国力，加强策划创新，在节目的情感、人文关怀等方面多下功夫，创作出符合国情、国力，接地气，设计精湛，内容有感染力，形式有创新的综艺节目，从而实现既有社会效益，又有经济效益，既受国内观众喜爱，又可达成对外文化输出的目标。

第三节 电视文艺晚会策划

一、电视文艺晚会概述

电视文艺晚会主要是指在重大的节假日期间或在特定时间,为配合某一重大主题内容的宣传,营造欢乐的节日气氛,丰富广大观众精神生活,特意组织的综合性电视文艺演出活动。

电视文艺晚会的主要特征是:①综合性。即充分利用现代电视技术手段和艺术手段,以电视节目主持人或其他电视手段为串联,有策划、有组织地,符合电视画面规律地,把戏剧、戏曲、音乐、舞蹈、相声、小品等文艺节目有机组织在一起,通过电视画面的形式展现出来。②规模性。电视文艺晚会一般规模大、时间长,节目时长往往超过 90 分钟,最长可以达到 180 分钟。要在这样长的时间里、这么大的场面中,有条不紊地安排好节目,吸引住观众,整体的策划必须做到生动活泼、幽默风趣、高潮迭起、生活气息浓厚,力求达到"思想精深、艺术精湛、制作精致"的目标。③主题性。电视文艺晚会往往需要表现一个具有时代性的主题,所有的文艺节目都围绕着主题、服务于主题。④感染性。电视文艺晚会为发挥时效性优势,往往采用现场直播的形式,以强化现场感,增强感染力,具有很强的宣传功能。

电视文艺晚会是电视屏幕上十分重要的一种电视文艺节目样式,也是较受电视台的相关领导部门和广大观众欢迎的电视文艺节目。虽说电视文艺晚会形态经过三十多年的发展,到今天似乎有了一些定式,但电视文艺晚会还是有活力的,还有继续发展的前景和生命力,还是全国电视观众不可缺少的精神娱乐食粮,更是喜庆与节日时不可缺少的"盛宴"。然而,时代在发展,观众的审美品位在提高,尤其是在新媒体等传播方式加入竞争的情况下,电视文艺晚会也亟待新的突破和创新。

从发展的过程看,电视文艺晚会大体经历了三个大的发展阶段。

20 世纪 80 年代初期,电视文艺晚会以剧场、舞台演出的实况转播为主,其基本形态是边演、边播、边看,三者同时进行。它是将剧场、舞台上演出的文艺节目,运用先进的电子技术,完整地、艺术地通过微波和卫星(主要是微波传输)等传播手段,使不同地域的观众,在同一时间里共同收看到与千里之外表演场地上的演出内容和形式完全一样的文艺节目,不仅让电视机前的观众具有身临其境感,而且也培养了电视观众的参与意识。由于当时的技术条件所限,剧场、舞台演出的实况转播对于节目的整体策划与设计、画面的艺术处理、场地的灯光舞美音响,以及小节目与小节目之间的转场,均提出了很高的技术要求。这些方面的某一环节稍有疏忽,就会导致整个晚会的失败。

在电视文艺晚会的历史上有过一次十分惨痛的教训。1985 年的春节联欢晚会,北京工人体育馆汇聚了上万观众,人潮涌动。相当于两个篮球场那么大的舞台上,灯光闪烁,云雾缭绕。这一年的晚会,论演员,阵容强大,中国香港演员有当时的大牌明星汪明荃、罗文,主持人有中国台湾的朱宛宜、中国香港的斑斑,还有留学美国的陈冲,她在电影《小花》中扮演的那个清纯的形象还留在观众的心目之中。论音响,是从香港借来的一流设备。随着节目的进行,总导演黄一鹤在导演台上心里一阵阵发慌:舞台灯光不好,画面亮度不够,电视屏幕里看上去是黑乎乎的一片;场地太大,各个岗位之间联系很困难,许多环节都显得乱糟糟的。但无论如何,也得硬着头皮,让晚会继续进行下去。晚会结束后,他一下子坐在满是演员汗水的地板上:"我头脑发热,低估了困难。"

20 世纪 80 年代末,电视文艺晚会进入演播室现场直播阶段。随着电视事业的发展,为了节目制作与播出的方便,各个电视台都开始使用自己建立起来的演播室。在演播室里组织文艺演出,将现场的演出实况,直接传播给电视观众,或将现场演出录制下来,经过后期剪辑播出,要比剧场、舞台演出的实况转播方便、快捷和安全。演播室里的现场直播,完全是为电视观众特意安排和设计的电视文艺演出,因而在场景设计、造型处理、灯光布置、舞美置景等方面,更加电视化,大大增加了节目的观赏性。电视文艺晚会声势大、影响广、宣传效果好的优势越来越受到电视台和社会各界的重视,制作数量急剧增加。电视文艺晚会逐渐走向成熟,成为独特的电视艺术样式。

20世纪90年代中后期以来,电视文艺晚会走向内外景结合的综合制作阶段。随着电子科学和卫星通信技术的进一步发展,电视文艺晚会开始使用国际上最先进的MIDI音乐设备,以大型电视投影屏幕作为舞台的背景区,再加上冷烟火的使用,使得画面与音乐有机结合,整个演出融声、光、画为一体,构成了立体舞台的艺术效果,形成了独特的电视文艺晚会样式。与此同时,电视文艺晚会充分运用卫星通信传输技术,实现科学的时空画面转换,把舞台表演、演播厅表演与外景实况、新闻记录等融为一体,使观众在欣赏文艺表演的同时,更感受到晚会现场与实际生活的紧密关联,从而大大增加了电视文艺晚会艺术表现的空间,拓展了电视文艺晚会的思想内涵。

电视文艺晚会是培养和诞生名导演、名主持人和名演员的摇篮。1984年的春节联欢晚会上,来自中国香港的歌手张明敏演唱的《我的中国心》,震撼了亿万炎黄子孙,他本人也因此红遍大江南北。1987年的春节联欢晚会上,又有不少新人脱颖而出。比如费翔虽然当时在我国港台地区十分走红,但在内地还知之者甚少。广州太平洋音像公司曾推出费翔的录音带《冬天里的一把火》,花了10万元做宣传,却仍销不动。春节联欢晚会上,费翔演唱的《故乡的云》《冬天里的一把火》让观众的心沸腾起来,接下来全国掀起了好几年的"费翔热",太平洋音像公司在短短两个月内就卖出了100万盒录音带。

二、电视文艺晚会的类型

从性质来分,电视文艺晚会大体可以分为三类:节庆周年文艺晚会、专题性文艺晚会和行业性文艺晚会。

所谓节庆周年文艺晚会,指的是在重大的国家性、民族性、民俗性的节庆期间或周年庆典时,为营造欢乐喜庆或纪念的气氛,丰富广大观众的精神生活,特意组织的电视文艺晚会,如春节联欢晚会、元旦晚会、中秋晚会等。

所谓专题性文艺晚会,指的是在一个阶段,为一个宣传中心工作,特意策划安排的电视文艺晚会。它往往有明确的、需要表现的主题与思想。如"科学与和平晚会"是为国际科学与和平周而举办的专题文艺晚会,"抉择2000"是浙江省党风廉政建设和反腐主题的电视文艺晚会,等等。

所谓行业性文艺晚会,指的是具有鲜明的行业特点和行业目的的电视文艺晚会。它包含着比较宽泛的内容,晚会的主题和节目的内涵往往离不开行业的要求、确定的范围,如"今夜星光灿烂"电视文艺星光奖十周年文艺晚会,"今宵属于你"庆祝中央电视台建台35周年大型文艺晚会,等等。

三、电视文艺晚会的总体策划规律

电视文艺晚会是电视艺术中综合性非常强的一种艺术样式,这种艺术样式对策划提出了很高的要求。电视文艺晚会的策划人员需要较高的文学艺术修养,以及广泛的社会知识。他需要了解歌唱、舞蹈、戏曲、曲艺、杂技等多种艺术门类的艺术特征、艺术规律以及这些艺术门类中优秀演员的基本情况;他需要熟悉电视摄录像设备的功能和使用方法;他需要具备较强的社会活动能力和组织能力,善于兼收并蓄各类艺术的长处,调动各方面的积极因素。只有这样,才能策划出优秀的电视文艺晚会节目,才能让电视文艺晚会实现"思想精深、艺术精湛、制作精致",做到文学品位、思想品位、艺术品位、格调品位和美学品位的有机统一,才能满足电视观众不断增长的审美要求。

如何才能策划设计出一台各方面都完美的电视文艺晚会呢?需把握好六个方面:①把握好晚会的主题和晚会的结构、形式和风格;②策划好表现晚会主题思想的节目;③策划好配合晚会主题的电视舞美;④策划好配合晚会主题内涵的灯光;⑤把握好音乐音响的运用;⑥策划好合适的主持人。概括性地讲,晚会的策划就是要着力抓住"主题与中心""结构与形式""节目内容""电视舞美""电视灯光"等,抓好了这些,基本上就能完成一台晚会的策划,为电视文艺晚会的成功奠定坚实的基础。

四、电视文艺晚会的节目策划

1. 策划电视文艺晚会的主题和中心思想

关于晚会的主题,在 20 世纪 80 年代电视文艺晚会刚开始出现时,电视文艺界就有过不同的认识与主张,有人主张要有主题,有人认为没有必要,也不可能。经过多年的实践,多数人认识到还是有主题好。原中央电视台副台长洪民生说:"从 1984 年起,春节晚会开始注重制定明确的主题思想,一直沿袭至今,实践证明:凡是能充分体现主题的就成功,凡是跑了题的就失败,表现不充分的就显得平淡。主题就是晚会的基调和灵魂,它的确定不由个人的随意性左右,而是要经过广泛听取观众和专家的意见,既要有浓烈的民族传统节日气氛,又要把晚会放在宏观的时代背景上去立意深化。"

著名电视文艺导演邓在军也说过:"一台晚会的主题,直接关系着节目创作、演员选择、风格色彩各个方面。一台大型的综合性电视文艺晚会,如果没有明确的主题,并贯穿于晚会的始终,就会显得东拼西凑、杂乱无章,即使有好的节目也给糟蹋了,或者只有个别节目给人留下印象。整台晚会的主题应该作为首要课题,精心地考虑、研究。"由此可见,晚会的策划人和导演一般都比较倾向于晚会要有主题。

节庆周年类的电视文艺晚会,在主题的策划上有别于其他类的晚会,一般来讲,在策划时要把握好其双主题内涵的属性,即一个历史的主题内涵和一个时代的主题内涵(或称现实主题)。这类晚会的主题构思与策划,要把两个主题内涵巧妙、有机地融为一体。在晚会的主题策划定位中,如果忽视了历史的主题内涵,就意味着忽略了节庆周年晚会的本质,但如果不强调时代的主题内涵,那么节庆周年晚会将会是大同小异、千篇一律,缺乏生气,这样的晚会必定脱离现实生活,也是没有意义和价值的。

以春节联欢晚会为例,春节是我国的传统节日,春晚应该适应人们在春节期间"团聚、欢乐"的心理需要,以"祥和、欢乐、喜庆"为主题。从实际情况来看,历届春晚中,"祥和、欢乐、喜庆"主题只能说是一种基调,但仅仅表现这个历史内涵并不够,春晚往往还加入了主题的时代内涵,历史内涵和时代内涵的融合才是历届春节联欢晚会的灵魂所在。

1992年春节联欢晚会由中央电视台文艺中心导演赵安执导,他把晚会的主题定为"爱国主义、民族精神"。主题很好,但主题太大、太泛,如何体现是一个难题。尽管他也力图通过具体的节目来体现这个主题,但有些观众还是认为节目表现的内容比较"空泛"。1995年春晚,他把主题定为"三聚",即"家庭的团聚,各民族的凝聚,炎黄子孙的会聚"。从"三聚"生发出"三情",即"亲情、友情、乡情",积极创造"欢乐、轻松、温馨、亲切"的气氛。"三聚"既有历史内涵,又有时代特征,从"三聚"到"三情",主题就接上地气,就鲜活了起来,为下一步的节目策划奠定了基础。

专题性、行业性的文艺晚会一般本身就是带有宗旨的,只不过这个宗旨范围大一些、宽泛一些、抽象一些,需要策划者把主题和中心思想探讨得再深一些,再明朗化一些,再具体一些。

要特别注意的是,在电视文艺晚会的策划过程中,需要运用辩证的思维方式。有些晚会的主题,政治色彩较浓,如果一味强调节目的严肃性和庄重感,会使晚会过于沉闷、枯燥,这时就需要"反向思维",加强节目的可欣赏性和艺术性,而一些娱乐性较强的晚会,要避免流于平庸和肤浅,则可以加入一定的思想性,带给观众以启迪和回味。

赵安导演在执导纪念世界反法西斯战争暨中国人民抗日战争胜利50周年"光明赞"大型文艺晚会时,就运用了这种策划思维。人们都知道战争是残酷的,反法西斯战争的胜利是人民用鲜血与生命换来的成果。整台晚会中,策划和编导对节目的设计没有尝试再现战争年代的刀光剑影与血雨腥风。序幕开始,是象征着美好与宁静的和平鸽飞舞,带给观众一种向往和平、反对战争的氛围。第一场开始时,在一个特大的钢盔上,一位美丽、纯洁、可爱的少女在《送别》"长亭外,古道边,芳草碧连天,晚风拂柳笛声残,夕阳山外山"的优美音乐声中,天真烂漫地嬉戏,时而与鸟共鸣,时而吹着蒲公英。突然间,枪炮声大作,电闪雷鸣,钢盔犬牙交错地裂开,可爱的少女撕心裂肺地呼喊着妈妈,坠落于万丈深渊之中。这一场景的策划,把战争的罪恶与凶残既形象又生动地展示在世人面前。当三位黄色、棕色、白色肤色的母亲在满舞台的熊熊大火中,共同托起遇难的女孩,象征的是全人类反对战争、呼唤和平的共同心声和信念。当白发苍苍的老人骆玉笙如泣如诉地高歌"千里刀光影"时,晚会达到了一个高潮,台下的观众热泪盈眶。文艺节目用独特的艺术感染力,表达了晚会的主题。整台晚会没有一个刀光剑影、血雨腥风的场面,但丝毫也没有减弱晚会的震撼力。

2. 策划电视文艺晚会的节目结构和形式

不论是节庆周年文艺晚会、专题性文艺晚会还是行业性文艺晚会,它们的结构粗分起来无非是两大类,一类是节目一通到底的直线式,另一类就是分篇章的板块式。如"东西南北兵"纪念中国人民解放军建军71周年大型文艺晚会,为了表现"八一"建军节的历史内涵和时代内涵,晚会的主题确定为"展现我军光辉历程,颂扬当代军人风采,歌唱军民鱼水情谊,激励部队时代精神"。在此主题下,节目结构分为五个板块:一、"八一"军旗红;二、东西南北兵;三、军民鱼水情;四、军旅交响曲;五、走进新时代。每一个板块中,着力细化其分支内容。第一部分"八一"军旗红,力图从"纵"的角度入手,通过我国不同时期具代表性的军歌演唱和不同时期具代表性的军服演示,形象生动地反映了人民军队在战斗中成长的光辉历程。第二部分,东西南北兵,力图从"横"的角度入手,围绕东、西、南、北、中不同地域兵的特点,运用音乐剧的表演形式,生动表现解放军官兵无私奉献的精神。第三部分,军民鱼水情,着重表现军民深情,选用一些地域特色鲜明的民歌、一些风情浓郁的民歌及现代京剧片段,讴歌军民之间的血肉联系。第四部分,军旅交响曲,着重表现老战士及当代军人的情怀,和我军在正规化、现代化建设中各兵种的风采。第五部分,走进新时代,着重表现人民军队在党的领导下向国防现代化迈进的坚定步伐和豪迈气概,歌颂人民军队昂首走向新世纪的钢铁意志和威武雄风。

在表现形式上,这台晚会将现场演出与外景实拍相结合,将艺术家舞台演出与部队官兵现场拉歌、共同参与节目相结合,融思想性、艺术性与即时性于一体。节奏快、信息量大,突出陆、海、空三军军种特色,展现了东西南北兵的时代风情。

在串联方式上,由电视台与部队主持人采用问答、对答等方式,串起整场节目,增加现场信息和感染力。

"今夜星光灿烂"电视文艺星光奖十周年文艺晚会是一台关于电视人特别是电视文艺人的晚会,同时也是一台庆贺辉煌、颂扬奉献、展现历程、展望未来的电视行业性晚会。这台电视文艺晚会的结构就采用了节目一通到底的直线式结构。引子与开场:随着十下悠扬的钟声,场灯渐收,音乐渐起,大幕徐徐上升,舞台上呈现出深邃的星空和一条富有象征意蕴的通道。在具有强烈现代意识的立体舞美框架中,四支高高立起的火炬台喷吐着火焰,充满着生机与活力,也渲染了庆典的氛围。主持人赵忠祥、倪萍从通道纵深处正面向观众走来……第一个节目舞蹈《彩条飞舞》,结合了中国传统的红绸舞(彩绸舞)与艺术体操中的"带操";第二个节目,明星心语《我最难忘的一次电视文艺晚会》,带来张明敏、李谷一、马季、彭丽媛等艺术家,从不同的角度,诉说自己最难忘的一次电视文艺晚会;第三个节目,彭丽媛演唱《鲜花的祝福》;第四个节目,喜剧小品《镜头对准谁》;第五个节目,《明星名曲》,有蒋大为《桃花盛开的地方》、朱明瑛《万水千山总是情》、费翔《故乡的云》、董文华《十五的月亮》、苏红《小小的我》、范琳琳《黄土高坡》、张明敏《我的中国心》……一个个节目在主题内涵"红线"的串联下有机结合,上一个节目套着下一个节目,整个晚会给人以气韵贯通、情绪热烈、一气呵成之感,充分体现了思想性、艺术性、娱乐性、观赏性。

3. 策划电视文艺晚会的节目内容

电视文艺晚会的节目内容可分为单一文艺表演和混合文艺表演两种。①单一文艺表演:音乐(歌曲、器乐等)、戏曲(京剧、评剧、越剧、豫剧、黄梅戏、秦腔等)、曲艺(相声、快板、评弹等)、戏剧(小品、短剧、话剧等)、舞蹈(民族舞、芭蕾、现代舞、古典舞等)、文学(诗朗诵等);②混合文艺表演:歌曲联唱、群舞伴歌、器乐组合、舞伴器乐、时装伴歌、时装伴舞、相声、小品等嫁接而成的文艺节目。

同样的主题下,有的晚会观众看了以后兴趣盎然,有的晚会却让人感到索然无味。关键在于节目是否具有不同一般的独特创意,是否得到了巧妙的安排。如"东西南北兵"纪念中国人民解放军建军71周年大型文艺晚会,在确定晚会"展现我军光辉历程,颂扬当代军人风采,歌唱军民鱼水情谊,激励部队时代精神"的主题后,节目开场如何表现主题?这个主题下蕴涵着两个主题内涵:一是展现我军光辉历程,歌唱军民鱼水情谊;另一个是颂扬当代军人风采,激励部队时代精神。策划人员由此想到:军队最典型的象征,就是军号和军旗。晚会在嘹亮的军号声中开始,一面火红的军旗引出中国人民解放军陆、海、空三军军旗。开场歌舞《人民军队忠于党》队列行进表演,男女声齐唱,昂扬的歌声伴着铿锵的鼓点和节奏,三军军旗在战士整齐的队列行进表演中组合变化,形成整齐划一、优美精致的图案,寓意三军战士澎湃的心潮和忠于人民、忠于祖国的伟大情怀。开场雄壮、有力、激昂、奋进,一下子把现场气氛和电视机前观众的情绪调动了起来。

一个晚会如果开头的节目不精彩,观众就不看了。即便中间和后面的内容很吸引人、很好看,也是枉费心机。所以首先要考虑用什么样的形式开篇,以便在节目一开始就把观众吸引住。此外,还要考虑在节目的中间段落里埋伏怎样的刺激点、触发点,通过这些来制造起伏和节奏,让观众在高潮的跌宕起伏中感受节目的精彩。好的晚会,节目就像一串珍珠项链,每一颗珍珠都能够挑起观众情绪的兴奋点,在观众刚要走神的时候就把他们给唤回来。

4. 策划电视晚会节目的感染力

有多年丰富经验的电视策划人都深深地懂得,有些节目之所以美好,其成功可明显地归因于我们称之为感染力的要素。节目的感染力是吸引观众喜欢节目的关键。因此,感染力要素也可以被认为是直接导致收视行为的关键因素。

一般认为有七种感染力要素,其中每种都可以通过各种节目予以强化实现。这七种感染力要素是：矛盾冲突、竞争、喜剧性、浪漫、美感、情感激动和悬念。在晚会节目的创作和安排上，可以有选择地运用这些感染力要素，从而提高节目的吸引力。晚会的策划人员一般会在各个节目中选择性地强化运用其中一种或两种以上的感染力要素，并把这些感染力要素有间隔地安排在晚会节目过程中。如果一个节目能够非常鲜明地体现出上述某个因素，节目就有可能很好地吸引住、留住观众。"矛盾冲突"要素毫无疑问是多种感染力要素中最抢眼的，对晚会节目来说也是不可少的。无论该晚会是严肃主题还是欢乐喜庆主题，增加一点冲突，主题会更加鲜明有力，更能产生感染力。"矛盾冲突"要素经常在晚会的小品、相声节目中作为重要的感染力要素出现。

此外，抒发真情也是影响和打动观众的有效方法。当电视文艺节目的真情与社会的正能量交汇，如与国家的命运、民族的兴衰、人物的荣辱紧密相连时，就成为最富有抒情性的力量。如1994年春节联欢晚会中的纪实节目《全家福》，是《浙江日报》摄影记者徐永辉跟踪拍摄40年（打破跟踪拍摄37年的吉尼斯世界纪录）的真实再现，以直观的、雄辩的事实和40年的时间跨度，呈现了一个普通农民家庭由贫穷走向富裕的过程，折射出共和国的历史变迁。这个节目从构思到完成，经历了多少曲折，是观众朋友无法想象的。这个节目的产生来自总策划徐然同志的灵机一动。那是一个寒冷的冬夜，时钟已经指向了三点，节目组的其他同志们因紧张工作了一天而疲惫地睡着了，徐然同志突然想起了他上中学时看到的一本杂志，那本杂志中记录了摄影记者徐永辉跟踪拍摄农民家庭20年并获摄影大奖的事。要是他到现在还在继续拍摄的话，应该是40年了。这40年拍摄同一家庭的照片，要是放大了摆在舞台上，那该是多么壮观的画面啊！经过大家的不懈努力，在浙江省和杭州市政府的支持下，节目组不仅找到了徐永辉和他多年跟踪拍摄的农民家庭，而且挑选了四张代表不同时代的照片放大搬上了舞台。当优美的音乐和着倪萍动听的解说响起时，观众朋友的眼睛潮湿了……

五、电视文艺晚会的舞美设计策划

电视文艺晚会的演播形式大致有茶座式、剧场式、外景式及三者混合式。除纯外景式外,其余几种形式,都离不开一个固定的演播室。各种演播形式都需考虑舞美设计的问题。

1. 舞美设计与节目播出形式的关系

单场录像的设计、实况录像的设计及现场直播的设计是不一样的。客观播出形式给策划人员提供的条件不一样,策划人员所考虑的问题就不一样。单场录像没有观众,有时间可以换景,因而每个节目之间的舞美设计可以有较大的区别,几个节目可以有几个完全不同的场景。现场直播换景时不允许有半点失误,因为播出的镜头是不可能收回来的,一失误就没有办法弥补。实况录像要比现场直播好一些,即使出了点错,也准许改正,可以停下来再录一遍,其影响不会太大,最多只是涉及现场的若干名观众。

要策划好现场直播与实况录像的舞美设计,关键在于要熟悉节目内容,要巧妙地利用舞台上给设计者提供的条件,如吊杆、转台、升降台、大幕等,迅速地实现节目与节目之间的换景。巧妙的换场会成为整个节目的一个组成部分,成为节目风格的重要体现方式之一。在录播与直播中,还要处理好两个场景之间的衔接问题。

2. 舞美设计与录制场地的关系

录制场地是应该考虑的一个重要方面。策划人员要根据场地所提供的客观条件进行设计构思。有的演出在演播室,有的在剧场,有的在体育馆,有的在露天场所,演播室有大小之分,剧场也各不相同。一般来说,舞台上有吊杆,瞬间就可以让镜头里的场景改头换面,这是舞台所具备的优势。与舞台相比,演播室没有边沿幕,可以适应各机位角度的变化,这是演播室与舞台录制的节目效果不一样的缘由。在剧场设计电视布景时,如将边沿幕去掉,即可将舞台的优势与演播室的优势相结合,设计出的场景会有良好的效果。

在体育馆录制节目,观众常常是三面的,有时甚至是四面的,因此无法在台两侧搭景,甚至有可能不能在台后立景,因为可能会妨碍观众的视线。体育馆的观众座位是阶梯形的,观众视线是俯视的,设计者可以充分利用地面做文章。体育馆的空间很大,可以从顶棚往下吊景。所以,场景不同,思路就应不同。

概言之,电视文艺晚会的舞美设计,是晚会作为综合艺术的具体体现。舞美设计给晚会造就了一个虚拟的表演空间。它虽然不像戏曲舞美那样要求针对故事情节,但也要根据每台晚会的不同性质、主题、规模阵容和舞台位置,有的放矢,充分考虑到晚会的风格特点、导演的舞台调度、灯光处理等因素。另外,还要从制作经费的实际情况出发,量体裁衣,不可贪大求全,追求奢华。每台晚会的舞美设计,都要有自己的独特风格,与晚会的基调相协调。

六、电视文艺晚会的灯光设计策划

越来越多的晚会策划人员和编导都清楚地认识到,利用电视的特点,充分发挥电视灯光的艺术效果,对于增强晚会的视觉冲击力、增强晚会的可看性、提高节目收视率是十分重要的。一台晚会成功与否,灯光在其中发挥的作用越来越重要。因此,策划和编导要重视晚会每一个节目的灯光效果,把灯光设计策划融合到节目内容中,发挥想象力,最大限度地增加电视画面的艺术感染力,使灯光艺术成为节目内涵的一个部分。

策划晚会灯光的工作,首先是构思建立晚会的总体气氛,设计灯光的表现手法。接下来就是根据不同节目内容,合理运用灯光手法,增加画面艺术感染力。央视灯光总设计师蔡蔚认为,要搞好电视灯光设计,必须掌握视觉、写实、审美和表现四个要素。

视觉要素:直截了当地说,观众打开电视机的最终目的是来"看"来"听"的。我们在演播室所做的一切,都是为了满足观众的这一要求。于是就要考虑:第一,有一定的光量,即足够的亮度;第二,要考虑光的质量,即适当的布光和色彩。那么,亮度、布光、色彩如何确定呢?艺术照明与通常以实用为目标的住宅照明、厂矿照明不同,比如无法规定某个场景一定是多少勒克斯。因为灯光效果与其他方面(如布景、表演、音乐、音响)效果一样,必须围绕演出,与演出相互协调统一。所以,灯光设计的亮度要由演出的总体构思来决定,由舞台上具体的节目情况来决定。

写实要素:即将舞台上的一切"如实"、客观地体现出来。这里所说的"如实",是指在艺术范围内的真实。灯光能够"如实"表现的内容有:时间、天气、某些物象等。所谓时间,比如春、夏、秋、冬四季之分,还有一天之内从早晨到晚上的变化;所谓天气,比如阴、晴、雨、雾等;所谓某些物象的描写,如火光、烟花等。

审美要素:当我们领略大自然的风光时,往往觉得眼前的一切都很美。为什么?因为有光。有了光,朝霞、骄阳、夕照、明月等所有的一切都会让人感到美如画、妙如诗。电视灯光的设计,也要有同样的作用。舞台上的布景、服装等,制作得再精致,如果灯光不好,其效果就难以体现出来。相反,有些看上去原本极为平常的布景和服装,借助灯光处理后,却可以生意盎然、妙不可言。

表现要素:戏剧、舞蹈等表演艺术是以心理因素为核心的,灯光设计之所以和戏剧、舞蹈的表演密切相关,关键就在于灯光设计还具有表现功能,能够助力于节目内涵的展示。

策划首先要协助导演,根据晚会节目的需要,对灯光提出粗线条的设计,如根据节目的内容与风格样式,考虑和确定灯光设计的重点、灯光与摄像系统的关系等。其次,还必须和美术设计以及装置人员沟通,及时、准确地了解有关设计的效果与安排,交换意见。

升降吊景、旋转舞台、翻板布景、移动景片等大量可变性舞美设计,已经广泛地出现在大型文艺晚会中,灯光也从原来的"幕后"走到了"台前"。电脑灯、光束灯、激光等新型效果灯,进行有形的排列变化,能够直接参与画面构图。灯体以及借助烟雾形成的光束,都可以成为摄像机捕捉的画面内容。在电视灯光艺术中,照明的明暗变化、色彩的冷暖过渡、整体设计的布局变化、灯光的静动、变换的节奏快慢等,都属于灯光效果的表现手法。

电视文艺晚会灯光的策划还要注意几个难点问题的处理。①光比控制的问题。要考虑现场观众的人眼效果和摄像机呈现的画面效果差异,灵活设计光比,既保证现场氛围的营造,又保证电视拍摄画面的视觉美感。②照度与色彩的冲突。白光吃彩光,彩光要求压白光,在剧场录制晚会时,这对矛盾最为突出。③"动与静"之间的矛盾。晚会演出,演员往往前动后不动、后动前不动,而灯光却很难同时体现"动"与"静",容易顾此失彼。④景别交叉造成的困难。不同景别的照度和色温不可能相同,而电视文艺晚会的节奏变化需要不同的景别交叉,这种交叉可能造成画面明暗的不统一。⑤逆光与辅助光的运用短缺。晚会演出不同于播音、访谈,对象始终在移动,勾勒背部和侧面轮廓的光源很难解决。⑥灯光对小品"无能为力"的问题。一到演小品,便是"大白光亮堂堂",这是当下还会出现的"通病"。⑦扩张与收缩的尺度。有些音乐节目,灯光可以扩张到淹没舞台轮廓;有些语言节目,灯光则应该将背景推远涂虚,将观众的视野缩小,使其注意力更集中。⑧灯光创造性的强化问题。灯光除辅助、配合、渲染之外,是可以在瞬间出彩的,比如歌曲的前奏与间奏时,需要灯光师临场发挥魄力与能力。

本章思考与练习

1. 结合当下的电视综艺节目,分析电视综艺节目的特征与类型。
2. 自选一个当下热播电视综艺节目,分析其策划上的创新之处。
3. 谈谈如何从策划层面防止电视综艺节目过度娱乐化和低俗化倾向。
4. 自选一台电视文艺晚会,分析其所属类型及主题,以及节目的结构形式、内容与感染力。

第九章

电视栏目策划

📽 学习目标

了解电视栏目的发展历程,掌握电视栏目与电视节目的区别与联系。
掌握电视栏目的结构特征和内容特征,了解电视栏目的优势。
了解电视栏目的策划依据,掌握电视栏目及栏目形象的策划方法。

📽 关键术语

电视栏目;电视栏目主持人

第一节 电视栏目概述

一、电视栏目发展简史

电视栏目,是广大电视观众最熟悉的电视节目之一,是电视编导们从报纸杂志的编辑艺术中借用过来的一种电视节目包装设计编排、节目创作的结构形式。

栏目,在报纸杂志中称之为"专栏",它是以一个相对集中的主题的一组或多组稿件构成的,这些具有共同点,如类似的主题、类似的题材、类似的体裁或类似的风格的稿件,放在报纸或杂志的一个版面或占据版面的一个局部,标以一个统一的标题,继而以花边或其他分隔形式与这些稿件以外的文稿隔开,以示区别。专栏一般都有固定的名称或位置,在报刊版面中具有相对的独立性。如在一个报道国有企业改革的专栏中,可以集中来自不同地区、不同国有企业单位的报道材料,也可以容纳本报记者、通讯员、特派记者和各个方面作者的稿件。

从一定意义上讲,电视栏目是电视发展到一定时期的必然的产物,是电视走向成熟的标志。电视发展的初期,由于技术设备的简陋,采、录节目不方便,无论国外还是国内,播出的电视节目都是简单的、零碎的、单一化的新闻、文艺节目和电影与电视剧等。每天、每周、每月的节目,除新闻节目外,其他节目缺乏系统、固定的格局。全世界最早的电视栏目出现在美国。20世纪40年代后期,新闻栏目《骆驼新闻大篷车》在美国诞生,打破了电视节目播出的原有格局。但真正意义上的栏目化播出,要到20世纪70年代,以美国三大电视网为代表,电视栏目进入了一个比较发达的阶段。20世纪80年代以后,其他一些国家也先后进入了电视栏目化播出的时期,如日本的NHK电视台,1981年有栏目21个,到1982年就增加为66个。苏联国家电视台在20世纪80年代开始把电视节目走向栏目化作为发展的方向,先后开办了新闻、科技、少儿、文艺、体育等七大类的近百个栏目。

随着栏目化的普及,出现了一个新的、有影响力的电视行业新工种——电视栏目主持人,涌现了一批与演艺明星齐名的电视栏目主持人,像美国新闻栏目主持人沃尔特·克朗凯特、丹·拉瑟、彼得·詹宁斯,法国电视栏目《健谈》主持人毕柏,日本电视栏目主持人黑柳彻子等。

其实,我国电视从开播的第一天就有了专栏节目,在1960年元旦开始试运行的北京电视台(即现在中央电视台的前身)的固定节目表中就明确设置了28个专栏。然而,我国电视真正意义上的"栏目化"的阶段还是开始于20世纪80年代初。1983年,在武汉举行的"电视专栏节目评奖活动"交流会上,广东电视台代表报告了该台自办节目80%以上实现了"栏目化",办成了"专栏性节目"。此后,各省、自治区、直辖市电视台也都按"栏目化"的要求办电视节目,各个电视台内掀起了改组编播、制作部门的调整之风。中央电视台也率先推出了《名牌》栏目。到1991年,中央电视台已开办了80多个电视栏目,其中比较有影响的栏目有54个,如新闻信息类的栏目《新闻联播》《午间新闻》《晚间新闻》《观察与思考》《今日世界》,文艺类栏目《百花园》《周末文艺》《外国文艺》《综艺大观》,社教类栏目《祖国各地》《华夏掠影》《人民子弟兵》《七巧板》《我们这一代》,等等。后来,中央电视台又增加了许多栏目,如《经济半小时》《军事天地》《体育新闻》《赛场纵横》《神州风采》《社会经纬》《科技时代》《十二演播室》《旋转舞台》《正大综艺》等。随着中央电视台节目的改版调整,到1999年年底,中央电视台的八个频道共推出了近200个栏目,如新闻节目中心有《早间新闻》《新闻30分》《新闻联播》《晚间新闻报道》《焦点访谈》《东方时空》《新闻调查》《实话实说》等18个栏目,社教节目中心有《夕阳红》《科技博览》《今日说法》《当代工人》《读书时间》等17个栏目,文艺节目中心有《综艺大观》《旋转舞台》《曲苑杂坛》《文化视点》《地方文艺》等23个栏目。随着电视竞争的日益激烈,电视栏目改版和撤销的周期越来越短,有的栏目推出半年,由于收视效率低下,没能获得观众垂青,就势不可挡地被新的栏目所代替。栏目"新陈代谢"的变换对电视策划和电视编导形成无休止的压力,也不断催生新栏目的涌现。新栏目在收视率的考验下,又不断改版调整。

尽管电视观众越来越认同和肯定电视栏目的形式,各电视台的节目也越来越趋于栏目化,我们的电视学者和专家也认为电视栏目是最有利于发挥电视"独家优势"的节目呈现样式,但电视栏目的理论研究还滞后于实际的节目发展,与实践不相适应。

二、电视栏目与电视节目的关系

按照一定的宗旨和目的,把一些或一组题材、内容、性质、功能或形态相近的小节目纳入一个定期、定时长播出的时段,冠以一个名称,这一时段的整个电视节目,我们习惯于称其为电视栏目。

电视栏目与电视节目是既有密切联系又有区别的两个概念。从宽泛意义上理解,所有在荧屏上播出的单元,都可称为节目,这其中自然包含了栏目。栏目是节目的一种特殊形式。从本质上讲,电视栏目是电视节目的一种编辑形式,或者可以说是电视节目的包装形式,是电视节目集中播出的单元,是频道编排中有固定时段、时长的完整播出单元。而一些临时安排的节目,就不宜称为栏目,比如"两会特别节目""清华大学校庆专题节目"等。

随着电视产业的发展,近年来,模式类电视综艺节目大热,以周播或季播的形式活跃在电视频道中。这类节目也是栏目化编排的节目,在固定时段、以固定时长播出,但它们并没有栏目结构的形式,不存在子栏目或小板块的结构。这些节目的内部管理是按照栏目的建制管理和运行的,对外既可称节目,也可称栏目。如中央电视台《开门大吉》、湖南卫视《我是歌手》、东方卫视《中国达人秀》、浙江卫视《中国好声音》、江苏卫视《非诚勿扰》等,既可以称为节目化的栏目,也可以称为栏目化的节目。但总体来说,还是称呼其为节目比较妥当,也比较准确和专业。

三、电视栏目的结构要素、特征与播出

电视栏目一般有五个相对固定的结构要素,即栏目名称、栏目时长、栏目宗旨、栏目定位、栏目结构和形态。下面以中央电视台第十七频道播出的《致富经》栏目为例具体说明。

栏目名称:《致富经》。

栏目时长:2001年1月2日开播后,每期时长约30分钟。周一至周五每天21:30播出。

栏目宗旨:传递致富经验,更新致富观念。

栏目定位:从百姓视角解读他们身边的致富明星,报道涉农经济发展过程中涌现出的致富经验和创新做法,带给观众以启迪智慧、更新观念的具有时代感的真实案例。

栏目结构和形态：板块式专题结构。设有"闯天下""经济视野""名人本色"三个板块或称子栏目。①"闯天下"报道老百姓身边的"致富明星"，以农民的创业经历、经济生活或经营涉农产业的城市人的创业经历、经济生活为题材，讲述一个个具有时代感的财富故事。让观众了解闯天下者的赚钱之道，或者闯天下者的失败教训，从主人公创造财富的故事中得到某些启示、教益或者思考。②"经济视野"及时报道涉农经济热点事件和现象，也报道各地发展区域经济、县域经济、特色经济及农业产业化经营等的一些创新做法和经验。③"名人本色"从百姓视角解读中国涉农商界风云人物的事业经验。

电视栏目在结构上最重要的特征就是其固定性。

① 栏目的板块结构与形式的固定

栏目的板块结构与形式是容纳栏目内容的主体框架，也体现了栏目的风格。一般情况下，栏目往往下分几个固定的小板块或小栏目，以便于把同一个系统内的不同内容归到相应的板块中，使观众能够在有限的栏目时长内尽可能多地了解相关的内容信息。

② 栏目播出时间与长度的固定

栏目播出时间与长度的固定，一方面是为了科学统筹安排各电视栏目在频道中的播出位置，另一方面是为了满足观众的收视心理和收视习惯，方便吸引观众收看栏目。

栏目结构上的固定性除上面提到的栏目结构板块与形式、栏目播出时间与长度外，还涉及栏目的名称、片头、主持人等多种元素的相对固定。

在所有这些栏目的固定性元素中，栏目播出时段的固定是较为重要的问题。固定时段的栏目播出不应以人的意志为转移，它既是栏目传播属性的要求，也是传媒对观众的基本尊重和应负的责任。一个有较好声誉和较大影响的频道，它的栏目是不会随意改变播出时间的。

栏目播出时段的分配、栏目播出时间的确定是由电视台的节目最高管理机构——电视台节目编委会决定。电视台总编室具体执行电视台节目编委会编排确定下来的各栏目的播出时间安排。有的电视频道为了进一步强化栏目的固定播出，还提出了方便记忆和收看的"整点播出"概念。整点播出概念的提出,更有利于栏目品牌的确立,更有助于观众的收视。如中央电视台综合频道的几档新闻栏目,播出时间基本都在整点上,很好记忆(如表9-1所示)。

表9-1 央视几档新闻栏目播出安排一览表

栏目名称	播出时间	播出频率(每周)
朝闻天下	6:00	一至日
新闻30分	12:00	一至日
新闻联播	19:00	一至日
焦点访谈	19:40	一至日
晚间新闻(世界报道、体育新闻)	22:00	一至日
新闻调查	21:30	每周六

四、电视栏目的内容特征

电视栏目的内容特征体现为栏目题材内容的系统性。

任何电视栏目都要求栏目的内容具有相对的系统性,这样才能把相应的节目内容集聚到栏目之下,规范确定栏目的内容资源。失去内容的系统性,栏目将失去自身的特征,成为一个杂乱无章的大拼盘。

如中央电视台《新闻联播》,定位是集聚国内外重大、重要新闻进行发布和传播的权威栏目,具有国家地位,代表国家形象。它的新闻内容的系统性建立在国家视角、国家方向的新闻信息的采集和传播上。地方性新闻和社会新闻,其主旨如果无法上升到国家层面,就很难进入它的栏目系统之中。又如,《今日说法》作为一档家喻户晓的日播性法制品牌栏目,秉持"点滴记录中国法治进程"的理念,以"重在普法,监督执法,促进立法,服务百姓"为宗旨,使栏目成为普法的窗口。其栏目内容的系统性表现在栏目内容都是体现普法知识点的真实故事,一年365天,每天给观众讲一个故事,每天告诉观众一个法律知识点,与法律和普法知识无关的内容都不属于栏目内容的系统范围。

五、电视栏目的优势

电视栏目是电视人借用平面媒体编辑艺术而对节目进行包装设计、编排和创作的结构形式,其主要有以下两大优点。

1. 有利于电视观众记忆和收视

早期,由于人力、财力和设备条件的限制,电视观众在一个城市最多只能收看到一至三个电视频道的节目,每天播出的电视节目形式和内容都比较单一,除了简明扼要的新闻报道外,仅有一些社会教育、文艺演出和电视剧节目。每个节目的时长不统一,带有很大的随意性。由于节目相对贫乏,节目播出时间也不是很固定。电视观众在这样的条件下,是无法选择固定收看电视节目的。

随着社会的发展,电视频道资源不断开发,电视节目日趋丰富,各个电视频道的电视节目如潮水般涌进每一个家庭,观众选择电视节目的自由度越来越大,观众收视选择的倾向性也日趋明显。电视工作者为了观众收看的方便,对一些内容相对集中、一致的节目进行有计划的组织制作,加以合理有序的编排,收入对应的栏目中。电视栏目的推出,提供了节目内容的识别选择功能,以其名称、特定标识、片头、音乐等,与其他栏目区分开,从而使得频道内的布局与结构层次分明。按固定时间、以固定时长播出,更是大大方便了观众的收视。各个栏目自身的特色和优势明显,满足了电视观众多种多样的收视需求。

2. 有利于频道的管理

电视节目栏目化是电视频道对节目编排、播出等方面的管理趋于有序化的需要。电视台节目的传播与报纸、书刊等平面媒体不同。平面媒体每一次出版,是将所有内容同时呈现在纸张上,随便读者怎么看,无顺序限定,无时间限制。电视媒体就大不一样。电视媒体是一种被时间切割又重新组合的艺术,电视节目以秒计算,其常态是像流水一样一刻不停地播出,因此,必须按照一定的时间和顺序编排。电视节目编排,就是将每周、每天的屏幕时间分割成块。当时间的分配从原来分配给一个个节目转变为只分配给几个栏目时,就大大强化了节目的集成化程度,易于制成统一的栏目播出时间表。栏目化后的频道,其结构形态一下清晰了,更加有利于频道对于资源如人力、财力、物力及选题的管理,使得频道资源配置进一步优化,实现以栏目为单位对人、财、物的归口管理,从而使管理趋向合理、规范和有序。

第二节　电视栏目策划

一、电视栏目的策划依据

电视栏目策划的根本目的是创作出广大观众所喜欢的栏目,对观众的分析和把握是栏目策划的根本。观众诉求和观众成分是分析和把握时必须考虑的重要因素。策划人在构思栏目时要始终想着观众。

栏目策划的观众调查,主要是指对观众需求和爱好情况的收集、整理汇总和分析,为栏目策划定位及栏目结构的设计做必要的准备。栏目观众情况还包括受众的年龄、收入、教育程度以及受众对同类栏目的认知情况,应该明白观众的偏好、兴趣上的差异是极大的。掌握这些资料有利于针对栏目受众的追求和喜好,确定栏目的定位和宗旨,并根据不同受众群体的特征为栏目选择适当的结构、形式和风格、品位。

如现在要开办一个面向中学生及其他文学爱好者的栏目,策划人就必须了解这些观众的组成和数量,了解他们的收视习惯、生活习惯和喜好及其变化发展,了解他们的时间分配和学习任务,了解他们的审美特征和欣赏品位,并考虑栏目的时长是多少,放在频道的什么时段为最妥,等等。只有这样,才能使栏目的内容适合于这些对象。

又如我们要策划两个音乐栏目,一个栏目的对象是青少年,另一个栏目的对象是成年人。以青少年为对象的栏目,其定位要靠近时尚和流行,画面切换和音乐节奏要相对快,而另一个音乐栏目,用这种策划方案就完全行不通。策划人必须时刻考虑观众的组成,策划出最适合观众喜好的电视栏目。

关于电视栏目的策划依据,要思考的方面还有很多,包括频道的资源配置、栏目的收视市场、栏目之间的竞争情况分析、栏目创办的内部条件等等。

二、电视栏目的策划

电视栏目的策划,一方面是在频道全局框架上建构一个独立"单元",服从并服务于频道要求,另一方面,是栏目策划者对栏目的思想内容、性质、功能、受众范围、文化品位、特色与结构形态、表达方式等方面的设定,对栏目的内容、形式做出总的方向性的要求。

电视栏目在策划之初要从多方面挖掘栏目的内涵,对栏目设置的意义做出明确和理性的判断。栏目的策划者要想树立栏目形象,赢得收视,必须确定五个条件。这五个条件是一个栏目应该具有的"个性化"特征,也是与其他栏目的区别。这也是我们常讲的栏目的"五个确定"的要求。

第一,确定栏目的宗旨和定位。

栏目宗旨和定位是栏目存在的基础,所有的栏目都有它自身的宗旨和定位,宗旨和定位是栏目与栏目相区别的根本所在。栏目是否有个性、有特点,全靠栏目宗旨和定位来指引。

栏目宗旨和定位确定好之后,还要确定节目的选题范围。一个栏目好看、耐看,关键之一就是有吸引观众的选题内容。如《焦点访谈》栏目,其宗旨是"时事追踪报道,新闻背景分析,社会热点透视,大众话题评说",它的每一期节目的选题都非常注意符合栏目宗旨,如《让菜价有个谱》《寻找英雄》《为了孩子》等,一个个体现宗旨的选题,如一块块基石,支撑着名牌栏目的大厦。

第二,确定栏目的时长和播出时间。

栏目的时长要符合栏目定位、宗旨及内容的需要,并非越长越好。栏目时长的设计,主要应依据栏目所要表现和反映的内容以及栏目的人力、物力、财力等条件。一般说来,栏目不宜太长,综合性的栏目不要超过50分钟。常规播出的栏目,如果太长,制作组各方面力所不能及,就会影响栏目的质量。但栏目也不宜太短,如果太短,要表现和反映的内容不能展开,给观众的信息量少,不利于给观众留下印象,而且观众收看到的概率也小,影响力不大。一般栏目比较适宜的时长是30分钟。

栏目的播出时段不是策划者所能决定的。在策划栏目的过程中,可以根据栏目的属性要求,向频道和台领导建议栏目最适宜的播出时段。栏目的播出时段只是相对固定,也不是一成不变,在必要的时候必须服从频道安排,做出调整。原来在黄金时段的栏目可能改到非黄金时段播出,原来非黄金时段的栏目也可以改到黄金时段播出,一切都取决于栏目的质量和收视率。比如《我要上春晚》是中央电视台综艺频道于2010年9月开播的一个综艺栏目,栏目最后评选出来的人气王,将有可能登上春节晚会的舞台,为全国观众表演。栏目最初的播出时间是周五19:00,由于栏目产生了较大的影响,自2013年10月起,首播调整到周五21:00的黄金时间,后来又调整为周六19:30首播。

第三,确定栏目的形态和结构。

对栏目的形态和结构的策划,既决定了栏目的可看性,同时也直接关系到选题内容的范围和节目的计划性。由于栏目具有播出准时、信息量大的特点,因此在策划栏目结构和形态时,要注意形态与结构的开放性与包容性,以确保在一个相当长的时期内,不至于因形态与结构的设计而导致选题的枯竭。

栏目形态和结构的设计策划应追求新颖别致。下面对比一下经典婚恋栏目《非常男女》和浙江卫视的婚恋栏目《爱情连连看》。

《非常男女》栏目分四个小板块："一见钟情""二见钟情""男女老实说（亲友老实问）"和"非常速配"。这四个小板块就好像男女交往恋爱的四个不同的认识发展阶段。第一板块"一见钟情"里，男女双方多名参与者凭第一印象进行判断，展开"非常话题"的讨论。第二板块"二见钟情"是参与者在初步认识对方后，再次选择自己的意中人。这时可能与"一见钟情"时的对象有所不同，参与者要说出自己选择某人的理由。接下来转入第三板块"男女老实说"，这是一个参与者选择"目标"的关键环节，进一步"火力侦察"，提出一些自己关心的尖锐深刻的问题，看对方如何回答。同时还有"亲友老实问"助支持者一臂之力，让他们别看走眼。最后的"非常速配"，男女按钮选择自己的意中人。

《爱情连连看》采用环节制来组合栏目的结构，大体是每期 4 至 5 名男生依次登场，每人 15 分钟为一段。每段分四个环节。第一环节"爱的大检索"，男生根据女生资料进行筛选，选出至多 12 位上场女生。第二环节"爱的初印象"，通过男生的第一个短片，介绍男生自己的基本条件和择偶要求，给上场的女生以第一印象，让女生选择灭灯还是继续亮灯。第三环节"爱的放大镜"，通过男生的第二个短片，给现场的女生介绍其经历和个人感情生活以及对家庭的看法等，让女生对男生有一个更深刻的了解，让女生选择灭灯还是继续亮灯。第四环节"男生来拍板"，在男生对女生进行进一步提问后，男生做出最后的选择。较之《非常男女》，《爱情连连看》这四个环节不仅浓缩了青年男女从相识到相知、相恋或等待下次情缘的全过程，而且借助现代化的手段，让青年男女双方都有更加充分的了解，男女双方拥有了更多自主选择的权利。

第四，确定相对固定的主持人。

有人说"主持人是一个栏目的象征"，这话一点不假。主持人虽不是电视台的代表人物，但却是栏目的形象代表。主持人是栏目演播阶段的组织者和现场的指挥员，同时又是栏目与观众之间的"桥梁"和"纽带"。主持人在栏目现场的主持得体与否，直接关系栏目的成败。

主持人在栏目的开创期有着举足轻重的作用。一些有影响的栏目和节目,其主持人必定是公众熟知的著名人物。国外电视界甚至视主持人为提高栏目收视率的关键人物,每当栏目和节目的收视率下降时,他们就会更换主持人,把更换主持人作为重要补救措施来加以实施。主持人对栏目来说是至关重要的,从一定程度上讲,主持人和栏目的关系有点类似于唇和齿的关系,"唇齿相依"。一个好的栏目能培养和造就知名主持人,知名主持人能使栏目生辉。在策划栏目时,在有条件的情况下,应该尽量考虑调用有名气的、其个人特质与栏目定位相符的主持人来主持栏目。如果条件不允许,则应力争培养出与栏目要求相符的主持人。像家喻户晓的栏目《东方时空》《焦点访谈》,在栏目成功的同时,也造就了白岩松、敬一丹等一批优秀的主持人。栏目塑造了主持人,主持人又反过来塑造了栏目的形象。

第五,对栏目播出效果做出科学评估。

评估栏目播出效果是栏目策划画上句号前的最后一步。栏目试播后,应详尽分析收视观众的反馈意见,并加以科学审视和评估。要力争通过对收视市场、观众收视心理、市场接受度等方面的深入了解,明确观众和市场的真实需求,确定新栏目在目标市场中的定位,评估栏目对于观众的影响力和吸引力。同时,科学预测收视市场的潜力和市场接受度的可拓展性,决定是否需要调整栏目的结构、选题和节目形态。在评估栏目效果的基础上,建立与固化栏目组的创作团队和人力、物力、财力配置,搭建起一个相对固定的节目流程框架,让各个工作节点之间能够相互关联,并有稳定的组织形式予以支撑。最后为栏目的营销推广拟订方案,打造栏目品牌。

三、电视栏目形象的策划

栏目形象是栏目的门面,直观传递栏目的定位和宗旨,是栏目"精气神"的体现。栏目形象直接影响观众对栏目的收视兴趣,直接关系栏目的收视率。定位准、成系统、创意妙、制作精的栏目形象包装,会使观众时时处处感受到栏目创作人员的智慧和匠心,加深观众对栏目的感受和理解。

如果说台标和宣传片是电视台的"形象广告"的话，栏目的片头及标识就是栏目的"产品广告"，它们的任务和作用是引导更多的观众对栏目内容加以关注。首先，它们必须独特；其次，能引起观众注意和喜爱；第三，必须有强烈、美观的视觉效果和易于识别、易于记忆的特点；第四，需要统一而经常地使用。

成功的栏目形象设计不仅要让片头创意与栏目标识之间产生紧密的关联，还应使这两者与演播室背景、节目主色调等标志性元素保持某种程度的呼应。栏目名称、标识的组合形式，字幕的出字方式，字体、字形、色彩、制作风格和特技手段等，都是在栏目形象设计创作过程中必须关注的问题。上述细节会随着栏目播出次数的增加，在观众心目中留下印象，成为栏目形象的重要组成部分。这些"花招"虽然不能最终替代节目内容去吸引观众，甚至观众在欣赏节目的过程中可能将它们忘得一干二净，但这不等于创作者的心血白费。恰恰相反，精心策划的栏目形象一旦被节目内容不断地赋予新的内涵，它的价值可能会超过内容本身。

栏目的片头如同一篇文章的总标题，是对整个栏目内容的概括和提示。这种概括与提示应严格控制在一定的时间之内，同时用电视的形象化手段加以设计，使观众能够认识、识别和留有印象。栏目片头必须起到强化主题、吸引观众的作用，力求在短暂的数秒或十余秒内，尽量增加画面信息，最大限度地向观众展现丰富的内涵。

不同类型的栏目有着内容与形式上的不同要求，从而形成了不同栏目的个性化特点，片头正是这种个性化特点的典型体现。栏目的策划和制作者在片头设计上不懈努力的主要目的在于，通过片头的设计制作，给整个栏目一个内容与形式上的定位，使观众在没有真正接触栏目内容之前，首先通过片头对栏目内容有个整体了解。片头是栏目创作人员给观众的"暗示"，是栏目内容的提前导入，能够吸引观众更加注意栏目内容，增强栏目的感染力，因而成为电视栏目的重要组成部分。例如《焦点访谈》的片头，虽然经过多次改版，但始终保留了男声口播"用事实说话"这一脍炙人口的广告语和"焦点访谈"栏目名，画面则始终融入栏目标识——一只机警、犀利、抽象的大眼睛，简洁明了，对栏目内容有提示性，又有视觉冲击力。

片头的制作应是技术与艺术巧妙结合的典范。数字技术的发展给电视制作带来了巨大变化,高科技手段不仅渗透到电视栏目与节目制作的各个环节,也渗透到片头的制作中。所有创意、构思与想法最终要通过技术手段实现,那么了解高科技、开拓性地利用计算机技术为制作片头服务,也就成为对策划人员的要求。

本章思考与练习

1. 电视栏目与电视节目这两个概念的区别与联系是什么?
2. 电视栏目有哪些结构特征和内容特征?
3. 举例说明主持人与栏目、节目的相互影响关系。
4. 结合一档成功的电视栏目,分析其在策划方面的独到之处。

第十章

电视频道策划、包装与节目编排

学习目标

掌握电视频道、频道制、频道专业化等概念。

通过了解电视频道定位及频道品牌栏目、频道活动、频道形象等方面的策划,掌握频道策划的基本能力。

掌握电视栏目设置与编排的策划。

关键术语

电视频道;频道制;频道专业化;频道形象;栏目设置与编排

第一节 电视频道概念

一、电视频道和频道制的概念

电视频道是节目机构播出和观众收视的最基本的集成平台,是一类或几类节目的播出和收视窗口。简言之,电视频道是电视节目的集成播出和观众收视平台。从这个角度上讲,频道就是"节目",是一个特别的"大节目"。新闻频道就是新闻节目的集成播出和观众收视的平台,电视剧频道就是电视剧播出和收看的平台。当然,频道有综合频道和专业频道之分,综合频道和专业频道的区分依据是频道的定位和所集成内容的属性。如人所皆知的CCTV－1是综合频道,CCTV－2是以经济、财经和金融内容为主体的财经频道,CCTV－3是综合文化艺术内容的综艺频道,CCTV－4是中文国际频道,CCTV－5是传播国内外体育赛事的体育频道,CCTV－6是播出电影信息、电影动态、电影花絮和影片的电影频道,CCTV－7是国防军事频道,CCTV－8是电视剧频道,CCTV－9是纪录频道,CCTV－10是科教频道,CCTV－11是戏曲频道,CCTV－12是社会与法频道,CCTV－13是新闻频道,CCTV－14是少儿频道,CCTV－15是音乐频道,CCTV－17是农业农村频道。除CCTV－1、CCTV－4是综合频道外,其余的都是专业频道。

在电视产业中,频道是先决的资源,是电视创作、电视生产、电视播出和电视营销赖以存在和进行传播的载体与窗口。套用英国古典政治经济学家威廉·配第的著名论断"土地是财富之母"来打一个不太妥帖的比方,我们可以说,频道就是电视生产的土地,是电视财富之母。频道是电视节目内容产品赖以生存的特殊土地,电视节目要在这块特殊的"土地"上发芽、成长、收获,由此可知频道对于电视节目有何等的重要性。

在中国,电视频道是相对稀缺的传播媒介渠道资源。随着互联网平台的快速发展和各种媒介在多个层面的不断融合,传播媒介渠道资源的稀缺有了很大程度的缓解,但是电视频道的平台资源仍由国家整体把控。电视频道是国家指定专门的传媒机构、单位开办的媒体,其内容是由专业和专门人士制作播出的,播出机构和播出内容也有一整套法令、法规和行业规定去限制,目前不对个人、民营和其他国有单位开放。

电视频道的稀缺性还体现在内容的受限上。频道绝不是个人想传播什么就能传播什么的媒介,而是传播主流声音的渠道,承担着尽可能公正、真实地反映社会宏观和微观状况的责任。

电视频道的稀缺性还源于财力资源的制约,因为电视频道是高投入的公共事业,频道之间的资源竞争不仅是覆盖范围、频率分配、落地状况、传输方式的竞争,更是资金、投入的竞争。

当下,整个电视行业正在经历着从"渠道为王"向"内容为王"的转变与回归,在这样的背景下,作为实力最强的内容提供商,电视媒体也获得了不容忽视的发展机遇。

频道制是频道管理的体制。所谓频道制,就是把频道作为一个具体的实体管理单位,它的人、财、物及投入与产出都进行独立的核算。频道制是一种管理制度,强调的是电视集团内部的资源整合,以及生产与播出的管理机制。从管理和运作的角度讲,频道制是基于节目制作基础上的频道统筹及配置人力、设备与经费和播出等的管理方式。

频道制在中国电视界并非新生事物,早在 2000 年中央电视台就尝试频道制,并首次实行频道总监领导下的栏目制片人制,从原来的台管部门、部门管组、组管制片人的多级管理中摆脱,开创了我国电视业界频道制、频道直接管理制片人的二级管理的先河。伴随着频道制的出现,频道的专业化也如火如荼地展开,从中央到各省的电视台乃至市和县,专业频道和冠名专业频道如雨后春笋般推出。频道专业化成为业界推崇和学界关注的焦点问题。

二、频道专业化的概念

所谓的频道专业化,是指电视媒体根据市场规律和受众分众化的媒介消费习惯,针对不同目标受众对节目信息的特定需要,将内容定位相同和相近的节目和栏目集合而形成专门的电视频道。真正意义上的频道专业化的出现和形成是在 1995 年,中央电视台在 CCTV-1 新闻为主的综合一套、CCTV-2 经济为主的二套等四套节目的基础上,于 1995 年 1 月 1 日开播体育频道;同年 11 月 30 日,文艺·音乐戏曲频道、电影频道和少儿·农业·军事·科技频道试播;1996 年 1 月 1 日,电视剧频道开播。由此,基本形成专业频道的框架。可以看出,中国频道专业化的改革,是以央视的频道发展为代表的。

频道专业化不仅仅是传播形式和内容上的变化,它还带来了电视市场、电视产业结构上的变革,以及经营管理、经营理念上的革新。频道制需要集团或电视台上层的机制作为保障,需要明确的频道定位。如果没有全面系统的革新机制作保证,没有明确的频道内容的专业界碑,频道专业化在实施过程中很可能会导致许多摩擦和矛盾,引起"兄弟"频道之间资源的争夺和内耗,最终会失去优势,重回过去效率低下、僵化、无活力的老路。

频道专业化要理直气壮地追求更广泛的观众,不能因为"专业",而拒"大众"于千里之外。频道专业化可以凭借"专业"的深度,结合雅入俗出的电视手法,拓展更广泛的、潜在的观众,追求更好的收视效果。专业频道一旦确定了"大众化"的观众目标,其节目设置思路在坚持定位的基础上,就应该以最大限度地追求收视效果、扩大节目收视面为主线,在栏目的设置布局上为广大观众服务。一方面,要从频道已有的定位出发设置栏目和节目,想方设法,充分发挥电视优势,变"专"为"广",吸引观众;另一方面,还可以从更广大观众的兴奋点、兴趣点出发,寻找适合"专业"表现的落脚点、切入口,变"广"为"专"。

分众化时代中,电视消费者的需求已出现了分化,通过建立一定数量的定位不同的专业频道来满足消费者多样化的需求,已成为大势所趋。频道专业化的市场需求,一方面来自观众的收视分众化需要,另一方面也来自客户的广告投放需要。媒介经营的二重性原理也告诉我们:一个电视节目的经济功能,并未在它售出之后即告完成,因为在它被消费的时候,它又转变成一个生产者。它产生出来的是一批观众,这批观众又成为广告商的目标受众。电视广告发展初期,客户投放广告是一种简单的广告概念,不指向非常明确的一个消费群体,注重的是收视率;当市场发展、企业认识提高后,客户需要针对特定时段和相对固定的群体来投放广告,注重的是广告目标受众的千人到达率。而专业频道锁定的目标分众群,无论是年龄、职业、收入水平、消费观念等等方面都比较接近,是广告有的放矢的最佳选择。具体到电视观众身上,收视动机、收视兴趣、欣赏习惯等方面的区别与差异已经很明显,不同类型的消费者对不同的节目形态有着不同的兴趣。如对电视剧,青少年兴趣高于老年、女性高于男性、低文化高于高文化;对综艺节目,年纪越大的兴趣越低;对新闻经济类节目,城市高于农村、高文化高于低文化。电视受众多样化的消费习惯、消费方式决定了电视市场多层次的广告空间,需要多样化的电视频道来满足。

第二节　电视频道策划

我们现在的电视专业频道建构一定程度上是特定情况下"行政整合"的产物,而非完全市场化"自由恋爱"的"瓜熟蒂落"。电视频道专业化,其实质是"细分观众的收视群体",从营销学意义上讲是细分和抢占观众的收视市场,从而培养受众的忠诚度,抢占市场份额。频道专业化的核心问题是频道特长与观众收视偏好相匹配。

一、频道定位的思考

频道不按照"综合性"方向发展,就必向"专业性"发展。在建构频道时首先要确定它的定位。频道的定位是根本性的问题,直接关系到频道后面的各步策划布局。

电视原本就是综合的艺术,它要适合最大可能的观众收视群体,杂拌式地把各类节目综合在一起,形成强大的媒体魅力。然而有意思的是,现在出现了与这种综合特征相反的专业化趋向,电视内容的"分类"欣赏要求倾向越来越强,可谓与日俱增。从中央电视台细分的十几个专业频道,再到各省、市、地方推出的具有专业化趋势的影视综艺频道、教育与科技频道、纪录片频道和少儿频道等,频道专业化和节目分众态势已成规模。观众的收视选择得到尊重,观众个体的喜好得到进一步的满足,兴趣的特殊性要求得到了鼓励。有人只看体育节目,沉浸在竞争赛事中;有人偏好戏曲节目,沉醉于哼唱,其乐无穷;有人喜爱电视综艺节目,不断享受娱乐盛宴;也有人渴望宁静,在静悄悄的夜晚品尝电视散文这一醇香的"香茗"。

这种"分众"使得某一类节目有了更为充分的施展延伸的可能。不同电视节目的"分庭抗礼",既丰富和开拓了频道资源,又促进了电视事业的发展,最后获益的是广大的电视观众。

关于频道定位,有两种模式。一是频道节目专业化,即以节目内容为依据,进行频道定位,把内容相同或相近的节目或栏目编排在同一频道。二是频道受众专业化,即以电视观众收视需求为依据,把收视习惯相同或相近的观众所需求的节目编排在同一个频道。

中央电视台目前采取的是混合型的频道定位模式,既有节目专业化的频道,如CCTV-3、CCTV-5、CCTV-11及CCTV-13等,也有受众专业化的频道,如CCTV-4、CCTV-7、CCTV-9等。

无论采取何种频道发展模式,都应有准确的频道定位。首先,要明确频道是为哪一类观众所开办,满足哪一类观众的需求。其次,频道还要有主打品牌栏目和节目。最后,要建立与频道定位相一致的频道标识、字幕、色彩、广告语、主持人风格以及频道宣传推介体系、栏目构成体系和节目编排体系,使频道的专业特色或属性得到由内而外的呈现。

频道定位可以再分解为内容定位、功能定位、受众定位、形态定位、风格定位及市场区域定位等多个层面。首先,频道的内容定位和功能定位是关键。内容定位和功能定位要解决频道的主体特色、品牌栏目的创设、栏目与活动的编排等问题。准确的定位为频道和品牌栏目的运作提供前提和基础。其次,对栏目和节目的目标观众进行定位,以确定服务于哪部分观众;同时也对栏目与节目本身的内容、功能、风格等方面的要素进行定位,以确定满足观众的哪部分需求。最后,对栏目与节目的市场进行定位,以确定寻找怎样的广告商或节目销售公司。受众调查是确定电视节目定位的基础。无论是内容与功能定位、观众定位还是市场定位,都必须在受众调查的基础上做出。

下面我们来看一下2014年几个卫视的频道定位和节目策划发展策略。

①安徽卫视:坚持以大剧立台,稳中求胜。节目策划发展策略是打造全国最优引进剧平台,以韩剧和泰剧等流行偶像剧为主打,以综艺、盛典加

强内容多样性。

②东方卫视：新闻为骨，梦想达人齐出动。节目策划发展策略是坚持新闻属性的综合性平台，综艺节目版面布局还是以《中国达人秀》《中国梦之声》《舞林争霸》《妈妈咪呀》《顶级厨房》领衔周末综艺。

③深圳卫视：台网联动，拓宽发展空间。节目策划发展战略为结合市场需求，推出全新大型季播栏目、常态化周播栏目，播放市场热门的首轮剧。首先，从影视剧、综艺、新闻等几个方面作出提升，黄金剧场实行三集策略，步入卫视三集的阵营。泛综艺节目采取季播化常态编排。其次，升级台网联动，与权威视频网站开启深度合作，以台网联动打造栏目大片时代。最后，在频道运营上实现升级。

④江苏卫视：品质至上，幸福继续。节目策划发展战略为打造以新闻、综合、电视剧、生活服务为核心的优质电视服务。

⑤浙江卫视：继续推出"好声音"，力求多元化。节目策划发展策略为力保王牌，文化助力，以大片赢市场：《中国蓝剧场》《中国好声音》《中国好舞蹈》《中国喜剧王》。

⑥湖南卫视：力保王牌，着力创新制作。节目策划发展战略为以原创研发为重点，用主题日串联节目编播。周一以真人秀为主题，播出《变形计》《成长记》等真人秀节目，周二的比拼日播出《全能创意王》等竞技类节目，周三的约会日播出《我们约会吧》，周四创意日播出《百变大咖秀》《超时空同台》，周五的活动日播出重磅之作《我是歌手》以及《爸爸去哪儿》。继续办好《快乐大本营》和《天天向上》这两个老牌节目。

二、频道品牌栏目的策划

一个企业没有拳头产品，就难以生存和发展。一个电视频道没有自己的品牌栏目，就会失去观众，频道也无法生存。名牌栏目越多，观众的人数就越多，频道影响力就越大，频道品牌就越响亮。一个频道若没有几个品牌栏目作支撑，没有两三个名牌栏目作龙头，就不可能成为名牌频道。众多品牌栏目是频道实力的标志,频道的核心竞争力很大程度上就来自于品牌栏目。

1. 品牌栏目是频道生存之关键

栏目是相对固定的播出单元,是系列化的精神产品。如果把一个频道比作一座大厦,那么,品牌栏目就是大厦的基石和支柱。一个频道如果没有两三个定位准确、收视率高的品牌栏目作为骨干,频道必然会默默无闻。品牌栏目是频道的标志,是频道的生命。一般地说,单个的优秀电视节目还不能称为品牌栏目,品牌栏目往往是指固定播出的、有一定连续性的、有较高知名度和影响力的节目。电视品牌带给观众的是喜欢、温暖、品质和信任。一个品牌栏目的成功,并非是短期内可以做到的,它需要较长时间的积累与沉淀,需要策划和编导持久的努力。

当下电视频道的竞争主要是品牌栏目的竞争,哪个频道的栏目树立起了品牌,哪个频道就能取得竞争优势。品牌栏目所具有的吸引收视率的功能,是不因个人意志为转移的。目前,同质化栏目泛滥成灾,品牌栏目要想脱颖而出,必须具有更加新颖的创意、更加精美的制作和更加富于感染力的效果。一旦观众对栏目形成了带有"记号"的认识,无论是正面的,还是反面的,这个认识都会长久地留在观众心里。这就要求电视人更加精益求精地认真对待节目的任何一个环节,以免因为微小的差错而错失一批潜在的受众。

2. 品牌栏目能带来频道的光环效应

在当下,要观众锁定一个电视频道似乎已是遥不可及的事了。面对几十个甚至近百个频道,观众手中的遥控器常常有些无所适从。如果要在无数常被忘却、被淹没的频道和节目中,促使观众锁定某个频道、某个栏目,增加频道收视机会,就需要创立品牌栏目,树立频道形象。如果某频道经常有观众想看或必看的栏目和节目,该频道就有可能被锁定,并促使观众期待频道推出更多的优秀栏目,或者因为收视的惯性,关注频道的其他节目。同时观众会产生这样的认知,该频道有一个这么好的节目,那么其他节目可能也不错,这就是社会心理学上所说的"光环效应"。

很多人会对《东方时空》《焦点访谈》带来的冲击记忆犹新，或者还记得初遇凤凰卫视时的兴奋，所以直至今日，仍有很多人关注《东方时空》《焦点访谈》，关注凤凰卫视，仅仅因为它们的品牌。也正是有了《快乐大本营》《我是歌手》等一批品牌栏目，湖南卫视才牢牢树立了其在全国卫视中的领先地位。

3. 品牌栏目是策划和编导的创新努力的结晶

现在我们所处的是一个理性分析的时代，是一个靠数字说话的时代。在栏目创办之前，我们应该在媒介调查的前提下对栏目进行准确的功能定位、受众定位、市场定位。以美国为例，要做出一档名牌栏目，花巨资开展详尽、科学的前期调研是大前提。例如CBS耗巨资制作的《生存者》，曾在美国一亿多人口中创下六千多万受众的收视高峰，光是决赛那一天的广告费就收获接近一千万美金。值得注意的是，CBS在制作这档节目之前的媒介调查和策划上可谓下了"血本"。不仅前期请了许多电视专家、传播学专家、社会学专家对节目进行反复论证，而且对整档节目的每个细节和场面都进行了精心设计。最后节目制作水到渠成，出来的效果与预想的"高度艺术化、精品化"一致。而目前大多数国内电视台要上一档栏目，前期调研往往流于"走过场"。对栏目创办前期的调研和策划的忽视，是品牌栏目诞生和形成的天敌。

4. 品牌栏目策划的一般规律

栏目的策划、编导、制片人是栏目创意的关键性人物。品牌栏目的策划，一定会经过以下主要环节。其一，精心策划栏目的整体框架形式，精选栏目内容。其二，精心策划栏目内容的递进或悬念等亮点。其三，筛选栏目的内容素材，为各类素材安排最能发挥其特长的栏目结构。其四，策划调动观众的参与热情。其五，精心策划设计布景、灯光、服装、道具。其六，通过深入的受众调查，维护栏目品牌，积极营销栏目。

目前国内电视机构往往是根据资金去做节目，而不是根据市场去找资金，再来做节目。还存在致命的硬伤，就是力图在做节目的过程中去赚钱，而不是先做好节目，待节目形成品牌后，再去营销挣钱。

三、频道活动的策划

随着竞争的日益加剧,策划频道活动对于频道的发展,尤其是频道影响力的扩大,有着很大的推动作用。

如今的信息时代也是资讯泛滥的时代,人的注意力反而成了稀缺资源,所以各个频道都想方设法吸引大众眼球。谁赢得了眼球,赢得了注意力,谁就能赢得经济效益和品牌效应。当下,一些重大事件或重大节日,往往是各频道开展活动策划比拼的关注点。有效开发频道活动已成为吸引大众眼球的多快好省的方式,越来越引起各个电视频道的重视。

1. 从提升频道整体品牌形象的角度策划频道活动

电视频道发展态势如何,很重要的一个考量指标就是其在受众心目中的人气指数如何。频道不仅需要知名度,更需要在观众心目中形成具有强大凝聚力的"美誉度"。策划参与性强又带有广泛社会关注度的电视活动,是电视媒体造大势、聚人气,提升品位、档次和品牌含金量的最佳途径,也是电视频道锻炼队伍、鼓舞士气、提高频道协同作战能力的绝好舞台,更是向大众,尤其是客户展现频道实力,增强广告投资人信心,以及开发新观众、结交新伙伴、凝聚新客户、制造好频道的机会。以CCTV－2为例,其一系列的特别活动如"CCTV年度经济人物评选""CCTV中国经济年度报告""CCTV世界经济年度报告""CCTV国际AD盛典""CCTV服装设计暨模特电视大赛"以及十几年来经久不衰的老品牌"3·15特别节目"等,形成了有序的电视活动,拉动了CCTV－2频道的整体影响力的提高。

2. 从社会效益和经济效益双赢的角度策划频道活动

中央电视台充分利用和发挥其强势的社会资源动员和整合能力,推出了各类频道活动,比如主持人大赛、歌手大赛、音乐盛典等,围绕这些活动制作的特别节目,往往形成全国观众关注的焦点和热点,不仅极大地拉动了收视率,扩大了频道影响,也为企业界提供了巨大的广告商机。这些独特的收视资源背后蕴藏着巨大的"活动经济"。可以毫不过分地说,每一项大型活动对于中央电视台来说都是一棵神奇的"摇钱树",冠名赞助企业与赛事活动一起,都会成为当时全国观众关注、新闻媒体追捧的焦点。

3. 从打造形象与影响力的角度策划频道活动

策划举办重大的、有影响力的频道活动,最大限度地吸引观众参与,是打造栏目与频道形象、扩大栏目与频道影响的有效途径。凤凰卫视以前给观众的强烈印象,是"凤凰是'说'出来的",以《凤凰早班车》鲁豫说新闻为代表。后来凤凰卫视开始策划从"千禧之旅"到"欧洲之旅"又到"两极之旅"以及"寻找远去的家园""穿越风沙线""永远的三峡"等大型文化考察活动,通过十分频繁地驱车行天下的频道活动,向观众传递出的信息是,凤凰不仅是"说"出来的,而且还是有人文精神的、有文化历史感的。这一次紧接一次的大型文化考察活动,不仅得到了华人主流人群的认同,凝聚了一大批人文学者如余秋雨、葛剑雄、冯骥才、徐刚、王鲁湘、王川平、郑云峰等,而且更为重要的是推出了一批好节目,最终实现栏目和节目整体水平的提升,提高了凤凰卫视这一电视品牌的含金量。

4. 从全面综合提升的角度策划电视活动

电视传播不能静态化,必须接地气,必须走出演播室,走到观众之中,切切实实为观众服务。综合性的电视节是快速综合提升频道形象、带动栏目影响力、引发品牌效应的行之有效的策略。每年一度的中国(浙江)电视观众节就是从综合角度全面推进和提升品牌效应的成功案例。浙江广电集团作为省级主流媒体,采用"节目活动化、活动节目化"的立体传播模式来扩大整体形象、打造品牌。中国(浙江)电视观众节从2006年开始,连续举办了十届,成为浙江广电集团电视品牌传播的成功经验之一。浙江广电集团通过全省性的巡回推广、群众投票、广场活动、多媒体报道,以及省、市、县广播电视媒体的协同报道和对启动仪式、颁奖典礼的联合直播等,营造出更大的传播磁场,为浙江卫视和浙江广电其他地面频道带来了更广泛的传播影响和更大的观众满意效应,提升了卫视频道和集团其他频道众多栏目的品牌形象。中国(浙江)电视观众节尽管每一届的主题并不相同,但都有着一个共同的主旨,即回报观众、回报社会。这一系列电视活动有五大特点。一是策划突出活动特色。现在有很多电视活动仅仅围绕电影、电视节目和明星展开,不以观众为中心。观众节,顾名思义是做给观众看的,是专门为观众举办的,它突出群众、服务观众,实现了"以人为本"的传播理念。二是策划突出活动本身。由活动来带动传播,由活动本身来制造新闻点、传播点,从而联系观众,接地气,扩大影响。三是策划突出互动。观众节中的八大部分活动都各具特色,观众参与广泛,赢得了业界的关注。四是策划突出营销。电视节活动的收入来源主要是门票收入,活动受欢迎的程度直接关系到企业能否获得利润。通过举办大型活动,企业的知名度可以获得极大的提升,给企业进行了卓有成效的广告宣传。五是策划突出效益。观众节坚持两个效益,以社会效益为主,同时,观众节本身就具有经济效益。

四、频道形象的策划

形象策划是电视频道规范化和塑造品质的需要,是电视频道发展日趋完善的标志和要求。越是办得好的电视频道,越是重视频道形象的策划。

电视频道形象是指电视台根据频道专业化、地域特色、目标观众群、社会职能等多项要素,主动为频道选择设计的包装形式和标识系统。它通过一系列视觉语言,向观众传递频道的整体概念,其中既包括频道栏目的综合印象和主要品牌栏目的突出印象,也包括频道及重点栏目的定位与特色。采取形象战略,能在激烈的电视竞争中引导观众记忆频道特色、节目特征,增加频道的吸引力和竞争力。

在策划电视频道形象之前,必须进行思考和创意,巧妙地把抽象的频道和栏目用形象的实体画面来表现,并融入频道大背景氛围中。

1. 频道形象的要求

(1)频道形象要有创意,要有美感,要有视觉吸引力、视觉冲击力,让人看一眼就难忘,从色彩的搭配、字体的选用等方面,吸引观众的视线。

（2）频道形象要提升频道文化价值。富有创意的形象设计，可以提高频道的文化内涵，培养观众群体对频道文化的认同。

（3）频道形象策划要传达理念。理念就是灵魂，可以强化频道和栏目的内涵，加深观众对频道和栏目的印象。理念要体现在文案的撰写、话题的设计、标题的拟定中。

（4）频道形象要具有识别功能。识别功能是观众认识频道和栏目的前提，有了识别功能，才有机会在同类频道中脱颖而出，易于记忆。

2. 频道形象策划的具体内容

（1）频道名称的策划

频道必须有一个"叫得响"的好名称，一个"叫得响"的名称是频道最基本的形象标识。名称的音节要响亮，读来上口，易读、易听，如凤凰中文频道、凤凰资讯频道、浙江卫视中国蓝等。

（2）台标系统的策划

台标是频道形象的重要内容之一。台标是一家电视台或一个频道的象征，要能让人一看到就想起它是什么电视台或什么频道，有什么特征和风格。好的台标，意境深远，引人入胜，是频道影响力的一部分。

台标系统包括台标的动画演绎过程、特色画面、音乐和广告词等内容。台标的动画演绎可以让观众了解台标的创作意图；特色画面可以由频道涉及区域的名胜、民风民俗和标志性建筑物组成，加大频道信息含量；音乐是内涵的延伸和阐释，是形成氛围、加深记忆、引发联想的重要手段；广告词如凤凰卫视中文台节目中经常出现的男中音"现在您收看的是……"极有韵味，令人回味，也可以是问候式的，如"某某频道向您问好"等，还可以直接传播频道的宗旨，把观众的一般印象向理性层面引导，使其产生更深刻的"概念"，言简意赅、神韵俱佳的广告词能很好地增强频道与观众的感性联系。

当前，我们的许多频道形象还有待加强策划创新，使频道形象更加深入人心。

第三节 电视栏目的科学设置与编排的策划

科学地设置和编排电视栏目,是提高频道系统内部有序化程度的关键,可以减少和避免栏目的交叉、撞车现象和资源的浪费。在频道的总体框架确定之后,首先要考虑的就是栏目的设置和编排的问题。将风格各异、形式多样、长短有别的电视栏目和节目有机地组合、艺术地排列起来,涉及的就是对栏目的设置和编排进行策划。

电视栏目的编排是通过对频道播出时间的分割和组合来实现的。通过对各种不同类型的栏目和节目进行有机、艺术的组合,编排在一个有限的频道时空里进行传播,可以发挥出整体播出效果优于单个栏目传播的作用,有效对准目标观众群,方便电视观众收看和记忆,从而较长时间地吸引观众,获得整体的理想收视率,强化频道竞争能力,提升频道传播影响力。

一、电视栏目设置与编排的原则和规律

电视栏目的设置和编排是电视节目由制作转入播出过程中承上启下的关键一环,具有重要意义。电视栏目的设置和编排是一门艺术,它不是简单的排列组合,而是一项具有前瞻性的工作,是策划人员的二度创作。

为了实现电视的宣传功能、娱乐功能、教育功能、服务功能等,必须考虑电视栏目和节目的内容比例,一般应以三位一体贯穿始终,即以新闻节目为主干,以娱乐类、欣赏类节目为依托,以专题类节目为扩充。没有新闻节目,电视台就失去了立台之本;没有娱乐、欣赏类节目,电视也就没有这么大的魅力;没有各类专题节目,荧屏就会缺乏文化品位。三大类节目相互依托,构成了丰富多彩的电视荧屏。在确定各类节目的比例构成时,还要适当考虑电视节目覆盖区域内的具体情况(如观众的文化层次、审美情

趣、经济状况等），越是经济发达地区的观众，往往越注重收看新闻和专题类节目。整体节目构成比例一般应保持相对稳定，但也要同客观实际相适应，随着时代的发展和受众需求的变化而变化。

国外同行十分重视节目编排。在电视事业起步较早的美国，电视专家们早就开始了分析电视观众的心理变化，以黄金时段电视节目收视率为基础，研究和探索电视观众收视习惯的细微变化和发展趋势，并据此来调整节目安排。美国著名的电视节目编排专家弗雷德·西尔弗曼把节目编排称为美国三大电视网最重要的秘密武器之一，在他看来，任何一个电视节目，即使制作水平再高超，如若播出时间安排不当，也无法在竞争中生存下来。反之，如果把一个勉强合格或试验播出的电视节目安排在一个恰当的时段播出，也能保证一定程度的收视率。

国内电视行业长期以来都十分重视自制节目和外购节目的质量，并作为全台的工作重点来抓，然而对节目播出时间的编排重视不够。编排是在不同节目和观众收视习惯之间寻找科学合理的安排方法。编排节目的方式千差万别，如果把一个电视频道比作一座大厦，电视节目就是建筑材料，而节目编排就是运用这些材料去建造大厦的科技手段。在进行节目编排时，根据不同的时段特点，一般要进行长短搭配或调剂，如时间长的节目适合什么样的观众，应安排什么样的内容，在进行编排时需要加以考虑。当然节目的长短具有相对性，与时间有关，也与节奏有关。如果节奏处理得好，长时间的节目观众也不会觉得疲倦，不会觉得长；如果节目节奏拖拉，没有新的刺激点出现，不长的节目观众也会觉得节目时间太长，看起来没什么意思。

在考虑栏目构成时，既要考虑最大层面的观众收视群体，又要照顾相对集中、对象性强的固定观众群，要根据电视宣传、娱乐、教育、服务等多功能，设置不同类别的栏目。优势和品牌栏目是频道影响力和频道节目水准的集中表现，一个有影响力的频道不可能没有品牌栏目和优秀节目的支撑。与此同时，一个频道必须有多点支撑，才能在相当程度上保持自己的稳定发展和优势地位。

文化传播和舆论引导功能是节目编排中不可忽视的因素。在商业活动频繁介入传播业的今天,当文化传播和舆论引导的功能与经济利益发生冲突时,栏目和节目的编排究竟应该坚持什么样的原则?一方面是文化传播、舆论引导的功能不能放弃,另一方面是广告商对利润的追求迫使传媒做出某种程度的让步。但无论如何,文化传播和舆论引导应视为媒体传播的基石。

受众研究是进行栏目和节目编排至关重要的环节。影响节目编排的因素主要是与观众收看行为密切相关的收视数据。合适的节目放在合适的时间段播出,才能吸引更多的电视观众收看,取得更好的收视效果,节目的价值才能得以充分实现。

二、电视栏目设置与编排的策划

电视栏目设置与编排,是通过对时间的分割和组合来实现的。如何对有限的时空加以艺术的组合,使之排列成为一个有机整体,达到 $1+1>2$ 的效果,可以从以下几个方面着手。

一是建立一张一弛、错落有致的整体编排格局,符合收视规律和观众的收视心态。频道内部板块的巧妙设置和组合,既有助于收看前面板块的观众顺势流入后面的板块进行收视,避免观众流失,也能合理控制节目播出的节奏,使观众不会因为长时间的收视而产生厌倦。如以"新闻类—娱乐欣赏类—专题类"这样的模式来安排,可以使观众在收看电视节目时,心情张弛有致,既获取了信息,增长了知识,又达到了休闲娱乐、消除疲劳的目的。而将节目安排为日播、周播甚至季播,也是根据节目本身属性和观众收视特点,合理吸引受众加入收视的重要策略,尤其是季播节目,根据节目的目标受众选择合适的播出节点尤为重要。

二是栏目规范化,有利于节目编排在时间上的统一,形成规律,为准时播出、定向收视提供了保证。栏目长度随意和节目播出不准时,既会使节目编排的规律受到影响,又会给电视观众造成收视心理上的混乱,引发不满情绪。因此可以相对规范不同时段的节目时间,比如自办栏目一般规定为10分钟、20分钟、30分钟、40分钟,同一时段播出长度相同的节目。比如,晚上21:55这个时间,每天都是自办栏目,每个栏目都是20分钟,每晚都是21:55播出。这样的栏目结构设置,就有利于电视节目的总体布局和编排,为节目准时播出奠定了基础,也为观众定时、定向收看节目,形成有规律可循的习惯性收视心态提供了保证。

三是最优节目与最佳时间的组合,能创造最高的收视率。所谓最优节目,是指那些思想精深、艺术精湛、制作精良而深受观众欢迎的精品节目。这样的节目,不受观众年龄大小、文化水平高低的限制,拥有最广泛的收视群。这样的节目,如果放在各阶层都有空闲的时间,比如周末黄金时段播出,就能取得最高的收视率。而有观众针对性的节目,则应安排在最适合相应阶层观众收看的时间播出,从而取得收视效果的最大化。比如CCTV—12社会与法频道的老年节目《夕阳红》,每天早上8:25和下午4点左右播出,就是选择了学生上学、职工上班而老年人有闲暇的时机。各电视台的少儿节目则一般都安排在学生放学之后的下午6点多。

四是编排节目打时间差,抓住有利时机。随着电视事业的飞速发展,观众家里能接收到的电视频道越来越多。比如,在浙江省,普通电视用户一般都能接收到30～40个甚至更多的电视频道,随着时间的推移还会不断增加。因此,在设计节目总体编排方案时,应考虑频道覆盖区域内其他频道同类节目的播出时间,特别是中央电视台、各省卫视以及本省、市的有线台等。比如把地方频道的10分钟新闻评论节目,安排在中央电视台收视率较高的《焦点访谈》栏目之后、电视剧开始之前这十几分钟的"空档"期播出,就能够最大限度地把观众吸引到电视屏幕前,提高收视率。

三、节目编排的策划创新

近年来,随着模式类节目、真人秀节目的大量推出,电视节目之间的竞争日趋激烈。而新媒体如微信、视频网站、短视频的出现,更日益加剧了观众的分流和分化,电视观众的规模不断缩小。保持观众的忠实度、吸引更多电视观众,成为巩固收视的关键。在重金打造品牌电视节目的同时,节目编排的策划创新正成为培养观众收视习惯、吸引和巩固受众的一项重要措施。当下,许多频道积极创新节目编排思路,跳出常规编排,推出多种编排方式,在电视节目的竞争中,发挥了积极的作用。

1. 长假编排法

所谓长假编排法,是指电视频道针对春节和国庆等公众假期而采取特殊的节目编排策略。我国的法定节假日包括了春节、国庆两个七天"大长假"以及元旦、清明、端午、"五一"、中秋五个三天"小长假",再有就是暑假、寒假两个学生假期。节假日制度改变了人们的生活方式,而与人们休闲、消费文化紧密相关的电视媒体,也越来越重视长假现象,纷纷推出长假特别编排策略,以及早动手、统筹管理、相互协调、形成合力为特色,制作出直播、大型晚会、综艺节目、专题节目、优质电视剧等多种多样的节目,为观众奉献了独特的电视大餐。

如央视各频道在各种假期之前各展拳脚,积极准备,一到长假就推出《暑期强档》《国庆七天乐》《健康过大年》等多姿多彩的假日节目,很好地吸引了观众的眼球,取得了良好的收视率。而湖南卫视、浙江卫视等省级卫视也结合自身特色,契合长假节日氛围,把握观众收视习惯与特点,运用长假编排策略,取得了成功。

2. 季播编排法

所谓季播编排法,就是以一季为单位播出电视节目的特殊编排策略。季播编排法一般以综艺娱乐节目为主,尤其在模式类的综艺节目中得以充分运用。如浙江卫视的《中国好声音》《中国梦想秀》以及东方卫视的《中国达人秀》等节目,都是比较典型和成功的季播节目。《中国梦想秀》《中国好声音》还分别获得第23届中国电视文艺"星光奖"的电视文艺栏目大奖和电视音乐节目大奖。

有的频道还采用季播与常态周播并存的编排策略,在节目播出方式上,既有季播,也有融入频道常规编排的周播。但总体来看,采用周播方式的综艺娱乐类节目数量还是比较多的。如湖南卫视《快乐大本营》《天天向上》,都是经典的周播节目。

3. 非黄金时段编排法

所谓非黄金时段编排法,是指频道在特色栏目以外形成收视优势的编排方式。非黄金时段的编排是对非黄金时段的创新和拓展利用。近年来,随着电视产业以及新媒体的快速发展,电视媒体在行业内外的竞争愈加激烈,重视在非黄金时段获得收视新增长,积极拓展非黄金时段的开发和利用,以应对和满足观众全天候的收视需求,是很必要和很有价值的。

现在,不少频道都在运用非黄金时段编排法,采取差异化的节目编排策略。如北京科教频道是一个以法制、科教、健康为特色的频道,通过几年的时间,重点打造了《法治进行时》《养生堂》以及晚8点的"非常"系列等知名栏目,全天形成多个日播栏目带。

4. 特色编排法

所谓特色编排法,是用特色节目捆绑"组团"的编排方式。特色编排法也是一种突破常规播出形态的特殊编排策略。比如济南电视台新闻综合频道"今晚"系列节目在经过多年打造,形成地区电视新闻品牌后,不断拓展品牌节目内涵,打造出多档延伸新节目,以独特的板块,构成扩展影响力。"今晚"系列节目由《今晚 20 分》《今晚特别点击》《今晚我帮你》《今晚剧来秀》和《今晚不关机》等多个节目组成,"组团"编排播出,打通了从21:20开始直至 22:50 的晚间时段,形成一个新闻品牌时段。再如天津体育频道采用节目群的编排方式和策略,将特色节目"组团"打包编排在一起,在非赛事时段完善和拉动晚间 20:00—21:00 的节目带,推出天津台自制的《民间奥运》《高尔夫》和外购的《世界娱乐摔跤表演》《西班牙斗牛之夜》等,由此吸引电视观众,收视较之改版前有明显的提升。

5. 电视剧编排法

电视剧是最受观众欢迎的电视节目之一。观众收看电视剧的时间呈现扁平化分布,黄金时段和全天多集连播都能吸引观众。多集连播的形式能够让观众一次看过瘾,实现频道内收视率的顺流。合理编排非黄金时段的重播剧、高收视电视剧,是提升白天和深夜剧场时段市场份额的有效策略。

除加强黄金时段的剧目吸引力以外,很多电视频道都将新增长点放在非黄金时段的开发上,一方面在白天时段进行多档编排或大板块多集连播,如安徽卫视周末多集连播的"电视剧大卖场"的电视剧编排已经是成功的案例,另一方面,适应观众夜生活延长的趋势而加大深夜时段的挖掘,纷纷设置了22:00档甚至更晚的深夜剧场,如山东卫视的《白金故事剧场》。

电视剧的巧妙编排有利于显著提升收视,同时也是各频道之间竞争的一项重要内容。无论是首播还是重播剧,编排得当,不仅能使该剧场获得较好的收视表现,还能带动剧场前后节目的收视提升,甚至促进频道整体份额的提升。

节目的编排策划是对节目资源的配置和优化组合,是拉动节目收视、提升关注度的有效方式,但节目编排不是一劳永逸的灵丹妙药,优质的节目内容才是市场永远的王道,是频道成功的制胜法宝。创作和策划优秀的电视栏目和节目,加上高超的编排技巧,才是电视收视增长的最终驱动力量。

本章思考与练习

1. 解释电视频道、频道制、频道专业化的概念。
2. 为什么说电视频道专业化是频道发展的大势所趋?
3. 结合具体实例,分析电视频道的策划可以从哪些方面展开。
4. 如何通过科学合理的节目编排发挥频道整体优势?请举例说明。

第十一章

短视频策划

> **学习目标**
> 了解短视频的概念、发展沿革及短视频发展的积极意义。
> 了解短视频的类型和特征。
> 掌握短视频策划的要领。
>
> **关键术语**
> 短视频,短视频策划

近年来,随着数字信息技术的飞速发展,移动互联网和智能手机已成为媒体融合传播的新窗口,人们获取信息和欣赏娱乐的渠道不再局限于报纸、广播和电视媒介,而是新增了智能手机及类似的智能终端。网速的大大提高以及4G、5G时代的到来,让智能手机等智能终端越来越普及,其功能也越来越多元化,人们的阅读、欣赏活动越来越多地从纸媒与电视的大屏转向智能手机等智能终端的小屏,从而引发了图文与音视频在内容制作、传播方式与接受方式方面的巨大变化。

基于上述背景,一种与传统的电视节目、电视栏目及电视剧完全不同的视听节目形式应运而生。这类视听节目的时长一般都很短,适合在智能终端播放,为人们提供信息传递、欣赏娱乐等内容服务。这类视听节目的内容类别可以说是五花八门,既可以是突发事件、生活趣事、形象推广,也可以是日常生活片段、简单的表演等,往往呈现为一个较短的剧情片段,或相对完整的一个小故事。人们把这种视听节目称为短视频。

短视频既是一种植根于影视艺术的节目形式,也是传播资讯的新兴媒介,承载着多元的传播功能,体现出与传统电视节目不同的价值取向,在制作上也明显不同于传统的节目。短视频是数字时代的新产物,这种新生的节目形式反过来影响了影视节目的创作方式,引起了影视节目创作从内容设计到摄制手法、剪辑风格与节奏等方面的诸多变化。

随着 5G 时代的到来,短视频作为一种节目形式,越来越为人们所广泛接受。不论是传媒机构,还是社会组织,不论是专业媒体人员,还是以一般民众为主体的自媒体,都把制作和传播短视频当作一种不可或缺的手段,用于舆论营造、信息传播、形象塑造、公关引导、娱乐分享等目的。短视频的制作和传播越来越受到人们的关注和重视。尤其是最近几年,出现了各式各样的短视频制作和分享平台,短视频产业在我国飞速发展,已深刻地影响了人们工作和生活的方方面面。

《第 47 次中国互联网络发展状况统计报告》显示,截至 2020 年 12 月,我国网民规模达 9.89 亿,手机网民规模达 9.86 亿,也就是说,网民中使用手机上网的比例高达 99.7%。这 9.86 亿手机网民,都是短视频的潜在观众,而短视频特有的交互感、体验感,也确实创造了一系列点击量、播放量的奇迹。

短视频的创作既要遵循影视艺术创作的一些基本规律,也有自身特殊的创作规律。本章将通过梳理短视频的概念、历史、特征等内容,帮助学习者更深刻地认识这一类型节目,并在此基础上探讨其策划创作要领。

第一节 短视频概述

短视频从破土萌芽到今日之盛行,经历了十几年的历史,但其蓬勃发展和广泛流行是近四五年的事。短视频的兴盛得益于移动互联网技术的发展和智能手机等智能终端的普及。短视频并不是把时长较长的节目内容缩短,形成几十秒到几分钟的节目,放到视频网站上或推送到智能手机等智能终端的应用程序中;短视频从根本上有别于传统的电视台(或其他传媒机构)制作的节目,它是相对于传统节目而言的新事物,有其独特的创作和传播规律。

从未来发展看,短视频的发展前景和市场空间是巨大的,学习短视频的策划和创作,有着重要的现实意义和产业价值。了解短视频的概念、发展历史,把握短视频的类型与特征,是进行短视频策划的基础。

一、短视频的概念

什么是短视频?所谓短视频,是指在网络视频平台和智能手机等智能终端的应用程序中传播,时长一般在15秒至10分钟之间,极限时长不超过15分钟的相对完整独立的视听作品。"短"是短视频成其为短视频的必要条件,也是短视频创作时要充分考虑的因素。

在短视频概念出现之前,传统的电视节目中也存在时长较短的节目,如电视广告、音乐电视和新闻消息等。这些作品的时长大都介于15秒到4分钟之间,但我们并没有给这些节目冠以短视频之名。如今仍存在的电视广告、音乐电视和新闻消息,节目时长大多也很短,但迄今也没有人把这些在电视屏幕上播出的短时长的节目称为短视频。这些短时长节目不是真正意义上的短视频,是因为其不具备短视频的其他创作特征,也不具备在网络视频平台和智能手机等智能终端上传播这一条件。

"短"是短视频成其为短视频的必要条件,"短"和独立完整是短视频最基本的门槛。但是,只有在网络视频平台和智能手机等智能终端的应用程序中播放和传播的短时长的视听作品,比如各类新闻客户端、视频客户端、社交客户端上推送的时长较短的视听作品,我们才能称之为短视频。观察当下短视频的发展,可以预测的是,短视频的形式还会继续演变,时长可能会趋于固化,逐渐定型为以3到5分钟为主,基本不超过10分钟的形式。

短视频作为一种记录、表达、传播的新方式和新手段,一方面,它以直观的视听元素反映了丰富的社会生活,成为民众生活、情感变迁的历史记录和历史见证,另一方面,由于网络强大的影响力,短视频在传播的同时又在不断影响着知识教育、艺术审美、娱乐消遣以及重大社会事件等方方面面,并和时代风尚、审美文化、思想观念等一系列的社会现象和社会思潮不断产生互动。因此,从一定意义上讲,短视频的创作和传播,是事关舆论导向和群众精神文化生活的重要环节。

二、短视频的发展沿革

短视频的孕育、萌芽、发展,与网络视频平台密不可分,短视频正是在网络视频平台上破土萌芽的。短视频的早期发展又与自媒体人的自主化、个性化的创作分不开。到了后期,自媒体人、自媒体平台和传媒机构的广泛参与,则促成了短视频爆发式的发展。短视频完全有别于传统影视节目,它不是从一开始就组织化、规范化、程式化并在专业基础上发展起来。短视频形式多样,千姿百态,从内容到形式都在一刻不停地创新。要总结短视频的成长发展轨迹,远比总结传统影视节目的发展轨迹要困难和复杂。

应该说,美国是短视频发展较早的国家。早在 2010 年前后,在美国的视频网站及应用程序如 Youtube、Viddy、Instagram 上,短视频的发展就已经有了一定规模,受到各类用户的喜欢。这些网站的成功模式引起了中国的互联网企业的关注,于是中国的互联网企业结合国内市场需要,开始尝试推出适合中国用户的短视频平台和应用程序。

短视频在中国大体经历了"视频网站的短片—微视频—短视频"的变迁,"视频网站的短片"和"微视频"可以视为短视频的前身。短视频迄今的发展历程大体可以划分为孕育期、探索发展期、成长爆发期和提质严管期这四个阶段。

1. 短视频的孕育期

2004 年,乐视网成立。2005 年,土豆网、56 网、PPTV、PPS 等平台相继上线。这些平台奠定了中国视频网站发展的初期格局,也提供了短视频萌芽破土的温床。这些视频网站兴起时,其内容还是以传统电视、电影的内容为主,也有微电影和以用户上传分享内容为主体来源的短片。2006年年初,短片《一个馒头引发的血案》引发全民关注,以土豆网为代表的一大批视频网站趁势崛起。

随着技术、受众、资本和网络生态的变化,从2006年到2012年,各个视频网站都实现了提速增量的发展,并开始把视线逐渐投向所需资金少、制作成本低、内容易掌控、受众关注高的短视频市场,短视频在慢走与快跑兼有的状态中发展。但这一时期的视频网站仍立足于电脑终端,长视频的发展与短视频的发展齐头并进,虽然也有不少原创短视频,但受限于网速等硬件条件,从内容到传播都没有显示出太多亮点。

2. 短视频的探索发展期

2012年11月,"GIF快手"宣布由纯粹的工具应用转型为短视频社区,并改名为"快手",带有娱乐性质的微视频和短视频由此逐步出现。2013年8月,新浪微博的"秒拍"功能正式上线,几乎同时,腾讯也推出了与之抗衡的"微视"。2014年,"秒拍"在充足资本的介入下,依托新浪微博的独家支持以及众多明星大腕的入驻,迅速将用户量推至千万级。2014年5月,"美拍"上线,依托于"美图秀秀",很快获得大量用户。2014年10月,微信增加了"小视频"功能,可以在聊天和朋友圈中发布有一定时长限制的视频。随着4G技术的发展,网速的不断提升,智能手机的快速普及,加上微博、微信等社交平台的不断发展壮大,5分钟以内的短视频分享逐渐成为潮流。

2012年至2014年是短视频在探索中快速发展的时期,各大互联网企业纷纷推出短视频应用,短视频社区不断壮大,短视频呈现出越来越强大的社交特征。但是用手机看视频需要消耗大量无线网络流量,这个阶段的无线网络流量资费还比较高,并且网络也不稳定,影响视频播放的流畅度,从而形成阻碍短视频发展的瓶颈。

3. 短视频的成长爆发期

2014年年底,中国的移动网络基础设施建设开始提速,"三网融合"积极推进,4G手机等智能终端的用户量剧增,移动网络平台与移动端应用的建设成为互联网技术发展的重要阵地,这一切条件,为短视频的爆发式发展提供了切实的技术支持和强大的推动力量。当短视频的制作和传播如发一条短信那样快捷方便,短视频就成为一种人人都能随时随地制作、发布、传播的作品。从2015年到2017年,这三年是短视频的成长爆发期,短视频分享成为一种流行文化,进而演变为商业和产业活动。

2016年,一款可以拍、可以剪的视频软件——"抖音"上线。在短视频行业飞速发展的进程中,抖音仿佛一匹黑马,冲出重围,独占鳌头,直接冲击了老牌应用快手的地位。据统计,截至2016年年底,我国4G用户数达到7.7亿,也正是在这一年,短视频的发展全面爆发,出现井喷。

进入2017年以后,短视频成为主流媒体和自媒体新的增长点,各类短视频的应用数量激增,短视频用户市场向精细化和垂直化发展。抖音、快手、火山小视频、西瓜视频、bilibili等平台各自拥有一批忠实用户,以新闻资讯为主的短视频平台也开始出现。

与此同时,主流媒体开始全面向融媒体和短视频进军,表现出向"两微一端"(微博、微信、移动客户端)的超强渗透。主流媒体纷纷借力短视频,以其作为助推舆论影响的重要传播形式,实现主流媒体传播影响力的再次提升。如中央广播电视总台、《人民日报》和新华社在庆祝"改革开放40周年"的报道当中,均打造了相关短视频内容,并借力短视频平台,扩大传播影响。

4. 短视频的提质严管期

进入2018年,短视频继续快速增长,播放总量急速增加,而其背后的资本追逐、商业变现、分发渠道等方面的竞争也日渐激烈,短视频成为媒体行业和娱乐、营销、广告等产业发展的热点和产业风向标。

在短视频用户数不断增加的同时,商业化成为短视频追逐的主要目标。各种统计数据都显示,短视频正逐渐代替图文,成为人们吸收信息和娱乐休闲的首要渠道,并成为整个视频行业的领跑者。"一条"带动了一波短视频新媒体创业的浪潮,随后越来越多的短视频创业者在各种平台上涌现。快手、抖音、美拍等也相继推出了商业平台,短视频产业链迅速发展,内容也不断丰富和细分。

2018年7月,针对一些网络短视频格调低下、价值导向偏离和低俗恶搞、盗版侵权、"标题党"突出等问题,国家网信办会同工信部、公安部、文化和旅游部、广电总局、全国"扫黄打非"办公室等五部门,开展网络短视频行业集中整治,依法处置一批违法违规网络短视频平台,约谈了16款网络短视频平台的责任人。短视频内容质量安全由此提升到短视频和直播短视频行业发展的生命线的高度。随着对行业乱象监管的不断加强,网络综合治理体系逐步健全,短视频的理性发展时代到来,短视频行业进入提质严管时期。

2019年1月初,中国网络视听节目服务协会发布《网络短视频平台管理规范》及《网络短视频内容审核标准细则》,两份文件从平台把关和短视频内容审核两个层面,为规范短视频的生产和传播提供了政策依据,有助于短视频行业的健康发展。短视频生产和传播秩序的建立,尤其是对短视频内容的严格管理、对版权的重视等,使得短视频开始走上质量提升的道路。

三、短视频发展的积极意义

1. 引发媒体生态的变化,促进传统媒体与新媒体全面融合

短视频的爆发式发展,极大地推动了主流传统媒体与网络新媒体的融合,使整个媒体生态格局发生了根本性变化。短视频的地位日渐不容忽视,迫使传统媒体意识到不融不行、非融不可。主流传统媒体纷纷通过短视频传播来提升自身的传播影响力和传播到达率,实现传统媒体和新媒体的全面融合。如湖南广电集团在芒果TV的手机端率先开辟了"短视频"板块,打造独立的原创短视频平台。中央级媒体也纷纷放下身段,积极在报道中融入短视频的形式。2018年8月30日,中非合作论坛北京峰会第一场双边会见之后,新华社以"第1视点"栏目的形式,推出了一则竖屏短视频报道,这是我国新闻史上主流媒体第一次用竖屏短视频的形式发布时

政新闻报道。

2. 帮助构建政务信息发布的矩阵格局,提升政府服务和社会治理的效率与质量

短视频以其不容忽视的影响力,为政务信息传播开辟了新的渠道,促进了政务信息发布新媒体矩阵的构建。各地政府部门纷纷建立短视频政务号,制作传播政务信息相关内容,提升了政务新媒体的吸引力、亲和力。包括短视频政务号、政务网站、政务公众号在内的政务新媒体矩阵,在与网民的双向互动过程中扩大了自身影响力,打造了弘扬正能量、营造清朗网络空间的重要阵地。政务新媒体运用短视频解读相关政策,开展主题宣传,展示自身形象,传播服务信息,普及专业知识,创作出不少优秀的短视频作品,赢得了网民的喜爱,还屡出"爆款"。2018年6月26日,北京市公安局官方账号"平安北京"入驻快手短视频平台,发布日常训练和执行任务的短视频,成为现象级的正能量短视频传播案例。2018年9月14日,公安部网络安全保卫局联合抖音,举办"全国网警巡查执法抖音号矩阵入驻仪式",全国省级、地市级公安机关的170个网警部门以开通抖音政务号的方式,集体入驻抖音平台,搭建起全国网警短视频平台工作矩阵。短视频的兴起还为城市文化宣传提供了新渠道和新形式。短视频平台上的各地文化与旅游部门官方账号,纷纷推出"跟着抖音玩某地"或"游某市""逛某城""游某山"等推广活动,借助短视频内容的高关注度,宣传城市和景点的风格与特色,打造"网红"城市,吸引了众多网民不远千里前往旅游、体验、感受。

3. 打破传统的舆论传播格局,形成多媒体融合传播的局面

短视频已经发展成为一种重要的自媒体形式,打破了传统的舆论传播格局。对社会热点问题加以关注、讨论甚至报道,是短视频内容的重要组成部分。群众自发用手机录制的画面、事件现场的视频监控画面等,往往能够揭示事件真相、让观者如亲临现场,从而在许多重大社会热点话题讨论中成为舆情传播链条上的关键环节,发挥澄清事实、引导舆论走向的重要功能。因而,短视频已成为传统的报纸、广播、电视等媒体的重要补充,从而形成多媒体融合传播的局面。

短视频还日渐成为网络举报和舆论监督的重要手段。从关注餐饮卫生、食品健康,到揭发社会上不公平、不公正、不道德的现象……各式各样的社会公共事件讨论中,都少不了短视频的身影。短视频还时常扮演事件引爆关键点的角色,成为舆论传播的中心场。

第二节 短视频的类型

短视频的发展势头迅猛,短视频的形式也异彩纷呈。要科学合理地对短视频进行分类,的确不是一件容易的事情。但是,处理好短视频的分类,对于掌握短视频策划创作的规律、把握短视频策划创作的要领,又是十分重要的。短视频发展至今,国内外还没有人对其进行系统、完整、统一、规范的分类。要科学合理地分类,首先要解决的问题是分类的方法和标准。

一、短视频分类的方法和标准

事物的分类,有内分法和外分法。内分法,是以事物内部的本质属性为标准进行分类。外分法,是以事物的外部特征为标准进行分类。

用内分法和外分法来看,短视频的内容要素是短视频的本质属性,而内容要素以外的属性,如创作主体、传播载体、传播功能等,都是短视频的外部特征。

采用外分法,以创作主体为标准,短视频可以分为机构创作的"职业生产内容"(OGC)、专业人士创作的"专家生产内容"(PGC)以及普通用户创作的"用户生产内容"(UGC)这三种类型。以传播载体为标准,短视频可以分为视频网站短视频(横屏形式为主)和智能手机短视频(竖屏形式为主)

等类型。以传播功能为标准,短视频可以分为新闻传送类、大众娱乐类、知识普及类、政务服务类等各种类型。采用不同的分类标准,可以划分出不同的类型,在大的类型中,还可以划分出小的类型。

采用内分法,从短视频的内容要素出发进行分类,更有利于我们把握短视频的策划与创作规律,也有利于我们的教学与学习。

二、短视频的类型

以下,我们采用内分法,以内容要素作为标准,把短视频分为八种大的类型,有的类型之下进行了细分。

1. 娱乐类短视频

娱乐类短视频,是其内容能够给人带来快乐、让人心情放松的短视频,能让人通过观看,获得艺术和审美的享受,或是感受生活的真善美。这类短视频具体又可以分为综艺类短视频、影视片段类短视频、音乐舞蹈类短视频和搞笑类短视频这四种类型。

综艺类短视频是从综艺节目、娱乐表演等作品中剪辑出的精彩片段,或是自己拍摄制作的综艺表演类短视频作品,可以满足观看者欣赏和娱乐需要。

影视片段类短视频是从影视剧中剪辑出精彩片段,或选择某些片段剪辑为具有戏剧冲突、悬念的新段落,以供观看者欣赏或宣传推广影视剧的短视频。影视片段赏析及评论、不同剧目混剪、后期配音等,都是影视片段类短视频中的子分类。

音乐歌舞类短视频是涉及音乐、歌舞等内容的视频。音乐歌舞类短视频以其富于感染力、互动性强等特点,能够满足观看者的娱乐需求。

搞笑类短视频是一类能让人捧腹大笑的短视频。这类短视频以幽默、风趣的随机捕捉内容或表演,带给人快乐,让人感到放松。搞笑类短视频最难的是做到平实、不做作,又生动有趣,甩包袱环节自然、不突兀。值得注意的是,搞笑类短视频是一类非常容易吸引粉丝关注的短视频,其发展势头不容小觑。

在搞笑类短视频中,有一类可以称为"情景短剧"的短视频,往往由小型的团队集体创作。情景短剧类短视频中,除了搞笑型的,也有少量正剧型的,但其目的都是用充分的内容创意和表演,让人欣赏娱乐,获得放松的体验。

2. 生活类短视频

生活类短视频通常以分享、传授生活经验或生活小技巧等为内容,具体又可以分为生活小窍门类、美妆类、育儿类、美食类、个人生活秀等多个类型。

生活小窍门类短视频的内容是人们在日常生活中总结出来的经验,可涉及居家、饮食、养宠、健身、园艺等多个方面。

美妆类短视频的内容是美妆知识、美妆技巧的分享,可涉及化妆、发型、穿搭等多个方面,比如针对不同脸型该如何化妆,不同身材的人该如何选择发型和穿搭等。

育儿类短视频的内容与育儿有关,涉及育儿知识与育儿经验分享、亲子互动日常等,比如为新晋"奶爸""奶妈"分享"实用技术",包括纸尿裤的使用方法、安抚新生儿的技巧等。

美食类短视频的内容大多是分享各地的美食小吃,也有关于美食制作的内容等。

个人生活秀短视频是以展示个人生活为内容的短视频,其发布者有很大一部分是时尚的女性,她们在短视频平台上通过分享各种个人生活片段,展示自身形象、妆面、穿搭等,吸引关注者,集结人气。

3. 新闻类短视频

新闻类短视频以新闻为主要内容,类似于原来的电视新闻节目,只是在形式上既有传承电视新闻形式的横屏短视频,也有竖屏形式的短视频,时长大都为30秒至5分钟。新闻类短视频可分为两大类:一类是主流媒体和政务新媒体发布的新闻类短视频,其内容可以包括时政新闻、经济新闻、娱乐新闻、体育新闻以及社会民生新闻等;另一类是新媒体机构和自媒体爱好者发布的各种社会新闻的现场采访、街头随机访谈等内容。

4. 知识分享类短视频

知识分享类短视频是以知识分享为主要内容，使观看者能从中获得知识、增长见识的短视频。知识分享类短视频的细分类型大致有自然科学知识分享、人文知识分享、健康知识分享、安全知识分享、法律知识分享、传统文化分享等，可以涉及天文、地理、军事、建筑、艺术等诸多方面。

5. 广告类短视频

广告类短视频是指以宣传推广产品为内容的短视频。原来的电视广告就是为宣传推广某产品而制作的、一般在15秒至60秒的电视短片。随着时代的发展，视听广告的形式越来越多元，广告类短视频往往以故事、以专业人员讲解等形式对产品作宣传推广。广告类短视频可以比电视广告长一些，一般为30秒至3分钟。原本投放于报纸、杂志、电视等传统媒体的广告，有许多都转移至网络渠道，以广告类短视频的形式出现。近年来，网红或名人直播带货及电商直播等模式蓬勃发展，可以视为广告类短视频的衍生形式——直播人员对每一款产品所作的推荐，录制下来其实就是一条广告类短视频。

6. 教育教学类短视频

教育教学类短视频是以知识教学、语言教学等为内容的短视频。随着网络教学的普及，一些机构和个人开始开发教育教学类短视频，有的已形成单元化、系列化的规模，构成了课程产品。教育教学类短视频的类别大致有：学科知识类、人文类、艺术类、科学类、职业技能类等。如舞蹈教学短视频就属于艺术类。这些教育教学类短视频一方面能够吸引粉丝关注，另一方面也能为线下开设的课程进行生源的导流。

7. 纪录片类短视频

纪录片类短视频是短视频中最具有专业特征的作品。正如北京大学陆地教授所言，一般来说，优秀的短视频节目必须符合"小中见大、平中见奇、见微知著、时短意长"的要求。纪录片类短视频虽然体量小，但作品的意义不小，传播力度不小，价值不小。比如"一条""二更"这两个团队的品牌,在一定程度上是通过纪录片类短视频的传播而建立起来的。"一条""二更"是国内较早出现的短视频制作团队,其发布的短视频多以纪录片的形式呈现,节目短、立意新、内容感人,加上成功的渠道运营,优先开启了短视频变现的商业模式,受到各大资本的追逐。

8. "网红"类短视频

在短视频的大家族中,还有一类以个人的语言秀、生活秀等为内容的短视频。这些人凭借个人魅力,吸引了大量粉丝,被称为"网络红人",简称"网红",如 papi 酱等。"网红"类短视频,根据其具体内容不同,也可以归入前面讲到的某类短视频中,但由于"网红"效应的特殊性,尤其是考虑其用户黏性背后潜在的巨大商业价值,我们将其归为单独的一类。

第三节 短视频的特征

一、短视频的基本特征

短视频以丰富的内容、多样化的形式和快捷的传播途径,满足了不同年龄阶层民众的需求。

短视频虽然种类繁多,但毕竟是视听作品,具有视听作品的基本特征。短视频必须依托画面(包括动态的影像、静态的图片)、声音(包括语言、音乐、音响)来加以表现,画面和声音是短视频必备的元素。

和其他视听作品相比较而言,短视频具有以下基本特征。

1. 时长短

顾名思义,时长短是短视频最典型、最鲜明的特征。短视频最早源于网民和少数机构的自发创作,其时长短的形式非常契合网络传播的"碎片化"传播规律,丰富的内容又能够满足不同层次网民的审美需求,一出现便受到了广大网民的欢迎。在快手、抖音等短视频平台,用户将随手记录自己生活点滴,或是记录自己歌舞才艺的一段短视频上传,在开放的平台上传播,就能吸引到欣赏自己的人,获得粉丝关注,与粉丝实时互动。时长短的特征不仅使短视频便于传播,也令短视频的创作门槛极大地降低。短视频的创作可以是非常方便、随性的。不需要专业的技巧,不需要团队,一个人、一部智能手机,就可以完成短视频的创作。时长短的特征使得短视频的创作、传播、接受都变得便捷,这正是短视频蓬勃发展的基础。

2. 个性化

短视频从诞生之初就体现出了与传统媒体的视听节目完全不同的个性化的特征。它不是在严肃、规范、统一的创作标准下完成的作品,而是从一开始就体现出创作者的强烈个性。在当下时代,年轻人有着较强的个性化表达的需求,短视频正好提供了展示这种个性的技术可能。当人们热衷于通过短视频及时分享自己生活的片段,如美食、美景、美妆,或者通过自编自演小故事等方式不拘一格地创作自己喜欢的短视频作品,赢取潜在粉丝的喜爱和关注时,短视频就呈现出了鲜明的个性化的风格。可以说,个性化是短视频的整体性特征。当然,在短视频的发展过程中,也不可避免地存在跟风、抄袭等现象,损害了其个性化特征。

3. 通俗性

通俗性是短视频内容的突出特征。由于时长有限,短视频不可能深入讨论复杂和深奥的理论问题,而是往往呈现为具象化的影像、趣味生动的表演、直接的讲述,还常常辅以戏剧化的音效,以在有限的时间内有效地传情达意。因此,短视频从内容上说,无论其具体内容是什么,都以通俗易懂为第一要求。不管是生活类、知识分享类,还是教育教学类等,好的短视频都应做到内容清晰直观、形象生动,营造令人"身临其境"的效果,即便是"严肃"的知识也要浅易化、趣味化,给人以"手把手"传授之感,易于观看者理解、接受,在轻松的氛围中有所收获。

4. 丰富性

丰富性是就短视频内容而言的特征。短视频的内容极大丰富，涉及民众生活的方方面面，衣、食、住、行、购物、运动、求学、养生，等等，几乎是全方位覆盖。在短视频平台或社区中，用户能轻松找到满足自身需求的内容。平台还会根据用户浏览记录判断用户喜好，进行同类别短视频的智能精准推送，满足用户的需求，持续吸引用户关注。随着短视频的蓬勃发展，每时每刻都有大量新的短视频诞生，这些短视频贴近民众生活，形式多样，种类繁多，短视频的丰富性也由此体现得淋漓尽致。

5. 即时性

即时性是短视频制作和传播的共同特征。短视频具有即拍、即编、即时上传、即时传播的特征。短视频时长有限，不需耗费太大精力制作，因而制作周期往往都比较短。早期的短视频平台，视频长度都控制在15秒以内，这种短小精悍的形式使得即拍即传成为可能，也使得每一个网民都可化身短视频创作者。

6. 去专业化

随着技术的发展，普通网民充当短视频内容生产者的基础和条件已完全具备。越来越多的短视频软件为用户提供了便捷的一键式制作工具，用户只需要按照提示进行操作，就能完成拍摄、逐帧剪辑、镜头调速、配字幕、配乐、混音、添加滤镜、合成分享等步骤，不需要经过专业学习就能编辑出完整的作品，不需要专业的拍摄设备便可制作"大片"。短视频制作不再是专业人士的专属技能，不再有专业技术门槛，也无须付出高昂的制作成本，这就大大激发了用户创作和分享的热情与积极性。在"人人都是导演"的时代，每个人都能成为短视频内容的生产者。

比如抖音就在程序中集成了庞大的音乐库、快慢速剪辑功能、视频美化功能以及许多新奇搞笑的道具等，让用户在短时间内就能学会操作，从而利用这些工具创作属于自己的短视频。因此，去专业化成为短视频的突出特征。

去专业化的用户生产内容（UGC）模式为短视频的海量生产、吸引新用户奠定了基础,但随着短视频"吸睛"能力日益强大,其"吸金"的商业价值也越来越突出,这使得专家生产内容(PGC)和职业生产内容(OGC)亦快速发展、日渐强势,从而带动短视频朝向专业化方向发展。不过,在可预见的一段时间内,去专业化仍是短视频的突出特征。

二、短视频的传播特征

短视频的内容和形式一直处于不断创新的过程中。随着 PGC、OGC 短视频的快速发展,视听内容产业的生产、分发、消费、变现各方面都已发生了很大的变化。短视频作为一种新的视听内容,其传播方式是对传统视听内容传播方式的彻底颠覆与重构,显示出特殊的传播特征,具体表现在以下方面。

1. 开放化传播

短视频的传播具有天然的"开放性"。短视频以网络和智能手机等智能终端为主要传播载体,呈完全开放式的传播。短视频除了在专业的短视频平台上不断制作、推送、传播之外,也可以在不同平台间转载,以及转载到微博、微信等社交平台上。也正因如此,短视频传播的速度极快,每个用户都能形成传播节点,通过自主选择、自由操控,以非组织化的个人行为,为短视频的传播助力。一旦出现内容新颖、制作精良的短视频,传播速度会非常快,可以在极短时间内引爆情绪,形成网络热点。

2. 精准化传播

短视频的传播是技术革命的结果,这一技术革命的核心是"精准投送"。在大数据与用户画像等新技术的支持下,精准化传播成为可能,从而为短视频的商业化发展开辟了道路。短视频行业由此呈现出加速融合的态势,短视频的关系产品不断更新迭代。短视频＋直播、短视频＋电商、短视频＋音乐、短视频＋资讯、短视频＋社交等创新应用不断涌现,"短视频＋"模式加速渗透、全面铺开,实现短视频与产品、服务等的精准对接。

短视频成为构建垂直社群和创新商业模式的利器,使得传播发生了深刻的变化。

3. 碎片化传播

短视频因其时长有限,信息量不大,接受起来不会占用太大时间精力,非常适合快节奏的当代生活。用户可以利用碎片化的时间,通过短视频,快速获取自己所需的信息。用户拥有对于短视频内容的较大选择权限,看到不喜欢的内容可以直接跳过,遇到中意的内容可以重复播放,甚至收藏、转发,可以随心所欲地根据自己的喜好进行选择。

短视频的用户在利用碎片化时间欣赏他人发布的短视频的同时,也可以利用碎片化的时间随时随地录制、发布短视频,吸引关注和点赞,大量的关注、点赞又会构成激励机制,使得用户有热情继续发布短视频。海量的短视频正是在这样碎片化的制作、发布、欣赏、转载中构成了碎片化传播的模式。

4. 组织化传播与非组织化传播共存

短视频的传播中,既有组织化的传播,也有非组织化的传播。传统媒体,包括报纸、广播电视节目等,其传播是组织化的传播,有专属的传播渠道,有较高的专业门槛,由此构建了权威性和公信力。短视频的传播中,既有自媒体人、普通网民的非组织化传播,又有主流传媒机构的较有影响力的组织化传播,但其传播渠道不再是专属的。由此,短视频的传播呈现出组织化传播和非组织化传播共存、自由竞争的格局。

5. 垂直细分传播

垂直细分传播,就是舍弃大而全的想法,专注服务一个领域、一个行业、一类人群需求的传播理念。针对特定受众进行内容的垂直细分传播,能够大大强化短视频的用户黏性,激发用户的点赞、评论等积极互动,提高辨识度,生产出更专业的内容。在当下的短视频传播中,垂直细分传播已经成为一个显著特征。

6. 网格状立体化传播

短视频传播打破了以广播电视为代表的、以信源为传播节点的传播秩序,形成信源与用户对接的网格状传播模式,存在多个传播中心,从而完成了从线性传播向立体化传播的转变。短视频的传播是一种动态性、全方位、综合性的立体化传播,这在一定程度上将导致网络讨论走向的不可预见,任何网络热点或话题在传播中都可能发生迭代和裂变,随时可能生成新的话题,引发更大的传播影响。

第四节　短视频策划

短视频的创作与传统类型电视节目的创作相比有很大区别。作为一种新生的视听节目,短视频既植根于传统的影视艺术,又有着与传统节目截然不同的创作特征。

如今,短视频的制作和传播日益受到各方面的重视。在短视频时长有限、制作简化的情况下,要创作出堪称精品、质量上乘的短视频,其压力越来越聚集到创作的前端——策划阶段。短视频策划在短视频整个创作过程中的地位十分关键。

一、短视频策划的前提

短视频策划的前提是把握短视频的传播特征。前述短视频的开放化、精准化、碎片化等传播特征,对于短视频策划具有重要启发。只有充分理解了这些传播特征,在策划短视频时才能有相应的对策。比如对选题的策划应结合平台独特的推送机制,对话题的策划应着眼于立体化传播的各种可能性,对影像语言的策划应适于碎片化传播等。在把握短视频传播特征的前提下进行短视频的策划,会收到事半功倍的效果。

二、短视频策划的基础

短视频策划的基础是找准定位,包括找准短视频的类型定位和找准短视频的受众定位。

如前所述,短视频有多种大的类型和一些小的分类,如何选择最切合自身需求的短视频类型,使自身想要表达的内容能获得较佳的展示,并实现传播目的,这是策划时首先需要考虑的。类型定位决定了短视频的选材方向、叙事方式、影像风格。类型定位恰当,内容策划才能有的放矢,形式与内容才能实现较好的结合。

找准短视频的受众定位,简单来说就是,你要知道这个短视频是拍给谁看的。短视频的受众可以从多个角度区分为不同的群体,比如从年龄上可以区分为青年人、中年人、老年人等,从社会身份上可以区分为大学生、在职人员、全职主妇、退休人员等,从兴趣取向上可以区分为追星族、爱宠人士、天文爱好者、汽车爱好者、音乐爱好者等。要找准受众定位,除了深入分析、思考之外,还可以结合一定的市场调查,以做到精准定位。

无论短视频的受众范围是十分广泛,还是圈层狭窄,在策划时都需要认真研究受众的观看喜好、审美倾向等,使得短视频从各方面都能够满足特定受众需求,赢得他们的喜爱和关注。

三、短视频策划的关键

创意是短视频策划的关键。创意即创造意识、创新意识。有了好的创意,短视频就成功了一大半。在短视频策划中,加强对独创性、对新颖性的追求,使短视频具有创意,这非常关键。在短视频策划的过程中,一定要注意,不可把传统电视节目的策划思维直接搬运过来,用于短视频的策划,而是要运用互联网思维,从网络新媒体的各方面特征,尤其是短视频的特征出发,研究受众需求,钻研受众心理,从而开发出具有创意的短视频选题。

在具体的策划实践中,创意的点可以落在形式上,也可以落在题材上、内容上,一定要通过追求创意,使得短视频具有"看点"。这里的"看点",包括我们所说的"笑点""泪点""闪光点""冲突点""悬念"等,这些"看点"对于观看者来说,就是短视频打动人心、牢牢吸引关注的关键点。

四、短视频策划的重点

短视频策划的重点在于内容。在广播电视行业内,人们常说"内容为王"。对短视频来说,"内容为王"同样适用。短视频随时随地可以观看、可以传播的特点,要求短视频的内容必须足够精彩,不然可能就会淹没在无数短视频组成的汪洋大海中。

要想吸引潜在受众来观看并传播短视频,先要想清楚何种内容对于潜在受众来说更具有吸引力。是以有趣的故事来反映深刻的思想内涵,还是用生动的影像传达创作者的独特理念?在策划内容之前,不妨先多问几个为什么:"这个短视频的内容优势是什么?""受众为什么会喜欢这个短视频?""他们看完这个短视频之后,会自发传播吗?"

2018年3月5日,人民日报社新媒体中心推出《中国一分钟》3集短视频,上线仅10小时,在人民日报"两微两端"(微博、微信、中文客户端、英文客户端)及视频账号的总浏览播放量就接近3000万,各大门户网站和新媒体平台纷纷置顶转载。截至2018年3月6日20时,全网观看量突破1.58亿。视频以"一分钟"为维度,展示中国各个领域的发展成果,展现中国人民意气风发的精神风貌,每个"一分钟"的精彩与感动次第展开,唤起了观众深深的情感共鸣。内容的精彩,是这一系列短视频获得成功的基石。

五、短视频策划的着力点

短视频策划的着力点在于结构与叙事。一般来说，只要是超过2分钟的短视频，或多或少都存在结构与叙事的问题。5分钟以上的短视频，就几乎与30分钟的专题片一样，对结构与叙事的策划将直接影响作品能否取得成功。

结构可以比喻为架构起短视频的场景、故事、人物的"大厦"，叙事则是把场景、故事、人物以符合影像规律的方式，连贯流畅地呈现出来的手法。结构与叙事是构建影像艺术的关键。结构与叙事的策划，对于拍摄和后期制作影响极大。缺少好的结构与叙事，拍摄与后期制作再用心，作品感染力也会大大降低，甚至沦为视听元素组合起来的"花拳绣腿"。

举例来说，在结构上，短视频可以采用经典的"三段式"结构：建构—冲突—结局，即以一个具体事件作为开头，然后以一系列的关联剧情或者事件来设置足够的冲突，最后是一个戏剧化的结尾。"三段式"结构源于好莱坞的剧作技巧，也与中国传统叙事技巧中的"凤头、猪肚、豹尾"不谋而合。策划好合理的结构，才有利于短视频创作的展开。

短视频的叙事既要遵循视听规律，符合认知逻辑，又要运用好戏剧性的元素，制造关键位置的矛盾冲突。较之其他视听作品，短视频的叙事是"螺蛳壳里做道场"，叙事难度更大，对策划的要求更高，需要在有限的时间里，以精心设计的叙事顺序，完成恰当的叙事。短视频虽"短"，其叙事却同样能呈现分量、层次、说服力等要素，引发观看者的共鸣。

例如获得第91届奥斯卡金像奖最佳动画短片奖的《包宝宝》，就是一部仅有7分钟左右的短视频作品，讲述了一位中国妈妈因儿子成年离家而郁郁寡欢，却又意外地成为由包子变成的一个可爱包宝宝的母亲的故事。导演石之予用细腻感人的镜头语言，展现了东方母子的相处状态，风格又暖又萌，内容引人深思。这部作品运用了制造悬念、激化矛盾等叙事手法来结构故事的起承转合，视听元素的组合流畅自然，以短短的篇幅完成了自洽的影像叙事，具有极佳的故事性、情感性、戏剧性。

六、短视频策划的高光点

短视频策划的高光点在于人物和情节（细节）。短视频要想打动人心，给人以震撼或启迪，离不开对人物和情节（细节）的精心策划设计。从心理学的角度来说，日常生活中，人与人可以用谈话来进行情感的交流，而影像与人的情感交流要想做到鲜活、有感染力，能调动人的情绪，避免冰冷、生硬，就需要通过人物和情节的设计。

还是以《包宝宝》这部作品为例，故事的结构与叙事固然精彩，母亲和包宝宝的人物形象与情节（细节）的设计更打动人心。母亲一刻不放心包宝宝离开自己视线的各种细节，是对华人亲子关系的细致刻画，能引发两代人强烈的情感共鸣。真实的人物和情节（细节），能造就真诚的作品。

短视频的根基在民众，广受社会各阶层的欢迎和喜爱。短视频的未来发展不可限量。只要勤于学习，多思考实践，我们的短视频策划之路一定会越走越宽。

本章思考与练习

1. 简述短视频在我国的发展沿革。
2. 短视频的类型有哪些？你最喜欢哪几类，为什么？
3. 阐述短视频的特征。
4. 尝试策划一部时长 5 分钟的短视频。

参 考 文 献

1. 胡智锋.电视节目策划学[M].上海:复旦大学出版社,2006.
2. 王井,智慧.电视节目策划[M].武汉:武汉大学出版社,2011.
3. 谭天.电视节目策划实务[M].广州:暨南大学出版社,2011.
4. 张静民.电视节目策划与编导[M].广州:暨南大学出版社,2007.
5. 袁靖华.电视节目模式创意[M].北京:中国广播电视出版社,2010.
6. 雷蔚真.电视策划学[M].北京:中国人民大学出版社,2008.
7. 吴保和.电视文艺节目策划[M].北京:文化艺术出版社,2012.
8. 张绍刚.电视节目策划笔记[M].北京:新星出版社,2010.
9. 任金州.电视节目策划研究[M].北京:中国广播电视出版社,2002.
10. 张联.电视节目策划技巧[M].北京:中国广播电视出版社,2002.
11. 项仲平.广播电视节目传播策略研究:对农传播新视角[M].北京:清华大学出版社,2011.
12. 丁法章.新闻评论教程[M].4版.上海:复旦大学出版社,2008.
13. 〔美〕梅尔文·门彻.新闻报道与写作:第9版[M].展江,主译.北京:华夏出版社,2003.
14. 项仲平.电视栏目与频道策划研究[M].北京:中国广播电视出版社,2007.
15. 项仲平.电视节目策划[M].北京:中国广播电视出版社,2002.
16. 赵化勇.中国中央电视台年鉴[M].北京:中国广播电视出版社,2001—2005.
17. 壮春雨.电视节目学概要[M].杭州:浙江大学出版社,2001.
18. 张宁,等.中国电视观众现状报告[M].北京:中国传媒大学出版社,2013.

19. 陆康.印迹[M].北京:中国电影出版社,2011.

20. 〔苏联〕奥夫相尼柯夫,〔苏联〕拉祖姆内依.简明美学辞典[M].冯申,译.北京:知识出版社,1981.

21. 张丽,张帆.凡事预则立——电视新闻节目策划初探[J].现代传播(北京广播学院报),1998(2):43—44.

22. 谭天.谁持彩练当空舞——试谈各类电视节目的策划[J].中国电视,1997(11):19—21.

23. 陈新民,张华.我国内地媒介事件研究述评[J].科学经济社会,2009(2):123—127.

24. 李良荣.论中国新闻媒体的双轨制——再论中国新闻媒体的双重性[J].现代传播,2003(4):4—7.

第一版后记

本人自20世纪90年代初开始从事电视节目创作,2000年以后从事电视编导和节目策划的教学和相关的理论研究。2003年出版了《电视节目策划》一书,既是对我从业和从教多年的一个思考、归纳和总结,也是实践历练后开展学理研究的一个阶段性的成果。现在看来,该书有许多方面还不尽完善,有些方面的论述是粗线条的,但在当时,该书的确是国内较早研究电视节目策划的一本著作。在该书中,本人梳理、归纳、总结和奉献了许多电视节目策划研究领域的新观点、新概念和新思考。

随着广播电视事业和电视产业的飞速发展,电视节目的形式和业态的变化"月新年异"。2010年左右,我就萌生了念头,要把自己自2003年以来关于电视节目策划的研究再充实到书中,把以前粗线条的内容再细化,把对当下鲜活的电视节目变化的思考融合进去。苦于太忙,身和心都静不下来,根本没有连续休假半个月或者哪怕是一周的整段时间。同时,在当下,写书的确是一件吃力不讨好的苦差事,写专著尚有学术的兴趣和完成研究任务的压力作为动力,而写教材,就纯粹是出于"传道授业"之责任了。因此,写作的事一拖再拖。直到2013年6月,北京大学出版社的郭莉编辑绕了一大圈子找到我的电话,约我写《电视节目策划教程》并组织浙江传媒学院有水平的教师编写一套广播电视相关专业的教材。认真想想,当下国内开设有广播电视编导、播音主持等广播电视相关专业的高等院校发展很快,数量很多,层级情况也很复杂,而当前的广播电视相关专业教材,无论从数量上看还是从质量上看,都不能完全满足高校师生的需求。基于对这一现状的认识,我决定在《电视节目策划》一书基础上写作《电视节目策划教程》，并尝试组织我校优秀教师编写广播电视相关专业的教材。

随着写作的深入，我对电视节目、栏目及频道运作中策划之重要性越来越有感触，而业界和学界对这方面的研究，比起具体节目的实践，实在要逊色得多。电视媒体在不断前进和发展，我们的思考和研究也必须与之相适应，这是时代交给我们这一代电视研究人员的使命，因为我们的工作、我们的人生都已经与电视媒体紧密结合在一起。

当然，有鉴于当下电视媒体的发展变化之迅猛，本教材中收集的素材和资料难免有不能穷尽之处，而本人对相关问题的研究和看法，难免也会有不足之处。希望本书能够再次抛砖引玉，引发更多学者关注和研究相关领域，编写出更好的教材，为电视节目策划领域的研究及人才培养作出更大的贡献。

本教材的撰写和出版得到了许多同行专家和同事的支持与帮助。我的同事邵清风和王峰老师在自身还有繁重的教学工作和学术任务的情况下，协助我做了大量的资料收集和文稿校对工作。我的研究生张怡文帮助我做了许多资料收集工作。本教材的撰写还得到了我以前的学生，现任浙江卫视节目中心主任、《中国梦想秀》栏目原制片人蒋敏昊的支持。

没有上述朋友的热情帮助，本教材的面世是难以想象的。我在这里，由衷地向他们表示敬意和深深的感谢。

第二版后记

《电视节目策划教程》自2015年出版以来,广受高校师生和读者的欢迎和肯定,截至2020年7月已印刷7次。随着媒体融合的快速发展,不少使用该书作为教材的高校教师向我提出建议,希望我在改版修订时,能在书中增加有关网络视听节目策划的内容。

出于对这些合理建议的尊重,本人克服身体不佳的困难,进一步研究了与传统视听节目策划、网络视听节目策划相关的诸多问题,对本书第一版中的一些内容作了修订,并新撰了师生和一线媒体从业人员急需的"短视频策划"这一章,其目的是帮助正在或即将从事短视频创作的人员了解短视频的相关知识,进而掌握短视频策划的相关要领,以适应当下蓬勃发展的短视频行业现状。

当然,由于个人能力所限,此次修订和新撰内容所涉及的本人对相关问题的研究和看法,仍属抛砖引玉,一定有诸多不足,希望能够借此吸引更多学者关注和研究相关领域,推动相关领域的研究及人才培养。

北京大学出版社
教育出版中心 精品图书

21世纪高校广播电视专业系列教材
电视节目策划教程（第二版）	项仲平
电视导播教程（第二版）	程 晋
电视文艺创作教程	王建辉
广播剧创作教程	王国臣
电视导论	李 欣
电视纪录片教程	卢 炜
电视导演教程	袁立本
电视摄像教程	刘 荃
电视节目制作教程	张晓锋
视听语言	宋 杰
影视剪辑实务教程	李 琳
影视摄制导论	朱 怡
电影视听语言——视听元素与场面调度案例分析	李 骏
影视照明技术	张 兴
影视音乐	陈 斌
影视剪辑创作与技巧	张 拓
纪录片创作教程	潘志琪
影视拍摄实务	翟 臣

21世纪信息传播实验系列教材
（徐福荫 黄慕雄 主编）
网络新闻实务	罗 昕
多媒体软件设计与开发	张新华
播音与主持艺术（第二版）	黄碧云 雎 凌
摄影基础（第二版）	张 红 钟目辉 王首农

21世纪数字媒体专业系列教材
视听语言	赵慧英
数字影视剪辑艺术	曾祥民
数字摄像与表现	王以宁
数字摄影基础	王朋娇
数字媒体设计与创意	陈卫东
数字视频创意设计与实现（第二版）	王 靖
大学摄影实用教程	朱小阳

21世纪教育技术学精品教材 （张景中 主编）
教育技术学导论（第二版）	李芒 金林
远程教育原理与技术	王继新 张 屹
教学系统设计理论与实践	杨九民 梁林梅
信息技术教学论	雷体南 叶良明
信息技术与课程整合（第二版）	赵呈领 杨琳 刘清堂
教育技术学研究方法（第三版）	张 屹 黄 磊

21世纪高校网络与新媒体专业系列教材
文化产业概论	尹章池
网络文化教程	李文明
网络与新媒体评论	杨 娟
新媒体概论	尹章池
新媒体视听节目制作（第二版）	周建青
融合新闻学导论（第二版）	石长顺
新媒体网页设计与制作	惠悲荷
网络新媒体实务	张合斌
突发新闻教程	李 军
视听新媒体节目制作	邓秀军
视听评论	何志武
出镜记者案例分析	刘 静 邓秀军
视听新媒体导论	郭小平
网络与新媒体广告	尚恒志 张合斌
网络与新媒体文学	唐东堰 雷 奕
全媒体新闻采访写作教程	李 军

大学之道丛书精装版
美国高等教育通史	[美]亚瑟·科恩
知识社会中的大学	[英]杰勒德·德兰迪
大学之用（第五版）	[美]克拉克·克尔
营利性大学的崛起	[美]理查德·鲁克
学术部落与学术领地：知识探索与学科文化	
	[英]托尼·比彻 保罗·特罗勒尔
美国现代大学的崛起	[美]劳伦斯·维赛
教育的终结——大学何以放弃了对人生意义的追求	
	[美]安东尼·T.克龙曼
世界一流大学的管理之道——大学管理研究导论	
	程 星

后现代大学来临？　　　　　　　　　　[英]安东尼·史密斯 弗兰克·韦伯斯特

大学之道丛书

市场化的底限　　　　　　　　　　　　　　　　[美]大卫·科伯
大学的理念　　　　　　　　　　　　　　　　　[英]亨利·纽曼
哈佛：谁说了算　　　　　　　　　　　　[美]理查德·布瑞德利
麻省理工学院如何追求卓越　　　　　　　[美]查尔斯·维斯特
大学与市场的悖论　　　　　　　　　　　　[美]罗杰·盖格
高等教育公司：营利性大学的崛起
　　　　　　　　　　　　　　　　　　　　[美]理查德·鲁克
公司文化中的大学：大学如何应对市场化压力
　　　　　　　　　　　　　　　　　　　　[美]埃里克·古尔德
美国高等教育质量认证与评估
　　　　　　　　　　　　　　　[美]美国中部州高等教育委员会
现代大学及其图新　　　　　　　　　[美]谢尔顿·罗斯布莱特
美国文理学院的兴衰——凯尼恩学院纪实
　　　　　　　　　　　　　　　　　　　　[美]P.F.克鲁格
教育的终结：大学何以放弃了对人生意义的追求
　　　　　　　　　　　　　　　　　　　[美]安东尼·T.克龙曼
大学的逻辑（第三版）　　　　　　　　　　　　　张维迎
我的科大十年（续集）　　　　　　　　　　　　　孔宪铎
高等教育理念　　　　　　　　　　　　　[英]罗纳德·巴尼特
美国现代大学的崛起　　　　　　　　　　[美]劳伦斯·维赛
美国大学时代的学术自由　　　　　　　　[美]沃特·梅兹格
美国高等教育通史　　　　　　　　　　　　[美]亚瑟·科恩
美国高等教育史　　　　　　　　　　　　　[美]约翰·塞林
哈佛通识教育红皮书　　　　　　　　　　　　　哈佛委员会
高等教育何以为"高"——牛津导师制教学反思
　　　　　　　　　　　　　　　　　　　[英]大卫·帕尔菲曼
印度理工学院的精英们　　　　　　　　　[印度]桑迪潘·德布
知识社会中的大学　　　　　　　　　　　[英]杰勒德·德兰迪
高等教育的未来：浮言、现实与市场风险
　　　　　　　　　　　　　　　　　　　　[美]弗兰克·纽曼等
后现代大学来临？　　　　　　　　　　　[英]安东尼·史密斯等
美国大学之魂　　　　　　　　　　　　[美]乔治·M.马斯登
大学理念重审：与纽曼对话　　　　[美]雅罗斯拉夫·帕利坎
学术部落及其领地——当代学术界生态揭秘（第二版）
　　　　　　　　　　　　　　　　　[英]托尼·比彻 保罗·特罗勒尔
德国古典大学观及其对中国大学的影响（第二版）
　　　　　　　　　　　　　　　　　　　　　　　陈洪捷
转变中的大学：传统、议题与前景　　　　　　　　郭为藩
学术资本主义：政治、政策和创业型大学
　　　　　　　　　　　　　　[美]希拉·斯劳特 拉里·莱斯利
21世纪的大学　　　　　　　　　　　[美]詹姆斯·杜德斯达
美国公立大学的未来

　　　　　　　　　　　　　　　[美]詹姆斯·杜德斯达 弗瑞斯·沃马克
东西象牙塔　　　　　　　　　　　　　　　　　孔宪铎
理性捍卫大学　　　　　　　　　　　　　　　　眭依凡

学术规范与研究方法系列

社会科学研究方法100问　　　　　　　　　[美]萨尔金德
如何利用互联网做研究　　　　　　　　[爱尔兰]杜恰泰
如何撰写与发表社会科学论文：国际刊物指南　蔡今忠
如何为学术刊物撰稿（第三版）　　　　[英]罗薇娜·莫瑞
如何查找文献（第二版）　　　　　　　　[英]萨莉·拉姆齐
给研究生的学术建议（第二版）　　　　[英]玛丽安·彼得等
社会科学研究的基本规则（第四版）
　　　　　　　　　　　　　　　　　　　　[英]朱迪斯·贝尔
做好社会研究的10个关键　　　　　　　[英]马丁·丹斯考姆
如何写好科研项目申请书
　　　　　　　　　　　　　　　[英]安德鲁·弗里德兰德等
教育研究方法（第六版）　　　　　　　[美]梅瑞迪斯·高尔等
高等教育研究：进展与方法　　　　　　[英]马尔科姆·泰特
如何成为学术论文写作高手　　　　　　　　　[美]华乐丝
参加国际学术会议必须要做的那些事　　　　　[美]华乐丝
如何成为优秀的研究生　　　　　　　　　　　[美]布卢姆
结构方程模型及其应用　　　　　　　　易丹辉 李静萍
学位论文写作与学术规范（第二版）
　　　　　　　　　　　　　　　　　　李武 毛远逸 肖东发

21世纪高校教师职业发展读本

如何成为卓越的大学教师　　　　　　　　　[美]肯·贝恩
给大学新教员的建议　　　　　　　　　[美]罗伯特·博伊斯
如何提高学生学习质量　　　　　　　[英]迈克尔·普洛瑟等
学术界的生存智慧　　　　　　　　　　[美]约翰·达利等
给研究生导师的建议（第2版）
　　　　　　　　　　　　　　　　　　[英]萨拉·德拉蒙特等

21世纪教师教育系列教材

教育心理学（第二版）　　　　　　　　　　　　李晓东
教育学基础　　　　　　　　　　　　　　　　　庞守兴
教育学　　　　　　　　　　　　　　　　余文森 王晞
教育研究方法　　　　　　　　　　　　　　　　刘淑杰
教育心理学　　　　　　　　　　　　　　　　　王晓明
心理学导论　　　　　　　　　　　　　　　　　杨凤云
教育心理学概论　　　　　　　　　　　　连榕 罗丽芳
课程与教学论　　　　　　　　　　　　　　　　李允
教师专业发展导论　　　　　　　　　　　　　　于胜刚
学校教育概论　　　　　　　　　　　　　　　　李清雁
现代教育评价教程（第二版）　　　　　　　　　吴钢
教师礼仪实务　　　　　　　　　　　　　　　　刘霄

家庭教育新论	闫旭蕾 杨 萍	系统心理学：绪论	［美］爱德华·铁钦纳
中学班级管理	张宝书	社会心理学导论	［美］威廉·麦独孤
教育职业道德	刘亭亭	思维与语言	［俄］列夫·维果茨基
教师心理健康	张怀春	人类的学习	［美］爱德华·桑代克
现代教育技术	冯玲玉	基础与应用心理学	［德］雨果·闵斯特伯格
青少年发展与教育心理学	张 清	记忆	［德］赫尔曼·艾宾浩斯
课程与教学论	李 允	实验心理学（上下册）	［美］伍德沃斯 施洛斯贝格
课堂与教学艺术（第二版）	孙菊如 陈春荣	格式塔心理学原理	［美］库尔特·考夫卡
教育学原理	靳淑梅 许红花		

21世纪教师教育系列教材·专业养成系列

（赵国栋 主编）

西方心理学名著译丛

儿童的人格形成及其培养	［奥地利］阿德勒	微课与慕课设计初级教程	
活出生命的意义	［奥地利］阿德勒	微课与慕课设计高级教程	
生活的科学	［奥地利］阿德勒	微课、翻转课堂和慕课设计实操教程	
理解人生	［奥地利］阿德勒	网络调查研究方法概论（第二版）	
荣格心理学七讲	［美］卡尔文·霍尔	PPT云课堂教学法	

博雅教学服务进校园

教辅申请说明

尊敬的老师：

您好！如果您需要北京大学出版社所出版教材的教辅课件资源，请抽出宝贵的时间完成下方信息表的填写。我们希望能通过这张小小的表格和您建立起联系，方便今后更多地开展交流。

教师姓名		学校名称		院系名称	
所属教研室		性别		职务		职称	
QQ				微信	
手机（必填）				E-mail（必填）	
目前主要教学专业、科研领域方向					
希望我社提供何种教材的课件					
书　号		书　名		教材用量（学期人数）	
978-7-301-					
您对北大社图书的意见和建议					

填表说明：

（1）填表信息直接关系课件申请，请您按实际情况**详尽、准确、字迹清晰**地填写。

（2）请您填好表格后，将表格内容拍照发到此邮箱：pupjfzx@163.com。咨询电话：010-62752864。咨询微信：北大社教服中心客服专号（微信号：pupjfzxkf，可直接扫描下方左侧二维码添加好友）。

（3）如您想了解更多北大版教材信息，可登录北京大学出版社网站：www.pup.cn，或关注北京大学出版社教学服务中心的官方微信公众号"北大博雅教研"（微信号：pupjfzx，可直接扫描下方右侧二维码关注公众号）。

北大社教服中心客服专号

"北大博雅教研"微信公众号